重庆市教育委员会人文社科重点研究基地项目《船舶智能化趋势下海事立法的因应》21SKJD027 资助

海事司法

"用尽海商法"研究

HAISHI SIFA

YONGJIN HAISHANGFA YANJIU

陈琳琳◎著

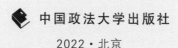
中国政法大学出版社

2022·北京

图书在版编目（ＣＩＰ）数据

海事司法"用尽海商法"研究/陈琳琳著. —北京：中国政法大学出版社，2022.12

ISBN 978-7-5764-0796-9

Ⅰ.①海… Ⅱ.①陈… Ⅲ.①海商法－研究－中国 Ⅳ.①D923.993.4

中国版本图书馆 CIP 数据核字（2022）第 257976 号

出 版 者　　中国政法大学出版社

地　　址　　北京市海淀区西土城路 25 号

邮寄地址　　北京 100088 信箱 8034 分箱　邮编 100088

网　　址　　http://www.cuplpress.com（网络实名：中国政法大学出版社）

电　　话　　010-58908586（编辑部）58908334（邮购部）

编辑邮箱　　zhengfadch@126.com

承　　印　　固安华明印业有限公司

开　　本　　880mm×1230mm　1/32

印　　张　　10.125

字　　数　　280 千字

版　　次　　2022 年 12 月第 1 版

印　　次　　2022 年 12 月第 1 次印刷

定　　价　　59.00 元

［序言］
FOREWORD

　　海事司法是维护海商秩序的重要手段，海事司法对海商活动的规制和引导作用源于海商法的规范评价。海商法规范的特殊性和海事司法体制的相对独立性都说明着海事司法"用尽海商法"的必要性。海事司法"用尽海商法"强调在海事司法的法律适用中充分适用海商法规范。海事司法"用尽海商法"本质上是关于海商法规范的司法法律适用。海商法规范评价是在尊重形式海商法立法权威的基础上，充分结合海商实践理性，探寻海商法规范的意义。"用尽海商法"对海事司法者规范评价的重视和依赖是对当前海事司法现象的一种尝试性回应。海事司法中，常出现以下几种现象：对于海事法院管辖和审理的某些案件，《中华人民共和国海商法》[1]等形式海商法典有规定却适用一般民商法的规定；[2]《海商法》等形式海商法典没有规定，但海事司法解释、海事国际惯例等有规定，没有援引海事司法解释、海事国际惯例等非立法性海商法规范而直接适用一般民

---

[1] 为表述方便，本书涉及的我国法律直接使用简称，省去"中华人民共和国"字样，全书统一，不再赘述。

[2] 一般民商法，主要指《民法典》生效前的《合同法》《民法总则》《民法通则》《物权法》等相关法律的规定，以及《民法典》生效后的《民法典》《保险法》等相关规定。

商法的规定;或虽然实质上援引海事司法解释、海事国际惯例等,但在形式上以一般民商法等为法律上的依据;又或是仅提及海事司法解释、海事国际惯例等,而实质上以一般民商法为依据。

传统海事司法受大陆法系理论的影响,对法律适用的认识倾向于形式主义。在法律形式主义下,法律只能是制定法,法律适用是规范大前提与事实小前提的涵摄关系。即海事司法法律适用的规范只能是制定法形式的海商法规范(属于形式海商法),法律适用就是将案件事实涵摄于形式海商法之下以获得裁判结果。此认识忽视了实践中的法律适用问题往往难以明确应该适用的规范大前提,且事实的认定也并非易事。形式海商法的规定是抽象的、有限的,而事实是具体的、变幻的,形式海商法能够涵盖的只是典型的法律事实,当案件事实超出典型法律事实的范畴时,形式主义的海事司法法律适用将面临"无法可依"或"有法难依"的尴尬局面。

显然,海事司法"用尽海商法"不应囿于形式主义法律观。海事司法"用尽海商法"对应的海商法规范不应局限于形式海商法,应该将产生于海商实践并规制着海商实践的实质海商法纳入海商法规范体系,即海商法是形式海商法与实质海商法共同组成的规范体系。就当前的海商实践而言,实质海商法主要包括海事国际惯例、海事司法解释以及海事指导性案例规则,这些实质海商法现实存在着并确实地规制着海商实践,即便其不具有制定法形式,但与现行的中国法律体系存在紧密的制度性关联,因此将实质海商法适用于海事司法裁判是正当的也是必要的。

实质海商法非立法性规范的特征也决定着其适用方式不能是单纯的三段论涵摄。海事司法"用尽海商法"下的法律论证包括并超越三段论涵摄,既有逻辑推理也涉及价值判断,在逻辑推理与价值判断结合过程中实现融贯性论证,进而为实质海商法的适用提供支持。

海事司法"用尽海商法"是在整全的海商法规范内寻找适当的规范并经融贯性论证后与案件事实对应,最终获致裁判结果。如果此裁判结果缺乏妥当性和合理性,则海事司法"用尽海商法"也将缺失现实意义。因此,海事司法"用尽海商法"不是对海商法规范的极端和盲目遵从,而是强调海商法规范适用的司法价值,即海事司法"用尽海商法"是以司法效益性为导向的,内含着对海商法适用结果的妥当性和合理性要求。

海事司法"用尽海商法"是在整体性、融贯性和效益性的共同规制下实现的。在这个过程中,形式海商法仍然保有其立法性权威,而游离于立法之外的实质海商法也获得了司法可适用性,形式海商法与实质海商法的结合增加了海事司法法律适用的规范供给,缓解了海事司法法律适用的规范供给与规范需求矛盾,进而提高了海事司法回应海商实践的能力。

海事司法"用尽海商法"强调一种相对意义上的状态,一方面是因为海商法规范的范畴不是固化的,另一方面是因为海商法特殊性没有明确的界限。在海事司法"用尽海商法"下,实质海商法是海商法规范体系必不可少的组成部分,而实质海商法来源于实践的特性又决定了其内容和形式的多变性,整全意义上的海商法规范范畴因此难以被简单划定。海商法的特殊性是保障海事司法"用尽海商法"效益性的关键,但特殊性始终是相对而言的,在特殊性不易识别的地方,海事司法"用尽海商法"将略显乏力。

虽然海事司法"用尽海商法"尚且只是理论上的一种期冀,未被赋予确定的义务,但在海事司法中践行这一理念和思维方式方法却是必要的和有价值的。海事司法"用尽海商法"的研究希望能够为海事司法法律适用的完善提供一定的助益。

目录
CONTENTS

第一章
海事司法"用尽海商法"的界定

"用尽海商法"诞生于我国法律语境,为我国学者所提倡。理论上对"用尽海商法"有不同的定位,有将其定位为法律原则的,[1]也有将其定位为司法理念的,[2]但不论如何定位都是在强调海商法规范的司法适用价值和意义。本书较为赞同将"用尽海商法"定位为海事司法的一种裁判理念和思维方式方法,认为"用尽海商法"主要强调的是海事司法审判过程中的法律规范适用,立法和执法层面的海商法律规范的遵循和适用不在本书的讨论范围内,因此本书倾向于使用"海事司法'用尽海商法'"这一主题。

第一节 海事司法"用尽海商法"的概念内涵

海事司法"用尽海商法"本质上是关于司法法律适用的概念。司法中的法律适用是指将规范适用于具体的案件事实以获致裁判结果。法律适用包括法律发现和法律论证。法律发现的

---

[1] 郭瑜:《海商法的精神——中国的实践和理论》,北京大学出版社 2005 年版,第 79 页。

[2] 曹兴国:"海商法自体性研究",大连海事大学 2017 年博士学位论文,第 168~169 页。

目的是寻找到可适用的法律规范,即相关规范的联结,而法律论证的目的是证成和说明规范之所以适用于案件事实以及如何获致对应的判决结果。"海商法"是海事司法"用尽海商法"下法律发现的场域和对象,[1]"用尽"则主要指海事司法"用尽海商法"下的法律论证。

一、"用尽"的概念内涵

"用尽"的概念内涵包含了一般语词意义和法律适用意义。"用尽"在法律领域中的一般语词意义可以从"用尽"与其他法律词组的搭配中获得一定的启示,此意义构成了"用尽"概念内涵的基础面,而法律适用意义上的"用尽"意涵则是"用尽"概念内涵的关键。

(一)语词意义上"用尽"的概念内涵

在法律领域中最常见的与"用尽"搭配的法律词组有知识产权法中的"权利用尽"以及国际法中的"用尽当地救济"等。"权利用尽原则"被视为知识产权保护中的特殊原则之一,其区别于其他保护知识产权的法律原则,强调权利人行使知识产权的限制,即权利行使的最大边界。[2]因此,"权利用尽原则"是一种相对原则,即基于对知识产权人与社会公众之间的利益平衡与协调以达致一种相对公平公正的法律效益。此外,"权利用尽原则"是地域范围上的相对概念,因为不同国家或地区对于知识产权的保护内容及重点不尽相同,因此"权利用尽原则"一般是基于一定的地域范围而言的。

"用尽当地救济原则"常见诸国际投资、外交保护等事务,

---

[1] 这里的场域主要指抽象空间。
[2] 陈青:"权利用尽原则的国际适用与发展",载《河北法学》2012年第1期,第134页。

投资者或外国人被要求只有在用尽东道国的所有救济手段后，方可诉诸国际争端解决程序或寻求本国的外交保护等。[1]因此，"用尽当地救济原则"同样强调权利保护的相对性，且这一相对性不仅是权利保护限度意义上的相对性，也是一定国别或地域范围意义上的相对性。

由此可见，"用尽"是个相对概念而非绝对概念，其概念内涵强调的是充分实现一定界限范围内的所有可能性。无论是在知识产权法中还是在国际法中，"用尽"都是作为特定权利的缀词，实现的是在特定法律领域内对权利行使行为给予法律上的肯定或否定评价。从消极意义上看，"用尽"对应的是最大限度的容忍，如果相关行径超出了这一容忍限度，相关行径将得不到法律意义上的肯定评价；从积极意义上看，"用尽"意味着不轻易否定任一行径的法律意义。

海事司法中的"用尽"作为"海商法"的缀词适用于海事司法行为，因此其概念内涵是尽可能实现海商法范畴内的司法可能性，或说穷尽海商法规范评价以肯定或否定相关行为及社会交往的法律意义，进而确定相应的法律后果。显然，这种司法可能性是相对意义上的司法可能性。海事司法中的"用尽"是相对于司法行为的性质以及海商法的范畴而言的，是经立法与司法的互动以及海商法与其他法律规范的联系所导向的结果。换言之，海事司法中的"用尽"不能违背司法权的性质，也不能逾越海商法确立的规范评价体系范畴。当然，这里的海事司法与海商法都是中国法语境下的概念，因此"用尽"也必然是中国法语境下的"用尽"。

---

〔1〕 程卫东、雷京："一项国际习惯法规则——国际贸易争端解决中的用尽当地救济规则"，载《国际贸易》1998年第5期，第48页；张磊："论外交保护中当地救济的'用尽'程度"，载《求索》2012年第2期，第162~163页。

（二）法律适用意义上"用尽"的概念内涵

海事司法"用尽海商法"下的"用尽"在法律适用意义上强调的是法律论证如何用尽。

法律适用最典型的法律证成方式是三段论推理，即针对小前提（法律事实），寻找到与之密切相关的大前提，再将法律事实涵摄于大前提下，进而获得裁判结果。三段论推理内含形式推理。形式推理是纯粹的逻辑推理，根据命题的真假而推定其他命题的真假。[1]形式推理得以成就的关键是作为小前提的法律事实与作为大前提的法律规范都是确定的，法律事实与法律规范之间是单向的关系。举例来说，如果把大前提比喻为一个大箱子，这个箱子被贴上"人"的标签，箱子里有许多东西，每一个都"会死"，小前提提示着箱子里每一个东西都有名字牌，其中有一个写着"苏格拉底"，当我们将苏格拉底从箱子中拿出时，我们就知道苏格拉底会死，因为箱子里唯一有的东西都是会死的。[2]可见，形式逻辑得以推进的关键是，小前提的特征如此明显和毫无争议，以至于可以轻易找到与之存在逻辑共性的大前提。这个过程仅涉及数学式的符号关系，不需要对大前提和小前提进行人为处理和加工，无涉主观意思和价值标准。然而，现实中的法律推理显然比形式推理复杂，形式推理不是法律推理的唯一面向。因为，实践中的法律事实和法律规范之间的逻辑共性并不总是清晰的。要从法律规范的箱子中拿出法律事实，首先需要将错综复杂的事物放进贴有不同标签的法律规范箱子中。此过程常常存在着一些事物既可以被放进这一标签的大箱子里，也可以被放进另外一些标签的大箱子里，

---

〔1〕 陈金钊主编：《法律方法论》，中国政法大学出版社 2007 年版，第 341 页。

〔2〕 Richard A. Posner, *The Problems of Jurisprudence*, Harvard University Press, 1990, p. 38.

或者被不适宜地放进任一既定标签的箱子里。[1]为了给这些事物贴上对应的标签，就不免引入人为意识和价值准则来加工处理，使相关事物能被妥帖地归置到特定标签之下。因此，法律推理除形式逻辑之外，还涉及价值的选择和判断，即还存在实质推理的面向。一个适恰和稳妥的法律推理应该是一个融合了形式推理与实质推理的复杂过程。

由此可见，当强调"用尽"法律论证时，其对应的法律推理不是单纯的形式推理，或者说与价值无涉的逻辑推理本身无法涵盖"用尽"的全部内涵，"用尽"下的海事司法法律适用通常不止步于逻辑推理上的三段论，还涉及着价值衡量。"用尽"所强调的法律论证是兼容了形式推理与实质推理的最佳论证方式，并以最佳论证方式促进正当且合理的裁判结果的成就。最佳论证方式不是固化的，通常需要于具体个案中呈现其特定形态。"用尽"的法律适用方式除了三段论式的涵摄外，还可以包括类推适用、价值权衡等。

二、海商法的概念内涵——形式与实质之分

目前，对海商法的概念界定尚无统一的认识。狭义层面，通常将海商法等同于《海商法》，并以《海商法》明文规定的社会关系作为海商法的调整对象和判断海商法适用范围的依据。海商法作为"用尽"的承接词，为"用尽"奠定基本范畴。虽然以立法规定为基础的海商法概念界定更为确切，但却失去了相对意义上的灵活性，也在很大程度上排除了"用尽"在这一概念内涵上的适用空间。概念是精神过程的物化，是思维的工具，思维与语词属于不同层面，概念很难被完全还原为

---

〔1〕　陈金钊主编：《法律方法论》，中国政法大学出版社 2007 年版，第 344 页。

语词，也没有办法通过语词层面的规范来决定和穷尽。[1]立法规定意义上的"海商法"是用以理解《海商法》条文所必需的，但在此制定法之外，其定义的"海商法"不一定具有周延性。从事实角度来看，法律事实是"法律调整下的一切事实"。[2]法律事实区别于制度性事实。制度性事实是立法条文明文规定的事实，必须以一定的法律规则为基础，或说法律规则确立了制度性事实的构成条件，而法律事实中存在着一些没有为法律规则明文规定但却具有法律意义的事实，因此不是所有的法律事实都是制度性事实。[3]以立法规定为基础的海商法概念主要指向的是制度性事实，难以涵盖所有具有海商法意义的法律事实，往往不足以应对海事司法法律适用中的海商法规范需求。

与狭义海商法相对的是广义海商法。从理论研究的角度看，人们对广义海商法的认识和接受似乎更为普遍。广义海商法相较于狭义海商法，在内容上通常以狭义海商法为核心，但又超过狭义海商法。例如，有观点认为："海商法是一个包括公法与私法、实体法与程序法、国内法与国际法，有自己的法院和管辖权的完整的法律体系。""海商法由两部分组成——一部分是国内海商立法与国际海事公约，另一部分则是普通海商法。"其中，"普通海商法由海运业的共同格式、条款、规则、标准和实务操作，以及共同海损的《约克-安特卫普规则》和《跟单信用证统一惯例》所组成"。[4]又如，有观点认为："广义的海商

---

[1] 雷磊："法律概念是重要的吗"，载《法学研究》2017年第4期，第82页。

[2] 谢晖：《法律哲学》，湖南人民出版社2009年版，第23页。

[3] 雷磊："法律概念是重要的吗"，载《法学研究》2017年第4期，第84~85页。

[4] ［加拿大］威廉·泰特雷：《海商法术语》，陈海波、邬先江译，司玉琢审，大连海事大学出版社2005年版，第109~110页。

法是指调整海上运输关系和船舶关系的法律规范的总和，而狭义的海商法才是指该部（《海商法》）法律本身。"而且，广义海商法在法律规范表现形式上包括国内立法、国际公约以及国际航运惯例。其中，国内立法又可以被划分为实体法规范（包括《海商法》以及行政法规等）和程序法规范。[1]再如，有观点认为："广义海商法是海事、海运法规的总称，包括海上运输和有关船舶的合同、海难救助、船舶碰撞、共同海损、海事赔偿责任限制、船舶抵押权、船舶优先权、船舶扣押的有关规定，以及港口法、船舶登记法、船舶检验法、海上交通安全法、海洋环境保护法、外国籍船舶管理规则、船员职务规则以及其它单行法规。"[2]类似的，还有观点认为："广义的海商法概指一国制定和参加的各种海商、海事法律规范及国际海商、海事立法；而狭义的海商法则仅指一国成文的海商法典本身，如我国1992年《海商法》。"[3]从这些观点中不难看出，广义海商法不仅限于立法规定意义上的海商法，而是调整海上运输关系和船舶关系的法律规范的总和。既涉及国内立法，也涉及国际公约和国际惯例；既涉及实体法规范，也涉及程序法规范；既涉及海运，也涉及海事。广义海商法或许挑战了人们一直以来的以立法规定为主导的法学概念的认识，却更符合海商法学的现实，即海商法在内容上包括并超越《海商法》。

对海商法概念内涵的认识涉及法律观，即对法律本体的认识。不同的法律观对法律本体的认识存在差异。在形式主义法律观下，唯有制定法是法律，司法过程中能够作为案件裁判依

---

〔1〕　傅廷中：《海商法律与实务丛谈》，大连海事大学出版社2001年版，第1~3页。

〔2〕　吴焕宁主编：《海商法学》（第2版），法律出版社1996年版，第3页。

〔3〕　向明华主编：《海商法学》，厦门大学出版社2012年版，第2页。

据和理由的也只能是制定法。[1]在现实主义法律观下，法官的行为即是法，法律缺失了形式和边界限制。过宽或过窄的法律观，或容易违反"法治"的要求，或与现实脱钩，均不妥适。

本书认为海事司法"用尽海商法"下的海商法是广义海商法，应该包括形式海商法和实质海商法。形式与实质是重要的思想工具，有助于加深对海商法的认识。在马克斯·韦伯（M. Weber）看来，法律可以被划分为形式性的法律和实质性的法律。前者追求最高度的形式上的法律精确性，并使得正确预测法律后果和程序理性系统化的机会最大化；后者与之相反，其目标是为发现一种适合当局通权达变和实现道德目标的法律类型。[2]形式与实质不是截然分立的，二者是辩证的关系，即形式与实质是相互转换的矛盾统一体。具体而言，没有无实质的形式，也没有无形式的实质，二者是同一事物，形式在实质的推动下形成，而实质需要以一定的形式表现其存在。[3]如果将制定法视为最高层次的形式，将道德、经济、政治等视为实质，那么形式主义法律观和现实主义法律观的共同点便是完全割裂了形式与实质，不同的是，前者抛弃了实质而后者抛弃了形式。本书中的形式海商法与实质海商法是建立在形式与实质的辩证关系上的，即形式海商法与实质海商法是相对而言的。

---

〔1〕 本书中的裁判依据或裁判理由主要指法律论证过程中运用的对裁判结论起到支持和证立作用的依据或理由。（概念定义参见汪洋："私法多元法源的观念、历史与中国实践——《民法总则》第10条的理论构造及司法适用"，载《中外法学》2018年第1期，第122页。）其中裁判理由与我国裁判文书中的"裁判理由"不能完全等同，后者更多的是指裁判说理。

〔2〕 ［德］马克斯·韦伯：《经济与社会》，阎克文译，上海人民出版社2010年版，第945页。

〔3〕 夏立安、钱炜江："论法律中的形式与实质"，载《浙江大学学报（人文社会科学版）》2012年第5期，第101、105页。

形式海商法追求法律的"正式"性，强调立法权威，在法律体系上遵从逻辑等级体系。实质海商法的目标在于实现对某种现实经验、行为模式以及价值的确认。[1]由于本书研究的是海事司法中的"用尽海商法"，因此形式海商法与实质海商法是从法律适用的角度划分的。

　　具体而言，形式海商法主要指立法性海商法规范，由立法条文组成，针对海上运输关系和船舶关系作出规定，是海事司法裁判的首要依据和理由。[2]形式海商法包括制定法海商法和海事国际条约。在形式海商法中，《海商法》毋庸置疑占有至关重要的地位，但《海商法》不是唯一的形式海商法。首先，形式海商法概念服务于海事司法，而《海商法》主要就相关的实体争议进行规定，需要与《海事诉讼特别程序法》（以下简称《海事诉讼法》）相配套进而更好地适用于海事司法过程，因此《海事诉讼法》也应为形式海商法。其次，《海上交通安全法》《海洋环境保护法》等海商单行法也应属于形式海商法。最后，根据《立法法》的规定，行政法规同样属于制定法，因此，与上述立法相配套的海事行政法规也应属于形式海商法。此外，海事国际条约虽然不是我国立法机关直接制定的国内立法，但其是国际立法的产物，是根据国际法的规定制定并以条文形式表达和呈现的法律规范，属于广义上的立法性规范。[3]条约常

---

〔1〕　张真理："论法的形式与实质"，中国政法大学 2004 年硕士学位论文，第 7 页。

〔2〕　《合同法》《民法通则》《民法总则》《保险法》等一般民商事领域的制定法也可能在海事司法中被援引，但这些制定法不是"针对"海商当事人权益纠纷的专门规定，其在海事司法中的援引主要是特别法没有规定时的补充援引，不是海事司法裁判的"首要"依据或理由，不属于形式海商法。

〔3〕　广义的立法性规范包括国内立法性规范和国际立法性规范。

被称作"立法性条约",[1]因为条约为缔约方创制了国际法规则,即缔约一方或几方享有法律上的权利,而缔约他方承担相应的法律上的义务,这些法律权利和义务随着条约的缔结而产生,在此之前是不存在的。所以,条约规定的缔约国之间的权利义务就是缔约国必须遵循的法律规则。[2]另外,从条约与国内法的关系来看,理论上有一元论、二元论以及混合论的说法,一元论与混合论在不同程度上肯定条约与国内法属于同一个法律体系,二元论虽然主张条约与国内法分属不同法律体系,但也可以说明条约与国内法存在可比较性。从逻辑等级体系的角度看,国内法遵循着制定法的效力等级规定,如上位法的效力高于下位法,而条约被认为也可以按照其缔结主体的不同而比照法律的效力等级划分为法律、行政法规以及规章。条约的批准或核准主体与国内法制定主体存在一定的重叠,如都包括全国人民代表大会常务委员会和国务院。因此,海事国际条约与制定法海商法具有相当程度的相似性,适宜划归为形式海商法。

海事国际条约可以被分为对我国生效的海事国际条约和尚未对我国生效的海事国际条约,生效海事国际条约与未生效海事国际条约的区别在于对一国的约束力不同,二者在制定程序、表现形式等其他方面并无本质区别。未生效海事国际条约同样是国际立法的产物,具有立法性,只是这一立法性在非缔约国中的发挥受到了一定的限制。形式与实质的辩证关系决定着,

---

〔1〕 理论上有观点将条约分为造法性条约和契约性条约,并认为只有造法性条约是国际法的渊源。这里的造法性条约是指数目较多的国家用以创制一般国际法规则以便相互遵守的条约,而契约性条约是指双边国家之间用以创制特别国际法规则以便相互遵守的条约。对于此类观点,李浩培先生并不赞同。他认为,条约是以立法为目的的,凡是条约都是立法性的,不论条约创制的规则是一般国际法规则还是个别国际法规则。(李浩培:《条约法概论》,法律出版社 1987 年版,第 34 页。)本书较为认同李浩培先生的观点。

〔2〕 李浩培:《条约法概论》,法律出版社 1987 年版,第 34 页。

无论是形式还是实质都可以再分为形式与实质的部分。[1]同理，形式海商法与实质海商法不是绝对对立的，而是相对的、辩证的，形式海商法有着实质的一面，实质海商法也有着形式的一面。据此，本书将整体意义上的海事国际条约划归为形式海商法，而将尚未对我国生效的海事国际条约视为形式海商法下海事国际条约的实质部分。

实质海商法是为填补形式海商法的不足和缺漏，围绕着海上运输关系和船舶关系进行规范，能够作为海事司法裁判依据或理由适用的非立法性海商法规范。这里的不足是指形式海商法的规定不清晰、不完整、不妥当的情况，而缺漏主要指法律漏洞的情况。[2]就既往的海事司法实践而言，实质海商法主要包括海事司法解释、海事指导性案例规则以及海事国际惯例。海事司法解释和海事指导性案例规则诞生于司法权之下，不是立法权的产物，不属于立法性规范。海事国际惯例包括了成文形式和不成文形式，不成文形式的海事国际惯例自然不属于立法性规范，成文形式的海事国际惯例由于通常是由民间组织对既定的实践内容进行文字上的转化，缺乏立法主体和程序上的权威性，也不宜视为立法性规范。海事司法解释、海事指导性案例规则以及海事国际惯例与"正式"法律有一定的距离，主要是对现实海事司法或海商实践活动中的经验、行为模式以及

---

〔1〕　夏立安、钱炜江："论法律中的形式与实质"，载《浙江大学学报（人文社会科学版）》2012 年第 5 期，第 101 页。

〔2〕　根据德国学者克劳斯-威廉·卡纳里斯（Klaus -Wilhelm Canaris）的观点，法律漏洞可以被分为禁止拒绝裁判的漏洞、目的性漏洞以及原则漏洞。其中，禁止拒绝裁判的漏洞，是指司法者面对个案无法拒绝审判，但现有的法律又没有对此给出明确答案。目的性漏洞，是指根据法律规范的目的或价值要求，法律规定应该超越其文义或限缩其文义进行适用。原则漏洞，是指根据一般的原则已经被证实为现行法秩序的一部分，但尚未经实证法具体化。（黄茂荣：《法学方法与现代民法》，中国政法大学出版社 2001 年版，第 345 页。）

价值的确认,其形成的法律规范契合海事司法体制并获得了相当程度的正当性支持。[1]

从表面上看,实质海商法无非是以国际惯例、司法解释等载体承载海商法方面的规范,而这并不难为其他非海商法领域所复制。仅以载体形式确实不足以凸显实质海商法的特殊性,然而,质变的结果脱离不了量变的过程,当实质海商法的载体数量和规模达到了其他非海商法领域所难以睥睨的程度时,实质海商法对整个海商法规范体系的形塑作用便不容忽视,实质海商法本身的特殊性也会因此得以凸显。海商法规范体系因为有实质海商法的存在而更有必要被"用尽"。

形式海商法与实质海商法的区别。第一,规范的形成不同。形式海商法与实质海商法最显著的区别:一者是立法性规范而另一者为非立法性规范。即形式海商法是经立法过程形成的结果,而实质海商法是立法允许范围内的实践演化结果,可以是成文的,也可以是不成文的。第二,制度性权威不同。[2]作为立法性规范的形式,海商法较非立法性规范的实质海商法更具制度性权威,更符合法律的程序和民意要求。第三,法律适用顺序不同。在一般情况下,形式海商法应该优先于实质海商法

---

〔1〕 人们常从法律渊源的角度去认识海商法,在这些法律渊源中,判例、学说理论等偶尔也被视为是一种法律渊源,但就我国的主流观点而言,判例和学说理论都不是适恰的中国法的法律渊源。本书认为,判例和学说理论也不适宜被纳入实质海商法的范畴。本书将实质海商法框定为海事司法解释、海事指导性案例以及海事国际惯例是从海事司法实例出发以海事司法法律适用为目的分析海商法规范的载体形式。这些实质海商法或是由制定法的明文规定赋权司法者予以适用,如海事国际惯例,或是随着现行司法体制的运行而产生且其适用不为立法所明确拒斥,如海事司法解释和海事指导性案例规则,都获得了一定的制度性支持。判例和学说理论很难在现行立法和司法体制下获得规范适用的合法性证成。

〔2〕 制度性权威来源于司法活动的制度性框架,即"造法"与"适法","法的制定"与"法的适用"的二元框架。(雷磊:"指导性案例法源地位再反思",载《中国法学》2015年第1期,第275页。)

适用，因为"依法裁判"的核心内涵是依据立法性规范裁判，而实质海商法存在的基础是填补形式海商法的不足和缺漏，其适用具有补缺性。第四，代表的理由和适用方式不同。法律论证过程无非是以一定的法律理由支持和证成裁判结果，其中的理由又可以被分为权威理由和实质理由。前者的支持力源于其他条件（主要是来源）而非内容，后者的支持力则取决于其内容。[1]就此而言，形式海商法代表的主要是权威理由，而实质海商法代表的主要是实质理由。权威理由也被称为形式理由，其权威性通常来源于立法性规范的形式权威，从理由分量上看，形式理由是决定性理由，即此理由对于裁判结论的得出具有决定性作用，或者说，具备此理由就能预测相应的裁判结论。因此，形式海商法多被作为裁判依据适用。实质理由是由道德、经济、政治和制度等因素综合组成的，[2]缺乏足够的形式权威性，其内容的合理性就是其理由分量的唯一衡量标准，对裁判结论的得出通常给予可接受性和合理性的支持。[3]因此，实质海商法多作为裁判理由适用。

　　形式海商法与实质海商法的联系。第一，形式海商法与实质海商法是相对而言的，形式海商法可以由实质海商法演化而来。例如，《海商法》以及海事国际条约中的一些规定，其前身是海事国际惯例。第二，实质海商法推动着形式海商法的发展，在形式海商法无法或难以适用的情况下，实质海商法能够作为形式海商法的替代物而适用。如前所述，形式海商法多作为裁判依据适用，而实质海商法多作为裁判理由适用。但这不是绝

---

〔1〕　Aleksander Peczenik, *On Law and Reason*, Springer, 2009, pp. 257.~259.

〔2〕　Aleksander Peczenik, *On Law and Reason*, Springer, 2009, p. 257.

〔3〕　汪洋："私法多元法源的观念、历史与中国实践——《民法总则》第10条的理论构造及司法适用"，载《中外法学》2018年第1期，第122页。

对的,在一定情况下,实质海商法也能作为裁判依据适用。裁判依据和裁判理由的区分主要是理由支持力强弱的相对区分,裁判依据对应的理由虽具有决定性但不是绝对的,当实质海商法代表的理由是如此的合理以至于能够压倒形式海商法代表的理由时,或者形式海商法存在空缺,无法为裁判结论提供决定性理由时,实质海商法代表的理由就相当于决定性理由,其是以裁判依据的方式适用。

综上,海商法包括了形式海商法和实质海商法。在海商法规范体系中,形式海商法确立了海商法规范的主要内容和主旨精神,实质海商法在形式海商法的基础上填充规范内容,二者共同为海事司法提供规范供给。即,海事司法"用尽海商法"中的"海商法"是指针对海上运输关系和船舶关系作出规定的法律规范,包括以立法性规范为载体的形式海商法和以海事国际惯例、海事司法解释、海事指导性案例为载体的实质海商法。[1]

三、海事司法应确立的"用尽海商法"内涵

在法律理念的指引下,人们相信存在着通过法的调整及规

─────────────

〔1〕 对于海商与海事的关系,理论观点既有认为二者趋于相同,也有认为二者不应混淆。(关正义、李婉:"海商法和海事法的联系与区别——兼论海商法学的建立与发展",载《法学杂志》2012 年第 6 期,第 35 页;Grant Gilmore and Charles L. Black, Jr., *The Law of Admiralty*, The Foundation Press, Inc., 1975, p. 1.)同样,理论上也有关于海商法与海事法二者之间关系的争论。本书认为,"用尽海商法"的"海商法"是广义而非狭义上的海商法,在内容上包含了一定的海事法的内容。这里的海事法主要指船舶在海上或其他可航水域发生事故引起的航海财产损失和(或)人身伤亡的损失赔偿、损失分摊等特定社会关系的法律规范的总称。(胡正良主编:《海事法》,北京大学出版社 2009 年版,第 4 页。)此外,由于"海事"在中国法语境下的使用存在一定的搭配习惯,常用来指与司法体制、司法机构相关的事物,如"海事司法""海事法院"等,对此本书也遵从此类惯常搭配。

范，能够达致或接近有秩序、有效率的公平及正义的理想社会。[1]然而，现实中，司法者在司法过程中普遍面临着立法与司法所用之法的隔阂问题，即如何将抽象的法律规范适用于具体的生活事实，如何将制定于过去的立法适用于当下的生活事实，如何将有限的立法规定适用于纷繁复杂的生活事实等。[2]对于海事司法而言，立法与司法所用之法之间的隔阂尤为明显。

"用尽海商法"是围绕着海事司法中法律适用过程的完善来促进上述理想社会的实现。一方面，"用尽海商法"强调尽可能地发现可适用的海商法规范。形式海商法和实质海商法都是海事司法法律发现的对象，但形式海商法与实质海商法的规范呈现形式有别，对应的具体海商法规范发掘方式也会有所不同。就此而言，海事司法"用尽海商法"可以被划分为形式海商法层面的"用尽海商法"和实质海商法层面的"用尽海商法"。这绝不意味着在海事司法过程中形式海商法和实质海商法是"分而治之"的，而只是说明形式海商法和实质海商法在"用尽海商法"上各有侧重点。另一方面，"用尽海商法"是通过适恰的方式论证相关海商法规范适用的正当性和合理性。

"用尽海商法"的一个重要内涵是解析形式海商法的规范内容。形式海商法是海事司法裁判的首要依据和理由，应该被优先适用。形式海商法是立法性规范，立法性规范被适用是其制定出来的目的，这也是"依法裁判"的最基本要求。对于海事司法裁判而言，形式海商法作为海商法规范相较于一般民商法的制定法具有特别法的地位。因此，在形式海商法有规定的情

---

[1]　卢伟伟："论海商法的发展趋势"，载《南方论刊》2007年第5期，第37页。

[2]　江必新："司法对法律体系的完善"，载《法学研究》2012年第1期，第88页。

况下，如果海事法院适用一般民商法的制定法进行案件裁判，就违背了"用尽海商法"理念。换言之，"用尽海商法"最初显的层次是对形式海商法的适用。

"用尽海商法"还强调在形式海商法的基础上充分适用实质海商法。海商法的高度实践性要求海事司法对航海贸易活动能够作出及时有效的反应。如果海事司法活动必须囿于形式海商法而运行，则在当前海商法尚未完成体系化、法典化的立法状况下，海事司法仅能对立法明文规定的制度性事实作出反应，而对于那些制度性事实之外的法律事实，海事司法会显得极其无助。形式海商法尊崇的是形式理性主义，其形式理性的建构前提是通过对概念的严格定义来实现对典型生活事实的容纳。[1]但在司法裁判过程中，司法者无法仅对典型生活事实进行审理，为了妥当地解决非典型的生活事实，司法者只能尝试突破已定义的概念的内涵。同样，突破后的概念定义在遇到其他非典型的生活事实时，有可能需要司法者进行进一步的概念内涵突破，从而导致在法秩序的实现过程中，司法者所作的是"一再闭合、开放及再次闭合法律概念"。[2]换言之，将海商法规范局限于形式海商法，极可能以封闭的概念定义淹没海商法的实践特征，难以适应海事司法不断发展的实践需求。海事司法者在确定特定的生活事实是否具有海商法意义的法律事实时，[3]不应止步于形式海商法规范，应该充分结合实质海商法规范，确定能否为这一特定的生活事实提供有效的司法裁判之

---

[1] "法的形式理性主要指理智控制的法律规则的系统化、科学化以及法律制定和适用过程的形式化。"（黄金荣："法的形式理性论——以法之确定性问题为中心"，载《比较法研究》2000年第3期，第292页。）

[2] [德]卡尔·拉伦茨：《法学方法论》，陈爱娥译，商务印书馆2003年版，第16页。

[3] 海事司法者主要指案件承办人员。

大前提。也即，"用尽海商法"如果仅仅诉诸形式海商法并未达致真正的"用尽"，唯有在穷尽了实质海商法后仍无法为特定的生活事实提供规范适用时，才是真正的达致"用尽"。

在"用尽海商法"下，海事司法者不能轻易判定海商法法律漏洞的存在从而转用一般法。实质海商法的存在影响着特别法与一般法的界分。因为，规范的形式并不总是优先于规范的内容，特别是在涉及特别法与一般法的问题时，规范内容的特殊性往往应该被赋予更大的权重。实质海商法规范虽然不具有制定法形式，但其规范内容不仅产生于海商实践且还在事实上约束着海商实践，与海事司法案件的关联性较一般法更强。因此在考虑海商法这一特别法律规范的范畴时，应该将实质海商法纳入其中，并在实质海商法与一般法冲突的情况下，依据"特别法优于一般法"的法律适用规则，优先适用实质海商法规范。质言之，对于一个具体的案件事实，海事司法者依据实质海商法的规范认定该案件事实是具有海商法意义的法律事实，但在形式海商法确立的明文规定中无法找到可适用的法律规范，同时海事司法者又没有正当的理由拒绝裁判的，不应认为海商法存在法律漏洞。因为，这一情况反映的只是立法性规范的不圆满性，而立法性规范不是现代意义上法律规范的唯一形式，海事法院有义务在其他可资适用的规范形式中寻找适恰的海商法规范。换言之，"用尽海商法"下的海商法法律漏洞只存在于，穷尽了实质海商法，仍无法为特定的案件事实提供恰当的法律规范的情况。

如果说法律发现和法律论证是海事司法"用尽海商法"的两个变量，则在海商法这一规范大前提相对不变的情况下，法律论证的完整性和合理性将是促进海事司法"用尽海商法"的关键因素。即，当海事司法者遵循"用尽海商法"对具体的案件事实进行法律规范评价时，海事司法者必须充分利用法律推理以论证其最终确定的案件事实的法规范后果。法律推理是在寻找事实与法律之间的共同点，即具有法律意义的事实。[1]"法律推理是结果论的推理模式：它关注结果的可接受性和不可接受性。"[2]法律推理是形式推理与实质推理相统一的过程，前者要求司法者遵守逻辑推理的一般规则，满足的是人们对法的安定性的需求，后者要求司法者遵守特定法律领域的特殊规定性，满足的是人们对公平正义的追求。[3]海事司法"用尽海商法"的法律论证应该是融合形式推理与实质推理的综合过程。

海事司法"用尽海商法"是与实践紧密结合的，是对实践中不尽完善之处的相对论述，因此，本书所研究的海事司法"用尽海商法"注重的是海事司法的相关方法和路径，没有意图涵盖或穷尽所有"用尽海商法"的可能。

综上所述，海事司法"用尽海商法"，是指海事司法者在海事审判过程中，应该在以《海商法》和海事国际条约为首的形式海商法的基础上，结合海事国际惯例、海事司法解释等实质海商法规范，确定海商法规范体系，并通过合理的法律方法对具有海商法意义的案件事实穷尽海商法规范评价，以达致合法且妥当的司法裁决。

---

〔1〕 陈金钊主编：《法律方法论》，中国政法大学出版社 2007 年版，第 348 页。

〔2〕 陈金钊主编：《法律方法论》，中国政法大学出版社 2007 年版，第 346 页。

〔3〕 陈金钊主编：《法律方法论》，中国政法大学出版社 2007 年版，第 341 页。

第二节 海事司法"用尽海商法"的必要条件

海事司法"用尽海商法"的本质是关于海商法规范的法律适用,但相较于一般的法律规范适用,海事司法法律适用过程应该满足整体性、融贯性和效益性三个必要条件,以促进海事司法"用尽海商法"的实现。

一、海事司法"用尽海商法"的整体性

(一)德沃金的整体性法律观及其优缺点

海事司法整体性强调的是一种整体性的法律观,即如何看待"法律是什么"。整体性法律观是罗纳德·德沃金(Ronald Dworkin)提出的一个重要法理观点。在德沃金看来,整体性(integrity)是独立于正义、公平和正当程序的综合性法律价值。他用整体性法律观来指称其基于一种法律解释观而提出的一套法律理论。[1]德沃金认为,整体性法律观的存在及其之所以值得追求的一个鲜明例子是人们对"棋盘式法规"的反对。整体性就像海王星一样在被发现之前就已经假定存在。[2]整体性是立法实践活动所追求的一个独特的政治价值,司法以执行立法结果为旨归,因此整体性也是司法这一政治活动所追求的一项重要价值。[3]整体性适合用来说明"法律是什么",或者说对法律作出最佳的解释,因为法律是一个阐释性的概念,法律只

---

〔1〕 樊安:《作为法律价值的整体性——以德沃金整体性法律观为中心》,法律出版社 2019 年版,第 2 页。

〔2〕 杨国庆:《认真对待平等权——德沃金自由主义法律理论研究》,社会科学文献出版社 2016 年版,第 135 页。

〔3〕 樊安:《作为法律价值的整体性——以德沃金整体性法律观为中心》,法律出版社 2019 年版,第 66 页。

有在联系过去、立足当下并展望未来的建构性解释中才能展现其全貌，才能更接近"无缝之网"的法律。[1]

整体性法律观的建构性解释过程分为三个阶段、两个维度。三个阶段包括前解释阶段、解释阶段和后解释阶段。前解释阶段的主要任务是识别解释对象，辨别何者可以被归入特定实践，进而确定解释的原材料。解释阶段是对特定实践进行一般性证成，即论证为何该实践值得被遵循及其目的所在。后解释阶段以最有利于第二阶段被接受的证成的方式去形塑和剪裁对象。[2]可以说："在前解释阶段，法官先尝试着找出那些与手头案件相关的法律标准。在解释阶段，法官要提出一套隐含于前一阶段所识别出的那些法律标准之中并可以证成这些标准的一般理论。在后解释阶段，法官用在解释阶段所提出的那套一般理论来证成自己手头案件的裁判意见。"[3]就三个解释阶段的现实可实行性而言，德沃金认为，对于一个社群的共同体来说，每一个解释阶段都能达致一定的共识，因为共同体会、共享特定的历史、文化和生活方式，而这些会在无形之中将人们对利益和信念的看法调和到一定的相似程度。

两个维度是指符合和证成。符合指的就是"特定解释应该与已有的法律和法律实践相符合，亦即与制度史一致。其实质就是承认和尊重既有法律的整体性，并试图延续和增进其整体性"。[4]所谓证成，是指特定法律解释能够证成关于法律权

---

[1] 建构性解释是由德沃金提出的法律解释理论。

[2] 樊安：《作为法律价值的整体性——以德沃金整体性法律观为中心》，法律出版社 2019 年版，第 23 页。

[3] 樊安：《作为法律价值的整体性——以德沃金整体性法律观为中心》，法律出版社 2019 年版，第 24 页。

[4] 樊安：《作为法律价值的整体性——以德沃金整体性法律观为中心》，法律出版社 2019 年版，第 81 页。

利、义务以及特定法律实践下相关内容的各种实体主张，同时也能为这些实体主张所置身其中的宪法性和程序性实践提供证成。[1]

　　三个解释阶段和两个维度实际上是对整体性法律观不同角度的解读。符合维度对应前解释阶段，证成维度对应解释阶段和后解释阶段。二者都在说明法律是解释者经建构性解释而得出的产物。整体性法律观下法律不是由单一的经立法制定的法律规则构成，也不是仅凭司法者的司法造法组成，而是包括规则、原则和政策在内的整合的规范体系。德沃金反复主张，法律体系不仅包括制定法意义上的法律，还包括那些可被证成的与大部分制定法在原则层面上相互一致的规范在内。[2]在德沃金看来，原则甚至比规则更重要。因为正是有原则的存在，法律不仅可以与过去的实践相勾连，还可以结合当下的现实问题重新进行解释。可以说，整体性旨在确保法律的稳定性与法律发展之间的适当关系。[3]

　　德沃金建构性解释的意义在于弥合法律事实性与法律有效性之间的张力。[4]法律事实没有固定的样式，可以不断变换，而规则是制定于过去的已经固化的文本，因此法律事实与制定法规则之间难以形成一一对应且恒定不变的关系。[5]法律事实与制定法规则的这种张力关系解释了以制定法规则为单一要素

　　[1]　樊安：《作为法律价值的整体性——以德沃金整体性法律观为中心》，法律出版社 2019 年版，第 84 页。

　　[2]　[美] 安德瑞·马默：《解释与法律理论》（原书第 2 版），程朝阳译，中国政法大学出版社 2012 年版，第 119 页。

　　[3]　樊安：《作为法律价值的整体性——以德沃金整体性法律观为中心》，法律出版社 2019 年版，第 4 页。

　　[4]　杨国庆：《认真对待平等权——德沃金自由主义法律理论研究》，社会科学文献出版社 2016 年版，第 142 页。

　　[5]　规则与规范常常是混用的，本书中规则主要指制定法规则。

的实证主义者的失败之所在，同时也揭示了对一种更具包容性的法律观的需求。整体性法律观下的建构性解释正是这样一种包容性的法律观。符合和证成这两个建构性解释维度所体现的正是法律事实性与法律有效性共同要求的结果。[1]即通过建构性符合维度的解释，法律事实与过去的法律实践形成关联进而获得规范意义上的表述，而通过证成维度的解释，法律规范得以进行个案意义上的重新解读进而能够将法律事实涵摄于其规范意义之中。这样的双向解释缓解了法律事实性与法律有效性之间的张力关系，法律在确保其稳定性的同时也能获得适度的发展。

由上可见，德沃金的整体性法律观确实更能解释"法律是什么"。因为相较于实证主义因机械化适用制定法规则而可能导向的对司法合理性的背离，以及现实主义因对现实需求的过度屈从而可能导向的对司法结果合法性的背离，整体性法律观在建构性解释的过程中以一定的法律实践为约束，在整体性这一综合性价值的指导下，对当下法律事实作出最适恰的规范价值评价，进而实现司法结果合法性与合理性的整合。

德沃金的整体性法律观并非毫无争议。德沃金建构性解释的前解释阶段非常依赖于法律规范载体，即建构性解释的首要是认定法律规范的体裁或类型。德沃金坚持认为，如果对解释对象文本所归属的那种体裁的固有价值没有一些看法的话，任何解释都不可能开始。[2]安德瑞·马默（Andrei Marmor）对此表示同意，但他同时指出这一前提条件可能在某些方面会非常

---

〔1〕 杨国庆：《认真对待平等权——德沃金自由主义法律理论研究》，社会科学文献出版社 2016 年版，第 144 页。

〔2〕 ［美］安德瑞·马默：《解释与法律理论》（原书第 2 版），程朝阳译，中国政法大学出版社 2012 年版，第 46 页。

无力。他认为，法律解释盛行的原因是法律实践的外延得以因其目的或价值的不同而不同。此外，尽管在通常情况下我们可以为法律实践的解释确立一定的典型性法律规范载体，但是，我们不能确保不会有其他更好的法律规范载体对既有典型法律规范载体提出挑战，进而导致后者被当作"错误"而弃用。[1]

马默的这一担忧不无道理。在对法律规范进行解释时，立法者视域与司法者视域代表了两种完全相反的法律解释方向，立法者视域强调对立法者原意的遵从，司法者视域强调法律解释者的个人价值观。德沃金强烈反对向法律规范立法唯一原意无限趋近的法律解释观点，认同法律解释应该是立法者视域与司法者视域的融合。[2]但由于对这种视域融合缺乏一定的配比和导向，法律解释容易滑向司法者的专制。[3]这个问题同样可以从建构性解释的符合维度进行解读。按照德沃金的观点，每个法官都有一套自己的符合理论，即该法官对一个法律实践的解释必须在多大范围内与既有法律相符、与哪部分既有法律相符以及怎样相符的信念。[4]换言之，这里缺少一个关于符合维度的最低限度的明确法则，每个法官的法律解释仅受自己对法律解释本旨和功能的理解的约束。尤其是德沃金认为法律不仅包括规则和原则，还包括道德。道德的引入把控不当的话很容

---

〔1〕 ［美］安德瑞·马默：《解释与法律理论》（原书第 2 版），程朝阳译，中国政法大学出版社 2012 年版，第 81 页。

〔2〕 ［美］罗纳德·德沃金：《法律帝国》，许杨勇译，上海三联书店 2016 年版，第 43~44 页。

〔3〕 传统认识论认为，主体与客体是绝对分离的，主体对客体的认识只是发掘客体的客观确定面向，不受主体主观因素的影响。视域融合则强调对文本的理解存在着两个视域，一个是文本描述的视域，一个是主体所处的视域，理解不是对作者意图的单向发掘，而是读者与作者的交互沟通。（侯学勇："法律论证的融贯性研究"，山东大学 2009 年博士学位论文，第 86 页。）

〔4〕 Ronald Dworkin, "Law as Interpretation", 60 *Texas Law Review*, 527, 545 (1982).

易降低符合维度的最低限度，由此可能出现，在符合维度的解释中，双方当事人的解释都与过去的法律实践相一致，这时候起决定作用的就是各方解释的道德吸引力，使得法官个人的价值和信念有了介入的自由，司法裁判将在很大程度上依赖于法官的主观道德倾向性。[1]

简言之，德沃金的整体性法律观能够对"法律是什么"作出更好的解释，但同时也有着过度司法能动的隐患。然而，世界上没有任何一个理论是毫无缺陷的，只要相关理论的缺陷能够得到较好的控制，其理论优势就有发挥的空间和必要。

(二)"用尽海商法"整体性的内涵及必要性

近年来，整体性法律观所具有的整合法律事实性和法律有效性的作用逐渐为国内学者所重视，并被接受和运用于各具体的法律研究领域。[2]本书借用"整体性"概念来说明实现海事司法"用尽海商法"所应该具有的一项条件，即在海事司法过程中要实现"用尽海商法"，其前提是海事司法者应该具有一个整体性的海商法知识体系。海事司法者在面对具体的法律实践时，不能仅仅在形式海商法规范中寻找适恰的海商法规范，而应该将其眼光放置于包括形式海商法规范和实质海商法规范在内的整体的海商法规范体系，在此体系内寻找适恰的海商法规范，进而判断该具体法律实践的海商法规范评价。"用尽海商法"的整体性强调海事司法者在法律适用的"找法"和"适法"过程中应该抱持一种整体性的法律观，不轻率地肯定或否定特定法律实践的海商法规范评价意义，不任意扩展海商法规

---

〔1〕 樊安：《作为法律价值的整体性——以德沃金整体性法律观为中心》，法律出版社 2019 年版，第 81~82 页。

〔2〕 吴晓静：《整体性法律观的民商法应用：民商事疑难法律问题研究》，法律出版社 2013 年版，第 1~8 页。

范的司法适用范围,也不随意背弃海商法规范而适用其他法律规范,追求在最佳的规范范围内尽可能地践行海商法的规范评价。

对照德沃金的解释三阶段,形式海商法和实质海商法就是前解释阶段中能够被用于判断具体海商实践是否应该具有海商法规范意义的标准。或者,从建构性解释的符合维度来看,形式海商法与实质海商法就是符合维度中判断具体海商实践是否与过去海商实践相一致的最低限度的准则。

海事司法"用尽海商法"的整体性,其关键在于强调实质海商法规范是整体性海商法规范体系不可或缺的组成部分。形式海商法规范仅能涵盖立法性规范,难以解决司法中法律事实性和法律有效性之间的张力问题,海事司法中很可能面临"有法难用"或"无法可用"的尴尬现象。尤其是,就海商法的特性而言,海商法的法律地位界定问题一直没有得到明确的解决,这也使得当前的海商法失去了历史上其发端时所具有的自体性特征,海商法规范之间难以形成"自主生成、独立发展、自成体系"的规范体系,[1]甚至呈现出"碎片化""边缘化""死亡化"现象。不论是对海商法法律地位的定位,还是对海商法自体性特征的探讨,都意在解决海商法规范的整合和体系化适用。这个问题的解决不能仅停留在立法层面,而忽视海事司法的作用。甚至,海事司法的整体性作用,可能比在立法上明确海商法的地位,或通过立法手段重塑海商法的自体性,都更具现实意义。即便未来海商立法实现了法典化这一较高层级的立法整体性,海商法典所能统筹的也只是阶段性的制定法规则,这或许可以短暂地型构出一个整体性的海商法规范体系,但其可持

----

[1] 曹兴国:"海商法自体性研究",大连海事大学 2017 年博士学位论文,第 21 页。

续性仍需要海事司法来保障。因为，法典是首尾贯通的，"其法规是一条紧连着一条的。如果忽然将其中一部分进行变动，则必会影响到整部法典的构造。故而即使存在不必要的法则，也要依然让其存在之，即使有必要增补修改法条，而因唯恐紊乱整体之秩序，最后亦不了了之"。[1] 海商法立法的整体性只是海事司法"用尽海商法"的整体性的前提，而不是全部。在海商法规范整合和体系化适用的进程中，不应忽视海事司法的作用，整体性应该成为海事司法"用尽海商法"的必要条件。

（三）如何规避德沃金整体性法律观的弊端

关于马默提出的对德沃金解释理论的担忧，本书认为，固然德沃金将整体性视为一种高于正义、公平和正当程序之上的值得追求的综合性价值，但整体性毕竟不是法律的唯一价值，因此，司法实践对整体性法律价值的追求，仍不能轻易越过既往法律实践所确立的"藩篱"，即典型法律规范载体仍应该在建构性解释阶段发挥符合维度上的底线性约束。即便这样会存在马默所说的典型法律规范载体为其他更优法律规范载体所取代的可能，但这也只是基于法律发展理论超越具体实践的可能性探讨，不能被用来否定既有典型法律规范载体的存在及其价值。因为，"法律并不是一种可以让任何社会关系素材随意塞进去的形式，而是一种不可拒绝地要去表现这些素材的形式"。[2] 换句话说，海事司法"用尽海商法"的整体性，应该是针对当下以及可以预见的未来而言的，并不否定海事司法"用尽海商法"的整体性将随着海商实践的发展而发展。当未来某个阶段出现了当前海商实践中所未见的、全新的、更优的海商法规范载体时，它完全可能取代在此之前的形式海商法或实质海商法的规

---

〔1〕 ［日］穗积陈重：《法典论》，李求轶译，商务印书馆 2014 年版，第 18 页。

〔2〕 ［德］拉德布鲁赫：《法学导论》，米健译，商务印书馆 2013 年版，第 49 页。

范载体，并成为彼时海商法规范体系中不可或缺的部分，海事司法"用尽海商法"的整体性也将以新的样态呈现。

另外，关于整体性法律观的过度司法能动问题，本书认为可以从以下方面加以控制和解决。

首先，德沃金整体性法律观的过度司法能动问题，主要是因为对道德引入失之适度的掌控。显然，完全拒斥司法裁判中道德价值的引入是不现实的，因为司法裁判毕竟不是纯粹的机器作业，其必然受司法者主观道德价值倾向的影响。在借用德沃金的整体性法律观论述海事司法"用尽海商法"的整体性时，应该重视对海商法规范载体的特性和价值的强调。这一点事实上也是德沃金自己所强调的，即如果脱离了解释对象的文本或对解释对象的文本本身的价值不了解的话，解释是无法进行的。具体到海事司法中，海商法的规范除了立法性规范之外，最主要的就是实质海商法规范，因此实质海商法范畴的确定就成了关键。本书认为，在确定实质海商法的范畴时应该结合以往海商实践，即以往海商实践中经常出现的，被用来作为海事司法裁判的法律依据或法律理由的，都应该被视为实质海商法规范。就截至当前的海商实践而言，实质海商法规范主要体现为海事司法解释、海事指导性案例规则、海事国际惯例。海事司法者在适用这些不同的实质海商法规范时，不仅仅要受其规范内容的约束，也受其规范载体形式的影响。

其次，德沃金的建构性解释强调一种立法者视域与司法者视域的融合，但似乎其更倾向于将较大的配比给予司法者而不是立法者。本书认为，海事司法"用尽海商法"的整体性应该遵循这样一个准则，即形式海商法相较于实质海商法具有初步的优显性，[1]立法者的原意应该被优先考虑。实质海商法纵然

---

〔1〕　指在同等条件下具有优先适用性。

是整体性的海商法规范体系必不可少的组成部分，但这并不意味着立法性规范可以被随意背弃。如果说整体性的海商法规范是一个德沃金所说的"无缝之网"，那么形式海商法就是织起这个网的骨架，而实质海商法只有在骨架确定的情况下才能得到更有序的适用。整体性的海商法法律观同样是个需要视域融合的法律观，只是在融合的过程中将初步优显性分配给形式海商法所代表的立法者意志，初步优显性只在特定条件下方可被否弃，这也是实质海商法介入的重要时候，如此既给予了海事司法者必要的能动裁量，也在很大程度上限制了海事司法者滥权和司法任意的可能。

二、海事司法"用尽海商法"的融贯性

（一）融贯性的概念内涵和特征

在认知论上，融贯论与基础论相较而论。基础论宣称所有的知识最终都会回溯到明确的和基本的信念之上。[1] 融贯论主张并不存在一个终极的不可变的信念，认为信念是相互强化的，每一种信念都从其他信念中获得了其证成或辩护的部分内容。[2] 概念的比较只是揭示融贯论对终极或单一信念的不信任，但无法释明更多关于此概念的内涵和特征。事实上，要对融贯论（或融贯性，coherence）下明确的定义很困难。因为大多数情况下人们会赞同融贯性是比一致性内涵更丰富的概念，但至于何为"更丰富的内涵"却很难被清晰和毫无争议地表达出来。[3]

---

〔1〕 ［瑞典］亚历山大·佩岑尼克：《法律科学：作为法律知识和法律渊源的法律学说》，桂晓伟译，武汉大学出版社 2009 年版，第 206 页。

〔2〕 ［瑞典］亚历山大·佩岑尼克：《法律科学：作为法律知识和法律渊源的法律学说》，桂晓伟译，武汉大学出版社 2009 年版，第 206~207 页。

〔3〕 ［美］布莱恩·H. 比克斯：《牛津法律理论词典》，邱昭继等译，法律出版社 2007 年版，第 37 页。

但这并不妨碍人们对融贯性的描述和认识。例如,有学者认为:"如果一种思想或理论逻辑一致,如果它各个部分互相支持,如果它可以理解,如果它产生于或表达了一种统一的观点,那么这种思想或理论就是融贯的。如果一种观点或理论是不可理解的、矛盾的、权宜的、碎片化的、支离破碎的,或者包含了彼此无关和不相互支持的思想,那么这种观点或理论就是不融贯的。"[1]从中不难看出,融贯性的关键特征包括了逻辑一致性、统一意义或价值的表达以及相互支持等。融贯性的这些特征也决定了其被引入法律领域的必要性。因为融贯性的理论是有助于理解的,并能促进一个理性的、可懂的统一体的形成,而非纯粹的拼凑物。[2]罗伯特·阿列克西(Robert Alexy)和亚历山大·佩岑尼克(Aleksander Peczenik)曾提过一个命题:"如果某一规范或价值体系相较于其他竞争体系更融贯,则有初步的理由认定此规范或价值体系是正确的。"[3]之所以如此,是因为越是融贯的体系就越能导向"相同的情况相同处理",法的安定性因此可以得到保障,人们也可以更合理地安排自己的生活。可以说,法律体系越接近融贯性其在道德层面就越好。[4]

法律领域的融贯性可以从积极面向和消极面向进行分析。[5]就一个法律体系而言,其消极面向的融贯性意味着逻辑

---

〔1〕[美]丹尼尔·帕特森主编:《布莱克维尔法哲学和法律理论指南》,汪庆华等译,汪庆华校,上海人民出版社2012年版,第538页。

〔2〕[美]丹尼尔·帕特森主编:《布莱克维尔法哲学和法律理论指南》,汪庆华等译,汪庆华校,上海人民出版社2012年版,第541页。

〔3〕Robert Alexy and Aleksander Peczenik, "The Concept of Coherence and Its Significance for Discursive Rationality", 3 *Ratio Juris*, 130, 144 (1990).

〔4〕雷磊:《法律体系、法律方法与法治》,中国政法大学出版社2016年版,第84页。

〔5〕雷磊:《法律体系、法律方法与法治》,中国政法大学出版社2016年版,第80~81页。

的无矛盾性，即逻辑一致性；而其积极面向的融贯性则要求体系之内的相关要素之间存在积极的关联，且这种关联不仅仅是效力上的衍生关系，还包括评价上的相互支持和证成。进一步来说：一方面，积极关联意味着同一个法律体系之内的规范之间，应尽可能地不相冲突且得以相互支持。例如，相对抽象的法律规范可以推演出或支持着一定数量的相对具体的法律规范；而相对具体的法律规范在一定条件下又可以逻辑地推导出相对抽象的法律规范。另一方面，积极关联还意味着当一个法律体系内出现法律规范的冲突时，能够有序形成优先关系。"新法优于旧法""上位法优于下位法""特别法优于一般法"等都是常见的法律规范优先关系。除此之外，还可以借助法律方法论来确立妥当的法律规范之间的优先关系。例如，相互竞争的两个法律原则之间常通过权衡各原则的分量来确定何者优先适用。

融贯性对积极关联的强调是其非单调逻辑的体现，这也使其备受法律论证研究者的青睐。非单调逻辑意在说明，法律论证过程单凭纯粹的逻辑一致性是无法完成的。传统上，法律实证主义者坚持认为，规则是法律的唯一要素，规则体系是无漏洞的、自足的，规则确立的规范命题（或法律适用的大前提）是明确的、不可变的、绝对的真命题，因此司法者只要通过演绎方法将相关的大前提适用于案件事实，就可获得相应的法律结果。也即，法律实证主义者相信，法律适用的大前提规范与小前提事实都是确定的，法律适用的过程中无需涉及价值或目的等不确定概念的探讨，仅仅是在纯粹地践行规范与事实之间的逻辑无矛盾性判断。然而，按照融贯论的认知来看，"规范命题是绝对的真命题"是不成立的，因为命题的真假并不取决于客观世界的真假，而是依赖于主体的认知和对司法可接受性标准的判断。[1]融贯主义者认为,融贯性是与可反驳性(defeasibility)紧密相关的。可反驳性就是可能被推翻,它是指一个结论虽然可以被某些标准证成,但后来出现的标准则有可能推翻或驳倒这个结论。[2]可反驳性常体现于以下两个方面。

首先,制定法规则的效力是可废止的。法律效力与法律条文规定密切联系,而法律条文规定又是法律规则的基础,法律规则规制着一定范围的事件,当出现范围之外的特殊事件时,法律条文规定的效力就可能遭到挑战而失去原初的效力,甚至是从未有效过。[3]例如,某项法律规则规定了权利 R,并明确规定此权利可以在一定条件下(条件 c1、c2、c3 同时满足时)授予 A,那么当 c1、c2、c3 都被满足时,A 可以取得权利 R 以对抗 B。但是,如果 B 证明存在例外情况 e1,那么这一规则就可能不适用。[4]因此,可以说,"在适当的时候,以'有效性'之名而建立起来的所有东西都会遭到人们的质疑",[5]任何制定法规则的效力都是可废止的。当然"可废止"仅仅是暂时的、针对具体情境的效力中止,"事实上,大多数可废止的事情从未被废止"。[6]

其次,作为法律适用大前提的法律规范命题具有可转变性。

---

〔1〕 徐梦醒:"法律论证的规范性融贯研究",载《法学论坛》2014 年第 6 期,第 92 页。

〔2〕 〔美〕布莱恩·H. 比克斯:《牛津法律理论词典》,邱昭继等译,法律出版社 2007 年版,第 54 页。

〔3〕 〔英〕尼尔·麦考密克:《修辞与法治:一种法律推理理论》,程朝阳、孙光宁译,程朝阳审校,北京大学出版社 2014 年版,第 312 页。

〔4〕 〔英〕尼尔·麦考密克:《修辞与法治:一种法律推理理论》,程朝阳、孙光宁译,程朝阳审校,北京大学出版社 2014 年版,第 312 页。

〔5〕 〔英〕尼尔·麦考密克:《法律制度:对法律理论的一种解说》,陈锐、王琳译,法律出版社 2019 年版,第 244~245 页。

〔6〕 〔英〕尼尔·麦考密克:《法律制度:对法律理论的一种解说》,陈锐、王琳译,法律出版社 2019 年版,第 247 页。

所谓可转变性，是指原来无法通过演绎方法推出的命题，一旦加入新的命题后，即可转变由演绎推理而出。[1]例如：

前提1：f（国家军事封锁行为）

前提2：如果p那么q（如果行为人存在导致他人损失的行为，则行为人应对此负赔偿责任）

结论：q（国家对相关方的损失负赔偿责任）

显然，前提1和前提2无法在逻辑上顺畅地推演出结论q，因此，从f和"如果p那么q"到q的过程存在着跳跃性，需要加入一个潜在的前提，即

前提3：如果f那么p（如果国家行为是关联损失的可能因素之一，那么它就是引发损失的一种原因）

上述前提中，前提2来源于制定法规则，而前提3则是司法者依靠制定法规则之外的其他规范或价值标准合理设想出的，其本身并不具有前提2那样的公认性和普遍性。因此，前提3能否获得论辩相关方的认同是法律论证过程的关键。[2]前提3的加入可以使前提1从前提2中演绎推理出结论q，从而弥合了法律论证的跳跃性，实现逻辑一致性。

可反驳性是实证主义者与融贯主义者的争论焦点。例如，约瑟夫·拉兹（Joseph Raz）认为，尽管法律不一定具有正当性，但它必然宣称其具有正当权威，而权威的命题必须不通过任何道德评价就可以确定其存在和内容。换言之，在拉兹看来，

---

〔1〕 侯学勇："法律论证的融贯性研究"，山东大学2009年博士学位论文，第76页。

〔2〕 侯学勇："法律论证的融贯性研究"，山东大学2009年博士学位论文，第76~77页。

制定法规则所构成的命题是阻断命题，阻断或不允许以其他理由来改变制定法规则确立的行为依据。德沃金驳斥了拉兹的阻断命题。在他看来，制定法规则并不构成阻断性理由。因为，虽然法律的正当权威在一般情况下会赋予制定法规则构成的理由胜于其他理由的相对优势，但是，这并不意味着其他理由被完全排除掉。相反，在一些特殊的情形下，我们必须去正视这些其他理由的重要性，甚至这些理由可以击败制定法规则构成的理由。[1]从二者的观点中不难看出，实证主义坚持法律规范命题是确定的，其论证过程无须考虑具体的情境。因为，能够被用来论证法律规范命题的，只能是制定法规则构成的阻断性理由，而这些理由不存在能与之抗衡的相对理由。融贯主义则认为，法律规范命题的真假是可争论的，其论证不能单纯依靠制定法规则构成的理由。因为，这些理由在具体的情境中可能为其他非制定法规则构成的理由所推翻或驳倒。法律规范命题的真假取决于论证过程中不同理由之间的相互作用，这种相互作用或许使得特定的法律规范命题趋近于真，或许使得特定的法律规范命题趋近于假。换言之，融贯性的法律论证既包括内部证成也包括外部证成。内部证成由演绎推理完成，是一个单调的逻辑推理过程，强调的是判断可以从为了论证而引述的前提中逻辑推导出来。[2]外部证成则是对演绎推理的大前提的正确性进行追问的过程，[3]被追问的大前提不仅包括制定法规则，还包括经验命题，以及那些既非制定法规则又非经

---

〔1〕〔美〕罗纳德·德沃金：《身披法袍的正义》，周林刚、翟志勇译，北京大学出版社2014年版，第230页。

〔2〕侯学勇："法律论证的融贯性研究"，山东大学2009年博士学位论文，第79页。

〔3〕侯学勇："法律论证的融贯性研究"，山东大学2009年博士学位论文，第79页。

验命题的前提。[1]因此,这是一个论辩的、非单调逻辑推理的过程。

融贯性法律论证对单调逻辑和非单调逻辑的整合更契合法律适用的现实。因为从法律适用的现实来看,单纯依靠逻辑一致性的演绎方式不能完全呈现出法律规范的意义,[2]为此需要其他前提和理由的介入。即,抽象的规范在面对具体的事实时,有可能被其他的理由所推翻或驳倒,用以论证法律规范命题的理由应呈开放性状态。[3]为避免开放性状态的理由在适用时失之约束,而导致司法任意或滥权,需要以融贯性为司法要求来衡量各种理由的论证标准。

在法律论证中,融贯性的程度可以划分出三个不同的层次。第一层次的融贯性是指司法裁判规则与制定法规则之间是逻辑一致的。[4]第二层次的融贯性是指司法裁判规则与其所在法律部门之内其他规则和原则的融贯。第三层次的融贯性是指一国法律体系意义上的融贯,即权衡和协调不同法律部门对不同法律价值的追求。[5]可见,第一层次的融贯性对应内部证成,而第二和第三层次的融贯性对应外部证成。如果说一致性是最高层次的融贯,则第一层次或内部证成对融贯性的要求较高,而第二、三层次或外部证成对融贯性的要求较低。也就是说,逻

---

[1] [德]罗伯特·阿列克西:《法律论证理论——作为法律证立理论的理性论辩理论》,舒国滢译,中国法制出版社2002年版,第285页。

[2] 孙跃:"论民商事裁判中基于融贯论的体系解释——以金融机构股权代持合同效力判定为例",载《广西社会科学》2019年第5期,第118页。

[3] 侯学勇:"法律论证的融贯性研究",山东大学2009年博士学位论文,第69页。

[4] 司法裁判规则是指在司法审判过程中司法者通过联结相关的规范与事实形成的对案件纠纷解决具有直接、实际效用的判决根据。

[5] 陈伟:"法律推理中的二阶证立",载《政法论丛》2013年第1期,第81页。

辑一致性是融贯性的必要而非充分条件,[1]融贯性更多时候是理由之间的一种可能性推论。[2]因此,融贯性不能为裁判的作出确定终局的理由,也不能给出任何法律规范的内容。[3]

(二)"用尽海商法"融贯性的必要性

本书在"用尽海商法"的整体性部分中已经分析过"用尽海商法"不能仅局限于制定法层面,海事司法过程中法律规范适用是包括形式海商法和实质海商法在内的整全的海商法规范的适用。形式海商法规范与实质海商法规范共同构成海事司法法律规范适用的潜在大前提,这些前提的类型是多样的,既有《海商法》等制定法确立的规则,也有海事国际惯例等确立的经验命题,这些前提的论证和适用仅凭单调逻辑演绎是无法完成的,因此,海事司法"用尽海商法"的过程应该是一个融贯的法律论证和适用过程。如果按照融贯性程度的三个层次来分析的话,海事司法的"用尽海商法"也可以划分为三个层次:第一层次,在海事司法过程中司法裁判规则与形式海商法规则之间的融贯,即不存在逻辑矛盾;第二层次,不同形式海商法规范之间、不同实质海商法规范之间,以及形式海商法与实质海商法之间的融贯;第三层次,包括形式海商法规范和实质海商法规范在内的整个海商法规范体系与规范体系外其他法律规范之间的融贯。

具体而言,在第一层次上,司法者主要通过严格遵循形式海商法条文文义来确定裁判规则,其法律论证方法是传统的演绎推理模式,司法者首先对案件事实的法律性质进行判断并将

---

〔1〕　Stephen Pethick, "Solving the Impossible: The Puzzle of Coherence, Consistency and Law", 59 *Northern Ireland Legal Quarterly*, 395, 400 (2008).

〔2〕　蔡琳:《裁判合理性理论研究》,法律出版社 2009 年版,第 100~101 页。

〔3〕　蔡琳:"法律论证中的融贯论",载《法制与社会发展》2006 年第 2 期,第 126 页。

其定位为特定类型的法律事实，再就法律事实寻找与之对应的形式海商法规范，然后通过将事实涵摄于规范之下得出相应的结论。因此，这一层次上的"用尽海商法"实际上就是常规案件中海商法规范的适用。与常规案件相对的是疑难案件，两者的区别在于法律规范是否明确。在常规案件中，法律规范通常是明确的，而在疑难案件中，法律规范或是模糊不清或是不宜适用，甚至是缺少法律规范。因此，疑难案件中的海商法规范适用问题，主要是确定法律适用的前提，以及用于证成此前提的论证理由。不同于第一层次，第二层次和第三层次的"用尽海商法"解决的主要是海商法规范在疑难案件中的适用问题。

在第二层次上，常可以通过法律解释、类推适用、分析特定制度的价值取向、权衡规范指涉的应然状态与论证目的，在明确及论证海商法规范命题的过程中，对海商法规范作出最佳的解释，充分地诠释和表达海商法的规范意义，进而"用尽海商法"。进一步来讲：首先，在海商法规范的模糊之处，通过体系解释、比较解释、扩展解释、限缩解释等解释方法，在海商法条文的文义可能意义范围内，廓清相关概念的内涵与外延、具体化抽象条款的内容、修正条文表述的不完善，使原本模糊不清的海商法规范明晰化。其次，融贯性法律论证过程不是价值无涉的过程，司法者的主观判断是推动法律论证过程的关键因素。无论是制定法明确授予的自由裁量权，还是基于特殊情境推导出的自由裁量权，无论是应该行使的自由裁量权，还是必须行使的自由裁量权，司法者对自由裁量权的行使在很大程度上影响着海商法规范的意义解读、制度的价值取向选择，并最终影响海商法的适用。融贯性为海事司法过程提供了更多的论证可能，在这些可能性论证中，海事司法者的自由裁量权可以起到促进作用，但同时也会受到相关论证方式和方法的约束。

因此,融贯性法律论证不是通过放任司法者的自由裁量实现"用尽海商法"的,司法者的自由裁量是实现"用尽海商法"所必需的,但无法脱离融贯性法律论证过程而独自发挥作用。最后,当出现形式海商法规范不宜适用或存在空缺的情况时,实质海商法规范可以在形式海商法所确立的海商法规范体系的框架内,适当填充海商法规范命题的空缺,通过融贯性法律论证,在海商法规范的价值层面上确证其命题的正确性,进而替代形式海商法规范作为海事司法中的规范大前提而适用,以此实现"用尽海商法"。融贯性法律论证中的可反驳性是实质海商法规范得以在疑难案件这样的特定条件下,作为更强的理由或更适当的命题暂时取代形式海商法规范的原因,但同时又不真正废止或改变形式海商法规范。如此,既尊重了形式海商法规范作为立法性规范的权威,也避免过度强调立法权威而忽视司法的现实需求,进而走向机械司法,可以在很大程度上实现海事司法形式正义与实质正义的融合。换言之,"用尽海商法"不是为了追求极致的实质正义或形式正义,只是将形式正义与融贯性紧密结合以实现海商法内在的可理解性,进而提升整个海商法规范体系的自我调节和自我证明。[1]如果说海商法应该具有自体性、海事司法应该具有自治性,那么通过融贯性法律论证实现的"用尽海商法"就是在向这两个良善目标不断趋近。

在第三个层次上,融贯性法律论证主要解决的是海商法规范体系与体系外其他法律规范的冲突和融合问题,并在此基础上实现"用尽海商法"。如果说前两个层次体现的是海商法规范体系内部的融贯性,那么这一层次体现的则是海商法规范体系外部的融贯性。海商法常被视为民法等的特别法,海商法规范

---

〔1〕 方新军:"内在体系外显与民法典体系融贯性的实现——对《民法总则》基本原则规定的评论",载《中外法学》2017年第3期,第578页。

的司法适用因此常需遵循特别法与一般法的关系准则，如"特别法优于一般法"。不可否认，这一优先关系准则可以在多数时候实现海商法规范与其他法律规范之间的融贯，但此准则具有一定的抽象性，有时难以判断海商法规范是否应该优先于其他法律规范适用。或者可以说，仅依靠单一的准则或原则，不能很好地实现海商法规范与其他法律规范之间的融贯。融贯性强调的是法律论证过程中理由之间的一种可能性推论，当出现海商法规范与其他法律规范之间的适用争议时，可以允许当事各方就其观点和主张提供各自的证据和理由，在此基础上，司法者需要针对具体个案对隐藏于海商法规范与其他法律规范背后的各自的法律原则进行发掘，通过对相关法律原则、证据和理由的综合衡量来确定最后应该适用的法律规范。"特别法"的标签并不能使得海商法一劳永逸地获得优先适用的法律地位，因为海商法规范有其应然的指涉范围和规范目的，如果海商法规范的适用超出了其应然的指涉范围或不能实现其规范目的，则此法律适用是有害而无利的。融贯性法律论证允许在论辩中判断海商法规范适用的可能，这不是对海商法规范的随意背弃，而是以一种更合理的方式实现海商法规范的司法适用。

三、海事司法"用尽海商法"的效益性

海事司法"用尽海商法"的整体性强调海商法规范集合的完整性，海事司法"用尽海商法"的融贯性强调基于海商法规范的融贯的法律论证，但不论是整体性还是融贯性都不是海事司法"用尽海商法"的终极价值目标，而只是达到目标的手段和方法，因此在海事司法整体性和融贯性的基础上需要以海事司法的效益性为价值导向，保障海事司法"用尽海商法"结果的合法性和妥当性。

　　学界对效益性的概念界定存在着不同的认识。一些观点坚持认为，效益一词来源于经济学，因此对法律效益、司法效益等概念的理解和解释应该紧跟其经济学内涵，强调投入与产出之比，即在有限的法律资源内最大限度地实现法律收益，或者以最少的法律资源消耗获得同样的法律收益。[1]有些观点则认为，效益概念内涵的核心是公正。[2]另有观点认为，效益应该是个综合性概念，其概念内涵固然包含对经济效益的强调，但除此之外也重视其他社会效益。[3]本书较为认同效益性是一个综合性的概念，即司法效益性是指司法公正和效率达到最优化配置的一个综合性司法价值。司法效率与司法公正都是司法的价值，但这两个价值之间具有一定的相对性，过度强调任一价值都会影响另一价值的实现，并削弱司法裁判结果的合法性和妥当性。因此，司法效益是独立于司法效率与司法公正的概念，此概念既能满足司法效率的要求，又能体现司法公正，既重视司法经济效益，也重视司法社会效益。

　　司法效益性反对"效用至上论"和"公平至上论"。"效用至上论"倾向于用个人理性替代集体理性，照搬经济学"效率即道德"，不严格讲求公平公正，认为只要最大化地满足主体的主观效用也就满足了"公平"。"效用至上论"忽略了主体所处的客观法律环境和社会条件对主体的约束，且其主观效用缺乏

　　〔1〕　郭宗杰："论法的效益"，载《法律科学（西北政法大学学报）》1995年第3期，第19~20页。

　　〔2〕　彭庆文："论司法公正与司法效益"，载《山东法官培训学院学报》1997年第4期，第10页。

　　〔3〕　李艳华、潘爱仙："论司法效益"，载《法商研究》1997年第3期，第23~25页；陈永鸿："论司法效益的内涵及其时代意义"，载《湖北师范学院学报（哲学社会科学版）》2004年第2期，第86页；燕振安："讲求司法效益必须坚持四项原则"，载《山东法官培训学院学报》1997年第4期，第11页；倪传铮、胡志民："论法的效益——不同的视角与辩析"，载《政治与法律》1998年第1期，第25~27页。

可计量性质,主体之间的无休止讨价还价必然会带来资源浪费,而集体理性的缺失也终将破坏社会秩序的稳定。[1]"公平至上论"主张用抽象的理性"公平"来形塑出法律的独立品格,强调法律的道德价值,以社会分配领域的"公正"为法律的根本目标。[2]"公平至上论"忽略了,法律的公平不能脱离社会的现实需求,在资源有限的情况下公平公正不是法律的唯一价值,追求绝对的公平公正可能会走向其他法律价值的反面。

效益性是海事司法为实现"用尽海商法"应该秉持的一个基本价值取向,其意在指引一种司法的辩证观,即在科学合理的辩证思考中确定具体个案最应该遵循的法律价值,并引导法律规范的选择和适用。海事司法需要以最佳的方式整合形式正义与实质正义。

按照约翰·罗尔斯(John Rwals)的观点,实质正义是指制度本身的正义,取决于社会基本结构所根据的原则;形式正义是指对法律和制度的公正和一贯的执行,而不管它们的实质是什么。[3]换句话说,形式正义要求同等的情况同等对待,但同等的情况同等对待并不能保证实质正义的实现。形式海商法是立法性规范,严格按照形式海商法的字面规定对海事司法案件作出规范评价,体现的是形式正义。但形式海商法并非尽善尽美,很多时候形式海商法的规定是不清楚的,甚至是缺乏规定的,此时很难要求司法者不对形式海商法作出思考就适用,形式正义在这种情况下很难实现。当然,严格遵循形式海商法字面规定的规范适用具有其优势。首先,在形式海商法的字面规定是清楚的情况下,严格遵循形式海商法的规定可以免除司法者不必要

---

〔1〕 冯玉军:《法律的成本效益分析》,兰州大学出版社 2000 年版,第 163 页。

〔2〕 冯玉军:《法律的成本效益分析》,兰州大学出版社 2000 年版,第 163 页。

〔3〕 沈宗灵:《现代西方法理学》,北京大学出版社 1992 年版,第 120 页。

的价值思考和道德上的挣扎,这显然会节省大量的诉讼时间。其次,形式海商法得到严格遵循可以最大限度地保障法的安定性,人们可以根据既有法律的规定合理地预期行为的后果。

形式正义实际上坚持的是法律规范与法律规范适用者的主客二分模式,认为作为法律规范适用客体的法律规范应该独立于法律适用者这一主体,不应受法律规范适用者的主观思想的影响,因此在法律适用过程中越少的自由裁量介入就越接近正义。但问题是:"一种法律结果能够显而易见地从实在法制度的逻辑模式或贯穿于实在法规定的一种精神中得到的那种情形,并不像有些论者所假设的那样经常出现。"[1]因此,"正义之考虑应当经常同那些以其他的非正式法律渊源为基础的支持性论辩相配合"。[2]简言之,形式正义与实质正义不可偏废。在适用形式海商法的基础上,有必要适用实质海商法来促进和补足实质正义的实现。

实质海商法的适用伴随着自由裁量权的行使,这是因为实质海商法相较于形式海商法,其内容的确定性稍弱,司法者需要一定的裁量空间来判断实质海商法的具体内容及其最恰当的适用方式。尤其是,如果实质海商法所代表的实质正义需要驳倒形式海商法所代表的形式正义的方式实现,此时司法者需要进行更多的权衡和裁量判断。实质海商法的一个重要价值是补充或补强形式海商法没有提供或不宜提供的海商法规范命题。这些规范命题能够为实现实质正义的司法论证过程提供恰当的前提和理由,但其适用相比于一般情况下的形式海商法的适用需要司法者承担更多的论证负担。如果单从司法效率的角度来

---

〔1〕 〔美〕E. 博登海默:《法理学:法律哲学与法律方法》,邓正来译,中国政法大学出版社 1998 年版,第 469 页。

〔2〕 〔美〕E. 博登海默:《法理学:法律哲学与法律方法》,邓正来译,中国政法大学出版社 1998 年版,第 470 页。

看，实质海商法的适用可能并不符合"效率至上论"的要求，但从司法公正的角度看，实质海商法的适用又是必不可少的。

美国学者阿德里安·沃缪勒（Adrian Vermeule）就不确定状态下的裁判问题进行过分析，认为从成本效益的角度看，严格遵从文本表面意思的形式主义法律解释是对不确定状态下法律的最佳解释，并能由此获得最适宜的裁判，任何超越文本表面意思的非形式主义的法律解释都可能给司法裁判带来不可估量的成本支出，包括错误裁判的成本。在沃缪勒看来，司法过程中法官不得不面临经验不确定性和有限理性两种困境。经验不确定性使得法官不知晓或至少在短期内无法知悉，关于"制度性能力和系统性影响的评估、错误成本、决策成本和协调成本"的信息，不能对那些可能结果的概率进行赋值，因为涉及的相关变量太多而且太过复杂。例如，五六个可能的立法史模式的比较成本和错误成本，或者司法行为对立法机关、法院、行政机关和当事人之间的相互预期所产生的影响的复杂性。[1]此外，有限信息的问题会被有限的决策能力所放大，[2]真实世界中的法官不可能是完全理性的，法官获取全面信息的能力会受其主体认知缺陷的限制，从而也影响着法官对信息的运用。[3]所以，沃缪勒主张："一个在解释法律时受到严格的时间和信息限制的法院，如果忽略或者不那么看重像立法史这一类的解释资源，可能会做得更好，因为这些解释资源的庞大数量以及其中包含的法官并不熟悉的内容会导致法官犯错误，而且这些材料

---

〔1〕［美］阿德里安·沃缪勒：《不确定状态下的裁判：法律解释的制度理论》，梁迎修、孟庆友译，北京大学出版社 2011 年版，第 167 页。

〔2〕［美］阿德里安·沃缪勒：《不确定状态下的裁判：法律解释的制度理论》，梁迎修、孟庆友译，北京大学出版社 2011 年版，第 167 页。

〔3〕Chris Guthrie, Jeffrey J. Rachlinski and Andrew J. Wistrich, " Inside the Judicial Mind", 86 *Cornell Law Review*, 777, 782~783 (2001).

的边际信息收益也很低。基于同样原因，在其他条件都相同的情况下，一个由通才型法官构成的法院，如果能够坚持遵循文本最明显或最普通的含义而且避免对制定法政策进行雄心勃勃的改革，反而会做得更好。"[1]另外，即便反形式主义的解释技巧在某些情况下是不可避免的，"专业化的行政机构常常比那些通才型法官更能成功地运用那些非文本的解释技巧"。[2]简言之，沃缪勒为不确定状态下的裁判拟定了一条"最小化司法决策成本和法律不确定成本"的具体法律解释路线，即当文本字面意思清楚明白时，严格遵循文本的字面意思，而如果文本字面意思模糊不清，则遵循立法机关、行政机关对文本的解释。[3]

　　沃缪勒的这一解释理论被认为存在不可忽视的硬伤和不周全。其中包括，将法律解释和法律解释方法的选择等同于司法成本的最大化并不科学；以成本收益分析方法评估体制性影响并不可靠；对法官和行政机关获取信息和运用信息的能力的评价并不客观。[4]尤其是，其成本收益分析方法几乎无法被运用到高层次的价值诉求领域。司法案件不可能与价值无涉，特别是在疑难案件中，法官需要诉诸一系列价值去对案件事实、法律规范以及二者之间的关系作出衡量判断。单纯的成本收益分析无法替代价值判断的作用，即便是出于可操作性的考虑，法律解释和法律解释方法的选择也需要法官主观性的介入。沃缪勒将不确定裁判状态下法律解释的复杂性简单化为成本收益分

---

　　〔1〕　[美]阿德里安·沃缪勒：《不确定状态下的裁判：法律解释的制度理论》，梁迎修、孟庆友译，北京大学出版社 2011 年版，第 81 页。

　　〔2〕　[美]阿德里安·沃缪勒：《不确定状态下的裁判：法律解释的制度理论》，梁迎修、孟庆友译，北京大学出版社 2011 年版，第 81 页。

　　〔3〕　陈林林："制度效益取向的法律解释理论——评《不确定状态下的裁判：法律解释的制度理论》"，载《清华法学》2013 年第 5 期，第 158~159 页。

　　〔4〕　陈林林："制度效益取向的法律解释理论——评《不确定状态下的裁判：法律解释的制度理论》"，载《清华法学》2013 年第 5 期，第 161 页。

析的单一标准是不切实际的。一方面，沃缪勒所主张的形式主义的法律解释所能节省的司法成本并不能被证实，[1]而且很多时候会因为单一解释标准的不适宜导致错误裁判，并产生额外的纠正错误裁判的成本；另一方面，查证制定法的立法史并不像沃缪勒所说的那样花费巨大和不可完成，这一点可以从沃缪勒理论的实际影响上证实。有学者曾就 1979 年至 2006 年间美国最高法院的案件进行实证分析并指出，从实际案件的数量占比来看，引述制定法立法史的案件占比一直保持平稳，并没有受沃缪勒理论的影响而明显降低。[2]

沃缪勒关于不确定裁判状态下的法律解释理论的确有其特点，即通过系统性的成本收益分析方法来最小化司法成本和降低法律不确定带来的影响，[3]但其理论在高层次价值层面的漠视也更不容忽视。沃缪勒的理论及其所引发的争议可以传达出这样的启示，即如果将司法裁判严格制约在效率、形式正义等相对可计量、可预见的单一、低层次的价值上，或许可以在一定程度上降低司法裁判的不确定性，但也会使得司法裁判严重失真，司法裁判结果的妥当性难以保障。

实质海商法的适用的确会面临一些不确定性，但在适用实质海商法之前司法不确定的状态就已经存在，即形式海商法规范模糊不清、不宜适用或缺乏规定，而实质海商法可以作为海商法规范命题和裁判理由，为既有的不确定裁判状态提供有意义的衡量对象，海事司法者需要做的，是在不同的衡量对象之间

〔1〕 Jonathan R. Siegel, "Judicial Interpretation in the Cost-Benefit Crucible", 92 *Minnesota Law Review*, 387, 408 (2007).

〔2〕 Jonathan R. Siegel, "Judicial Interpretation in the Cost-Benefit Crucible", 92 *Minnesota Law Review*, 387, 409~412 (2007).

〔3〕 William N. Jr. Eskridge, "No Frills Textualism", 119 *Harvard Law Review* 2041, 2050 (2006).

进行高层次的价值判断，即兼顾形式正义和实质正义的价值判断。这样的价值判断是必要的，且其成本不一定是高昂的、不可接受的，因为实质海商法并不是纯粹的法官的个人意识，而是基于海商法实践共同体的共识所形成的、内容可识别的规范，而且海事法院体系的专门化也保证了海事司法者所具备的知识体系，能够较为容易地对这类共识进行识别和接受。因此，"正义问题在相当程度上是可以进行理性讨论和公正思考的"，[1]实质海商法的适用不是背弃司法效率而追求绝对的司法公正，其毋宁是以实质正义为核心融合形式海商法适用过程中的形式正义。简言之，海事司法"用尽海商法"的效益性是效率和公正之上的综合性、高层次价值，其引导着海事司法中海商法规范的选择和适用，在不偏废效率与公正任一基础价值的条件下，探寻着形式正义与实质正义的最佳组合，以此获得兼具合法性和妥当性的裁判结果。

四、三个必要条件之间的关联性

海事司法"用尽海商法"的整体性、融贯性与效益性之间有着紧密的关联关系。整体性为"用尽海商法"提供一个整全的规范集合，可以型构成一个具有整体意义的海商法规范之网。融贯性主要针对具体个案的法律论证过程，此过程需要以一定的规范为论证的前提和理由，前提和理由越是整全，融贯性法律论证就越接近客观和理性，因此整体性是融贯性的必要前提。融贯性是个相对概念，不同的法律论证过程和论证阶段对融贯性的要求不尽相同，但可以明确的是为了融贯而融贯并不是司法的目的，因此司法者需要凭借一定的价值判准来确定具体案件的法律论证是否达致所需的融贯性，此判准即为效益性。由

---

〔1〕〔美〕E. 博登海默：《法理学：法律哲学与法律方法》，邓正来译，中国政法大学出版社 1998 年版，第 276 页。

此可见，整体性、融贯性和效益性之间是环环相扣的，缺少任一要素都难以保障"用尽海商法"的实现，或者说都不是真正意义上的"用尽海商法"。例如，单单强调海商法规范的整体性而忽视融贯性和效益性，容易造成只要适用海商法规范就是"用尽海商法"的假象，甚至引发海商法司法专制的误解，即海事案件的法律适用只能适用海商法规范，任何非海商法规范的适用都是背离"用尽海商法"的行为。显然，此种意义上的"用尽海商法"既非可欲的也难以令人接受。

值得一提的是，德沃金理论中的整体性和融贯性在概念意涵上有重叠之嫌。这或许是由德沃金本身没有对整体性与融贯性作出彻底的切割造成的。德沃金的融贯性概念意涵比较丰富，以至于使得其整体性概念也带有一定的融贯性内在标准。有学者认为，德沃金的整体性实际上是弱意义上的融贯，表示在正义、公平和正当程序之下的一种可识度，即一种看得见的统一性。[1]"这种融贯性不是严格的技术性观念。它并不要求，某一套融贯的原则必须能够被化约为一个单一的至上原则，或者在这套原则中的那些原则必须有严格的等级之分。它也不要求原则之间能够相互推导、相互包含或相互证成。"[2]也有学者认为，融贯性可以从本体论和方法论上进行划分，本体论意义上的融贯性旨在确保系统的稳定性，方法论意义上的融贯性旨在确立一个论证和解释行为的标准。[3]由于德沃金并没有很好地

---

[1] 樊安：《作为法律价值的整体性——以德沃金整体性法律观为中心》，法律出版社2019年版，第108页。

[2] 樊安：《作为法律价值的整体性——以德沃金整体性法律观为中心》，法律出版社2019年版，第109页。

[3] 侯学勇、郑宏雁："整体性等于融贯性吗？——评德沃金法律理论中的融贯论"，载陈金钊、谢晖主编：《法律方法》（第10卷），山东人民出版社2010年版，第85页。

区分本体论和方法论意义上的融贯性，使得其整体性概念意涵被融入了本体论意义上的融贯性概念意涵。

上述两个观点都说明整体性与融贯性概念意涵的重叠只是偶然，二者之间的区别才是本质。同理，本书所用的整体性概念强调的是本体论意义上的一种法律观，而融贯性是方法论意义上的一个论证标准。

总而言之，整体性是融贯性的基础，融贯性高于整体性，司法效益性是整体性和融贯性的终极价值目标。整体性是"用尽海商法"的基石，为"用尽海商法"提供可能的规范命题和论证理由，融贯性是"用尽海商法"的核心，"用尽海商法"围绕融贯性得以证成，司法效益性是"用尽海商法"的判准，确保"用尽海商法"的合法性和妥当性。

第三节　海事司法"用尽海商法"的价值

海事司法"用尽海商法"的价值不是单一的而是多元的，多元价值的融合是保障海事司法"用尽海商法"持续发展的动力。具体而言，海事司法"用尽海商法"的价值包括以下四个方面。

一、最大限度地践行海商法规范评价

规范评价是规范对相关法律事实作出的法律意义上的肯定或否定性评价。海商法的特殊性是其自身进化的结晶，是由共同的法律渊源、特殊的海上风险以及船舶的特殊性等造就的，不是任何单一法律部门法规范的异化。[1]海商法的特殊性决定了其制度规范评价的相对独立性和不可替代性。海事司法"用

---

〔1〕 何丽新、陈永灿："海商法特性论"，载《中国海商法年刊》2008年第0期，第175~176页。

尽海商法"正是基于这一意义提出的，目的是充分实现海商法规范评价，即以海商法规范在海事司法过程中评价相关的法律事实，并由此获致相应的裁判结果。合理且合法的规范评价并不总是能够轻易获得的，尤其是，海商法在现行法律体系下的性质及地位的不明确性，导致其规范评价时常为其他部门法的规范评价所替代或抵消。海商法如何完善其规范评价体系，并为其规范评价体系的适用进行证成，是海商法提高其规范评价独立性的关键。"用尽海商法"的重要价值之一是最大限度地践行海商法的规范评价。

从本体论的意义上看，最大限度地践行海商法的规范评价将促进人们对海商法的更好认识。海商法即《海商法》的认识并不少见，或，即使没有将海商法等同于《海商法》也时不时地将《海商法》的条文规定视为适用海商法的唯一依据，削弱了海商法的生命力。海商法的历史悠久，《海商法》的规定萌芽于海商法的历史渊源，共同海损、海难救助等特殊制度的规范往往可溯及久远的历史发端，但将《海商法》视为唯一和不可否定的规范评价依据，海商法的特殊制度容易丧失其历史厚重，可能沦为单纯的体系建构产物。换言之，此时的海商法事实上只能是制定法规则。规则只有有效无效之分，无正确错误之说，海商法变成是由有效的规则之间基于一定的效力关系构成的体系。因此，人们对海商法的认识也就简化为，任一行为规范如果不能在这一体系内证成其效力基础，就不属于海商法规范。显然，这样的认识将海商法置换为完全的制定法规范，与海商法规范的现实状况极度不符，因为没有哪一个领域像海商法一样涉及大量的司法解释和国际惯例等。[1]《海商法》构成了海

---

〔1〕 张文广："中国海商法学发展评价"，载《国际法研究》2015 年第 4 期，第 97 页。

商法规范体系的大致框架，但整全的海商法规范体系离不开实质海商法的规范补正。海事司法"用尽海商法"在尊重形式海商法规则的基础上，关注对实质海商法的应用，尊重海商法的历史渊源，联系海商法的实践情况，最大限度地践行海商法的规范评价，因此也更为接近海商法的本质和精神。

从方法论的意义上看，最大限度地践行海商法规范评价，督促海事司法者更为科学地看待司法过程。海商法规范评价体系的复杂不是简单的逻辑推理可以完成的，海商法规范评价过程要求海事司法者做到更为充分的法律论证和推理。法秩序的实现依赖于三个要素：①利益的承认；②通过司法过程按照权威法令确定承认和实现利益的限度；③保障已被确认的利益。[1]海商法秩序同样不例外，而要达致这一目的，需要的是逻辑与经验的互动。海商法无法完全按照传统的规范要素说确立其规范评价，尤其对于实质海商法而言，要将实质海商法划分出假定、处理、制裁等要素，再经各要素间的逻辑关系推衍规范评价，难度较大。传统的规范要素说立基于法律规则，并以涵摄为其典型的适用方式。涵摄是依据逻辑规则运作的图式，它将法律判断与事实判断通过逻辑规则直接连接起来。[2]实质海商法因其实践理性而存在，[3]以逻辑规则解释海商法的规范评价及其适用，难免使法律规则的逻辑结构负担其所不能承受之重。实践理性是动态的，是过程的积累，具有时效性。逻辑是静态范

---

〔1〕　周少华："法律理性与法律的技术化"，载《法学论坛》2012 年第 3 期，第 107 页。

〔2〕　Cf. Robert Alexy, "On Balancing and Subsumption: A Structural Comparison", 16 *Ratio Juris*, 433, 448 (2003).

〔3〕　实践理性主要体现于对行为正当性的解释，即在社会生活中，为了实现自己的目的，人们采取了一定的行为，此行为既能获得社会多数成员的认可也能最便利地实现其目的。(温博："事实与价值的调和——制度法学的方法论"，载《黑龙江省政法管理干部学院学报》2010 年第 7 期，第 24 页。)

畴的概念，其研究的是"在一个无时间纬度的空间内各个事物间的推导与蕴含关系，因此，它并不适用于用以描述和界定事物的整个运行过程"。[1]以传统的规范要素说解析海商法的规范评价，可能会造成以形式替代内容，以静态替代动态，割断海商法的历史传统，阻滞实质海商法的应用。海事司法者循此裁判极易导向对海商法规范评价的限缩适用。最大限度地践行海商法规范评价，即是经验与逻辑的互动最大化，二者达到最佳结合。因此，在"用尽海商法"下，最大限度地践行海商法的规范评价有助于促使海事司法者更为科学地认识海事司法过程。

二、尊重海商法的形式独立性

从无到有，《海商法》的制定为海商实践活动奠定了规范基础。以《海商法》为首的形式海商法，以高度形式化的方式确立了国家对海商领域的利益选择和价值判断，架构了海商法体系。虽然在这一框架上，形式海商法无法提供完善、整全的规范评价，但形式海商法是立法性规范，表征着广泛民主性，其所蕴含的规范评价更趋近于公共理性。尊重海商法的形式独立性，意味着尊重海商立法中确定的规范评价，即立法目的和立法精神，符合现代法治的基本要求。更重要的是，尊重海商法的形式独立性是延续和发展海商法制度特殊性的必然要求。完全自治的海商法只属于历史，现代意义上的海商法不再是海商习惯的简单累积和堆砌，复杂的现实环境要求海商法必须借助形式理性构建起体系，以抽象的内容应对多重的社会关系和语境。缺失形式海商法的独立性，海商法的制度内容将彻底地为

---

[1] 雷磊：《规范、逻辑与法律论证》，中国政法大学出版社2016年版，第160~161页。

其他部门法所分解，即使这些部门法的理论无法正确解析海商法制度的特殊性。因此，在依法而治的大背景下，[1]尊重形式海商法的独立性既延续了海商法的制度传统，也是未来发展海商法的基点。

"用尽海商法"尊重形式海商法的独立性，表现于形成海商法规范评价的过程中。形式海商法相较于实质海商法具有初步的优先适用性，即如果形式海商法已蕴含一定的规范评价，这一规范价值评价应该被重视，不能以实质海商法轻易否定或更改形式海商法的规范评价。实质海商法主要在形式海商法力所不及的规范评价之处加以妥当地补正，不能彻底颠覆形式海商法确定的法秩序框架。当然，如果形式海商法确定的规范评价违背公平正义的基本要求或强制性要求或占支配地位的要求，则实质海商法应被允许用以纠正此规范评价。[2]

"用尽海商法"尊重形式海商法的独立性有着特殊的考量。一方面，形式海商法在形式上表现为立法性规范，但其中绝大部分的制度内容均来源于对业已形成的海商秩序的确认。另一方面，虽然形式海商法包含一定比例的强制性规范（海洋环境保护、航行安全监管等），但这些规范的目的在于纠正和规制海商自发秩序。[3]因此，尊重形式海商法的独立性不单单是对立法性规范权威地位的肯定，而主要是借由立法性规范的权威，形成海商秩序的对内与对外的两个向度的发展。

首先，在对内向度上，海商秩序的发展体现于对形式海商法内部体系的正确解释。"法律不是摆在那儿供历史性地理解，

---

[1] "依法而治"的"法"除了形式化的条件，还需在品格上为真为善。

[2] 王夏昊："论作为法的渊源的制定法"，载《政法论坛》2017年第3期，第54页。

[3] 曹兴国："海商法自体性研究"，大连海事大学2017年博士学位论文，第82页。

而是通过被解释变得具体有效。"[1]"法律必须稳定，但又不能静止不变。因此，所有的法律思想都力图协调稳定必要性与变化必要性这两种彼此传统的要求。"[2]对海商法而言，形式海商法既然是对海商秩序的确认，则从形式海商法还原至现实的海商实践，需要的不是倒退的秩序规范，也不是一成不变的秩序规范，因为倒退的秩序规范与一成不变的秩序规范最终都无法适应海商实践。因此，对形式海商法的法律解释应该是描述性解释与裁量性解释的结合。描述性解释是司法者在司法过程中对法律条文的具体的理解性解释。裁量性解释是在描述性解释之后出现多种规范评价时，司法者在其自由裁量空间内确定最终适用的规范评价。[3]可以说，此时司法者的自由裁量空间即是海商秩序在对内向度上发展的空间。决定和影响这一空间的是不同法律解释方法的本质特征和司法者的正确适用。

基于语言的不确定性，规范评价存在着核心地带与外围之分。核心地带相较于外围，在规范评价的解释上具有更高的确定性。现行海商法中关于船舶碰撞、共同海损、货物运输等的制度设计都根源于遥远时期商人间的约定，发展至今这些高度专业性的"语言"已成为海商法的边界，导致即使是一名资深的民法学者对此也不甚了解。[4]因此，海事司法者在利用不同的法律解释方法解释形式海商法的规范评价时，其能为海商法秩序的发展调适的裁量空间正是海商法中专业性话语的沟通。

其次，在对外向度上，海事司法"用尽海商法"对形式海

---

〔1〕 梁治平编：《法律解释问题》，法律出版社 1999 年版，第 65 页。

〔2〕 ［美］罗斯科·庞德：《法律史解释》，邓正来译，商务印书馆 2013 年版，第 4 页。

〔3〕 刘平：《法律解释：良法善治的新机制》，人民出版社 2015 年版，第 38~39 页。

〔4〕 鲁楠："匿名的商人法：全球化时代法律移植的新动向"，载高鸿钧主编：《清华法治论衡》（第 14 辑），清华大学出版社 2011 年版，第 188~189 页。

商法的尊重,维护的是"法的支配"而非"为法所治"。"法的支配"是经民主程序制定,在形式及内容上体现了民主与人权的结合。"为法所治"徒具法律的形式及程序,不能由人民决定如何保障或限制权利及自由。[1]在海事司法"用尽海商法"下,形式海商法的独立性并不固守制定法意义上的法的形式和程序,即"为形式海商法所治",而是保持与实质海商法的沟通和互动,在相对意义上凸显其形式规范意义。以海上运输规范中的强制性规范为代表的形式海商法所体现出的强制性、不对称性,已经融入了海商法的血液,形塑出了海商法的一些特性。[2]但此类强制性规范只是在一定程度上确认了相关当事人的最低义务标准,并没有否弃海商法相较于民法的更高的意思自治的可能,[3]也自然不是海商法法律价值的"霸权条款"。实质海商法在形式海商法的基础上,为海商法法律价值的确立和践行提供了妥当的理由。因此,海商法秩序的发展遵照的是"法的支配",即"整体海商法的支配",以一定的法律价值为指引,肯定和尊重形式海商法的同时,适当地调整现有法律规范对海商实践的钳制,接纳实质海商法规范,以适应海商实践发展过程中的特定法律需求,使得海商法规范评价更具整体性、融贯性以及效益性,扩增海商法秩序发展的自由和空间。

三、彰显海事司法权威

长期以来,在中国海商法领域中,英美法判例及法理一直

---

〔1〕 杨仁寿:《法学方法论》,中国政法大学出版社 1999 年版,第 30 页。

〔2〕 刘子平:"论以民法补充海商法的单位",载《中国海商法研究》2013 年第 4 期,第 115 页。

〔3〕 何丽新、陈永灿:"海商法特性论",载《中国海商法年刊》2008 年第 0 期,第 169 页。

被奉为解答海商实践的圭臬，海商法在世界海运法律体系中缺乏强有力的主体性话语权，且尚未能完全建成较符合中国本土法律资源的海商法体系，海事司法中也往往忽略司法者对事实认定和判决的价值判断，[1]海事司法权威得不到彰显。尤其是，在中国特色社会主义法律体系已初步建成的背景下，再以借用场景和套用域外法学和法律资源的方式，进行外审式海商法研究和海事司法活动，[2]背离了立足于中国实际解决中国海商实践问题的司法理念。

　　法律权威是司法权威的基础，是一国的立法及司法确立其主体性话语权的关键因素。司法权威的基本要求是规范选择的制定法优先性。制定法优先性意味着，制定法是最权威的社会规范但不是唯一的社会规范。[3]换言之，在规范多元化的现实状况下，法律权威表现的是制定法规范相较于其他社会规范具有初步优先适用性。海事司法"用尽海商法"对应的海商法规范评价是多元化的规范评价，是由形式海商法与实质海商法组成的体系化的规范评价，即由形式海商法确立海商法规范评价的主体部分，而实质海商法在此基础上进行填补。海事司法者在海商法规范体系中就海商实践问题进行评判，需要通过合理及充分的法律解释、法律推理论证等，实现事实与规范的合法且妥当的对接。其中，合法性是指事实与规范之间的"合意"，以及法律共同体之间达致最大限度的合意；妥当性是指对法律规范的意义进行恰当的扩张或限缩，在最大范围的主体之间达

---

　　〔1〕　王立志："后现代法学对海商法的方法论意义论略"，载《海南大学学报（人文社会科学版）》2007年第5期，第511~513页。

　　〔2〕　陈甦："体系前研究到体系后研究的范式转型"，载《法学研究》2011年第5期，第6~8页。

　　〔3〕　陈金钊："多元规范的思维统合——对法律至上原则的恪守"，载《清华法学》2016年第5期，第35页。

致一种合意。〔1〕因此，在海事司法"用尽海商法"下，海事司法权威不是与海商法的社会基础、海商法的实在性以及海商法制度的目的性相隔离，由纯粹的司法者的逻辑推理演绎而达致的，而是在本土资源的正义基础上建成和发展的。

"正义经常是一种判断，而从来不是一种规则系统。"〔2〕裁量正义是树立和彰显司法权威的最终社会基础，具有社会可检验性。〔3〕裁量正义的核心是裁量理性或权衡理性，权衡理性并非绝对正确性，而是"基于每一个参与者都必然以理性的方式赞同之标准的可检验性"。〔4〕权衡理性的最大质疑是担心司法者主观因素的介入影响裁判的客观性。虽然，法律的普遍适用性要求法律尽量与价值无涉，但法律不可能做到绝对价值无涉，尤其是对于法律中的实体部分而言，即使做到价值中立，这种中立也是一种价值选择。〔5〕因此，只有承认价值判断具有一定的主观性，并明确"价值判断只有参照社会的、主观的被广泛承认的价值体系的限度内，方可主张该判断属于合理的、科学的、客观的议论之可能性"。〔6〕简言之，裁量正义的可验证性是通过商谈程序实现的，即通过"程序产生实体，诉诸理由达成共识"。〔7〕这里的共识并非绝对共识，对于最终的裁判结果，反

---

〔1〕　陈金钊主编：《法律方法论》，中国政法大学出版社 2007 年版，第 270 页。

〔2〕　［瑞典］亚历山大·佩岑尼克：《法律科学：作为法律知识和法律渊源的法律学说》，桂晓伟译，武汉大学出版社 2009 年版，第 229 页。

〔3〕　王国龙："裁判理性与司法权威"，载《华东政法大学学报》2013 年第 4 期，第 78 页。

〔4〕　雷磊：《规范、逻辑与法律论证》，中国政法大学出版社 2016 年版，第 264 页。

〔5〕　陈金钊主编：《法律方法论》，中国政法大学出版社 2007 年版，第 142 页。

〔6〕　梁慧星：《民法解释学》（第 4 版），法律出版社 2015 年版，第 181 页。

〔7〕　吴英姿："司法的公共理性：超越政治理性与技艺理性"，载《中国法学》2013 年第 3 期，第 65 页。

对者可以保留其意见，但不能质疑经过公共程序和论证后的裁决的理性和可验证性。或者说，公共程序所具有的民主性和公共理性决定了司法裁决的正当约束力。[1]法律论证无法达致绝对共识是因为实践中的商谈条件无法达到阿列克西所列的完满条件，法律论证几乎只能在非完满的商谈条件下进行，因此法律论证是以可证立性的方式确定一个尽可能为多数人接受的决定。[2]从这个意义上看，裁量正义并非分配正义而是矫正正义。司法过程经由法律论证而增强法律体系对社会的适应性，因此"司法权威是事实性与规范性的统一"。[3]

具体到海商法领域，正义是形式海商法与实质海商法共同追求的目标，形式海商法以利益分配的方式确立正义价值取向，实质海商法借助实践理性调整正义价值。形式海商法确立了中国法语境下海商法规范评价体系的框架，以及海商法规范评价与其他部门法规范评价之间的关系。基于此，海事司法者结合海商实践，判断特定的规范评价与海商法的规范评价体系是否矛盾，维护和巩固制定法权威。随之，在明确海商实践发展规律及社会中的利益关系后，海事司法者以此为根据，预见什么样的海商法规范评价体系对于社会来说是有意义或占支配作用的，进而预测未来可能作出的海商法规范评价。[4]在此过程中，司法者立足于本国国情和海商实践，通过裁量正义贡献司法智慧，借助实质海商法的实践理性，弥合海商法律事实与形式海

---

〔1〕 吴英姿："司法的公共理性：超越政治理性与技艺理性"，载《中国法学》2013 年第 3 期，第 65 页。

〔2〕 杨贝："法律论证的能与不能"，载《华东政法大学学报》2017 年第 2 期，第 88 页。

〔3〕 李桂林："司法权威及其实现条件"，载《华东政法大学学报》2013 年第 6 期，第 8 页。

〔4〕 梁慧星：《民法解释学》（第 4 版），法律出版社 2015 年版，第 180~181 页。

商法之间的紧张关系，提升海事司法论证的可检验性，海事司法权威也因此从单纯的制定法权威走向了更为全面的司法权威。简言之，海事司法"用尽海商法"是在中国法语境的主体性认知下，结合本土资源实现海商法事实性与规范性的统一，海事司法通过形式理性与实践理性的互动，达致形式正义与实质正义融合，获得海事司法公信力，彰显海事司法权威。

四、以司法反向完善海商法律规范体系

海事司法"用尽海商法"的另一价值是以海事司法法律适用反向完善海商法规范体系。这包括两个层面的含义：首先，海商法虽然烙印着一定的语境特性，但与世界上其他语境的海商法之间共享着相同的历史法律渊源。在早期的海商案件中，如"Luke v. Lyde 案"、[1]"The 'National Defender' 案"、[2]"De Lovio v. Boit 案"、[3]"American and Ocean Insurance Co. v. 364

〔1〕　Luke v. Lyde (1759) 2 Burr 882; 97 ER 614. "the maritime law is not the law of a particular country, but the general law of nations."

〔2〕　The National Defender (1970) 1 Lloyd's Rep. 40. "It is settled beyond all question that a claim for salvage in an American Court arises out of the jus gentium and does not depend on the local laws of particular countries... The applicable law is... the general maritime law as understood and administered in the courts of the country in which the litigation is prosecuted."

〔3〕　De Lovio v. Boit, 7 F. Cas 418 (1815). "From a historical review of them; from the consideration that in all other states in Europe, maritime courts were about the same period established, possessing the same jurisdiction, viz. over all maritime torts, offences, and contracts, proceeding by the same forms, viz. the forms of the civil law, and regulated by the same principles, viz. the ancient customs of the sea; from the consideration, that commercial convenience, and even necessity, at the same period, required a court of as extensive jurisdiction in England, and the acknowledged fact, that from its earliest traces the admiralty of England is found exercising a very extensive maritime authority, governed by the rules and forms of proceeding of the civil law, and, where statutes were silent, by the usages of the sea; from all these considerations it has been inferred, and, in my judgment, with irresistible force, that its jurisdiction was coeval and co-extensive with that of the other foreign maritime courts."

Bales of Cotton 案"〔1〕等，法官们一致认同海商法具有共同的法律渊源，服务于共同的海上冒险活动。"用尽海商法"通过司法过程重新认识和尊重海商法的共同法律渊源，传承海商法中较为恒久的基础内容、精神和理念，〔2〕有助于更为正确地掌握海商法的历史脉络和体系建构。其次，"用尽海商法"在面对不断变更和复杂化的海商实践时，通过海事司法者对海商法规范评价的妥当调适，提高海商法对社会的适应性，并为海商立法准备实践经验，指引形式海商法的立法完善。

（一）促使海商法律规范体系接续海商历史传统

法律体系虽不等于法治，却是通往法治的道路，因此"更好的法律体系也更有通往善治的可能"。〔3〕海事司法"用尽海商法"通过最大化海商实践理性，"反哺"海商法律规范体系，实现的是立法与司法的动态平衡，并保持立法的相对优势。海商法律规范体系不是个单一类型的法律规范体系，在立法性规范之外，还存在着具有海商法意义的行为规范，海事司法"用尽海商法"将这些具有海商法意义的行为规范，通过司法过程纳入海商法的规范评价体系，与立法性规范组成有机体，共同规范海商实践活动。就法律体系建构而言，立法是以功能设计和规范建构的方式参与，致力于为后续的法律实践提供基础性框架，而司法是以问题导向和规范适用的方式参与，致力于在历史中逐渐形成的法秩序的基础上及界限内，为法律

---

〔1〕 American and Ocean Insurance Co. v. 356 Bales of Cotton, 26 US 511（1828）. "A case in admiralty does not, in fact, arise under the Constitution or laws of the United States. These cases are as old as navigation itself; and the law, admiralty and maritime, as it has existed for ages, is applied by our Courts to the cases as they arise."

〔2〕 李东、李天生："一般海商法的回归与升华"，载《广西社会科学》2013年第3期，第92页。

〔3〕 雷磊：《法律体系、法律方法与法治》，中国政法大学出版社2016年版，第74~75页。

实践问题探寻法律答案。[1]海商法共同的法律渊源，为海商法律规范体系建构确立了历史传统精神，在这一传统精神指引下，海商法的规范评价更具有持续性。一方面，形式海商法是近代海商法发展的主要形式，高度依附于形式，并通过形式化对海商实践活动内容进行了立法意义上的筛选，海商法的历史传统因此被剪裁并服务于特定的法系需求，对应的规范评价也难以与海商法的历史传统接续；另一方面，法律传统在本质上是一种思想意识，见诸人的思维方式和行为方式，且这一思想意识的形成具有一定的客观历史性，受综合和多样的因素所影响。[2]因此，为立法所剪裁的法律传统是可能借助于立法性规范之外的因素恢复其圆满状态的。当然，尊重海商法的历史传统或其共同的法律渊源，并不是为了简单重复历史上的海商法，而是重视从历史渊源中汲取有营养的传统精神指引，以更为整全、融贯和效益的海商法规范评价，缓解和解决当前海商法秩序中的冲突。至少，在认识海商法的性质问题上，接续海商历史传统，可以促使海事司法者更为包容地看待习惯、惯例等不具有高度形式化的行为规范对海商法内容的影响，更客观地处理海商法"规则之治"与海商法法治的关系。

（二）提高海商法律规范体系适应海商实践的能力

"法院的任务就是通过在体系上把握一切既有的、有效的价值标准并通过协调的解释来创造事实上不存在的法律秩序的评价统一，对此的指导原则是可推测的立法的调整意志，而不是法

---

〔1〕　雷磊：《法律体系、法律方法与法治》，中国政法大学出版社 2016 年版，第 92 页。

〔2〕　姚建宗："法律传统论纲"，载《吉林大学社会科学学报》2008 年第 5 期，第 76 页。

律适用者的法政策上的调整思想。"[1]海事司法"用尽海商法"对海商法律规范体系的反向完善，不是使司法权凌驾于立法权之上，而是通过司法联动立法，进而调适海商法规范评价，以更好地适应海商实践活动。在实证法学视角下，法律规范体系的关键因素是效力，规则之间存在层级关系，即不同的规则之间依据授权或效力关系形成限定与被限定的关系，限定者处于被限定者的上层，较被限定者更为接近一般规范。[2]这样一个由法律规范构成的框架，其框架的宽窄取决于框架中预先规定的内容的多少，预先规定的内容越多，司法者的自由裁量权越小，预先规定的内容越少，司法者的自由裁量权越大。[3]虽然，司法者被承认具有一定的自由裁量权，但其自由裁量权的行使前提是法律规范体系框架的预设内容存在不足或缺漏。在实证法学的法律规范体系理论下，承认法律规范体系具有"开放结构"，并将法律规范体系分为含义确定的部分与含义不清的部分，司法者在含义确定的部分只受法律规则的约束，在含义不清的部分，只能依其自由意志，利用体系外的因素解释法律规则的规范内容。[4]可见，在一味讲求效力关系的规则体系内，法的安定性与法的实践理性要么全有，要么全无，无法实现统一。有鉴于此，在海事司法"用尽海商法"下，应该首先认识到，效力关系并不是所有海商法规范的条件要件。效力关系主要体现于形式海商法中。对实质海商法来说，除了尊重形式海

---

〔1〕 〔德〕伯恩·魏德士：《法理学》，丁晓春、吴越译，法律出版社 2013 年版，第 327 页。

〔2〕 雷磊：《法律体系、法律方法与法治》，中国政法大学出版社 2016 年版，第 27 页。

〔3〕 雷磊：《法律体系、法律方法与法治》，中国政法大学出版社 2016 年版，第 35 页。

〔4〕 H. L. A. Hart, *The Concept of Law*, Oxford: Clarendon Press, 1961, pp. 134 ~ 135.

商法的权威性和效力关系，其最重要的贡献是给出理由。"理由是认识规范性事物的起点，离开了理由，规范性的事物就无可分析。"〔1〕允许实质理由的本质是允许争论，体现的是"抗辩式的民主"。〔2〕因此，实质海商法基于形式海商法确立的框架，经过合理及充分的法律论证，可以为其实践理性的适用确立合法性和合理性，与形式海商法共同构成确定海商法规范评价的因素。或者说，形式理性与实践理性在动态平衡中，实现对海商法规范评价体系的建构。在此过程中，形式海商法的权威性及效力关系具有相对优势，同时，实践理性以其最大限度参与海商法规范评价。海商法具有高度的实践品格，最大化实践理性的参与，可以保障海商法规范评价体系更好地适应海商实践的发展。

相较于英美法系下海商法适用的相对灵活性，中国海事司法极其需要依凭实质海商法的实践理性来提高海商法应对实践变更的能力。在英美法下，遵循先例虽被视为是后续法官审理相同或类似案件时的限定性要求，但后续法官在面对此类相同或类似案件的不同事实面向的发展时，往往有自己的事实判断和法律规范评价解读，因此遵循先例也经常被以不同方式接受。或者说，英美法法官并不拒绝，甚至更为经常地借用对便利、效用以及更深层的正义情感的思考，调适法律规范评价，进而使得法律规范评价更为适应现实的法律需求。对此，卡多佐（Benjamin N. Cardozo）认为："只有经过恰当的经验检验之后发现一个法律规则与正义感不一致或者是与社会福利不一致，就应较少迟疑地公开宣布这一点并完全放弃该规则。"〔3〕在"德

---

〔1〕 陈景辉：《实践理由与法律推理》，北京大学出版社 2012 年版，第 43 页。

〔2〕 雷磊：《法律体系、法律方法与法治》，中国政法大学出版社 2016 年版，第 59 页。

〔3〕 ［美］本杰明·卡多佐：《司法过程的性质》，苏力译，商务印书馆 1998 年版，第 91 页。

威诉康涅狄格公司案"中，[1]法官更是强调："服务法律最佳的法院是这样的，它承认人们也许会发现产生于遥远的某代人的法律规则——就其全部经历来说——为另一代人的服务很糟糕，并且只要是它依据社会的既定和稳定的判决发现另一法律规则代表了'应当'，且有相当程度的既得财产权利依赖这一旧规则，就抛弃这一旧规则。正是这样，一些伟大的普通法作者找到了普通法生长的渊源和方法，并且在其生长中发现了普通法的健康和生命。普通法不是而且也不应当是稳固不变的。立法机关也不应当改变普通法的这一特点。"[2]因此，在英美法系下，海商法规范体系因英美法官对海商实践理性的重视和对既定海商法规范评价的辩证式看法，得以借助适当的裁判理性，适时地调整海商法规范评价体系以应对复杂海商实践活动。海事司法"用尽海商法"对于中国海事司法而言异曲同工，因为"用尽海商法"不仅给予中国海事司法一定理论和司法实践空间，以纠正一直以来的机械固守大陆法系司法传统的弊端，也更顺应中国海事司法实践的需求。

---

〔1〕 Dwy v. Connecticut Co. , 89 Conn. 74.

〔2〕 "That court best service the law which recognizes the rules of the law which grew up in a remote generation may in the fullness of the experience be found to serve another generation badly, and which discharge the old rule when it finds that another rule of law represents what should be according to the established and settled judgement of society, and no considerable property rights have become vested in reliance upon the old rule. It is thus great writers upon the common law have discover the source and method of its growth, and in its growth found its health and life. It is not and it should not be stationary. Change of this character should not be left to the Legislature. "

第二章

海事司法在形式海商法层面的"用尽海商法"

　　形式海商法由立法性海商法规范组成，立法性规范的适用受具体规范属性的制约，不同属性的立法性规范对应的"用尽海商法"不尽一致。就当前的海事司法实践而言，形式海商法的"用尽海商法"问题集中体现在《海商法》等形式海商法典、海事行政法规、海事国际条约以及海事冲突规范的司法法律适用上。

第一节　《海商法》等形式海商法典的"用尽海商法"

　　《立法法》第 92 条的规定，即"特别规定与一般规定不一致的，适用特别规定"，确立了"特别法优于一般法"的法律适用准则。《海商法》等形式海商法典常被视为是《民法典》，[1]以及《涉外法律适用法》《民事诉讼法》《保险法》《环境法》等特别法。[2]但在司法实践中，《海商法》等形式海商法典与一般法的适用关系并非"特别法优于一般法"所能概括的。《海商

---

　　〔1〕　在《民法典》生效前，《海商法》通常被视为是原《合同法》《民法通则》《民法总则》《物权法》《担保法》《侵权责任法》6 部法律的特别法。
　　〔2〕　这里的形式海商法典并非指以"法典"命名的法律，而是概指法律层级的制定法。

法》等形式海商法典与一般法的不同适用关系对"用尽海商法"的影响也不同。

一、与一般法冲突时的优先适用体现"用尽海商法"

以《海商法》为首的形式海商法典与一般法的规定常存在一些冲突,适用《海商法》等形式海商法典与适用一般法会产生不同的法律结果。

实例一:《海商法》第 87 条规定,未向承运人支付运费、共同海损分摊、滞期费、垫付费用等,承运人可以在合理限度内留置"其"货物。《民法典》第 836 条(原《合同法》第 315 条)规定,托运人或收货人不支付运费、保管费以及其他运输费用的,承运人可以对相应的运输货物行使留置权。相比而言,《海商法》强调只能留置债务人的货物,而《民法典》不作此限制。

实例二:《海商法》第 50 条第 1 款规定,货物未能在约定的时间内,在约定的卸货港交付的,为迟延交付。《民法典》第 811 条(原《合同法》第 290 条)规定,承运人应在约定时间或合理时间内将货物、旅客运送至约定地点。即,《海商法》下的迟延交付仅限于超过明确约定的时间的迟延交付,没有约定交货时间的不存在迟延交付问题,而《民法典》不仅规定了明确约定时间的迟延交付,还规定了超出合理时间的迟延交付。

实例三:《海商法》第 25 条规定,造船人、修船人可以留置所占有的船舶以要求合同另一方支付造船费用、修船费用。且船舶留置权在船舶脱离造船人、修船人占有时消灭。《民法典》第 448 条(原《物权法》第 231 条)规定,债权人留置的动产应当与债权属于同一法律关系,但企业之间留置的除外。《民法典》较《海商法》多了关于企业商事留置权的例外规定。

特别法与一般法的关系通常是在比较中确定的，特别法是一个相对概念，[1]是相较于一般法而言的。从法的效力来看，时间效力、空间效力、对人效力以及对事效力构成了法的效力的四个维度。[2]特别法之所以特别主要是因为特别法的适用范围较窄，[3]即一般法在法的四个效力维度中能够覆盖较大的范围，而特别法只能覆盖相对较小的范围。就上述实例而言，《海商法》的规定相较《民法典》的规定明显局限于一定的效力维度内，属于特别规定。根据"特别法优于一般法"，《海商法》的规定应该优先适用。

值得注意的是，"特别法优于一般法"的后面常接续着"特别法没有规定的，适用一般法"，至于何为"特别法没有规定"则没有明确的答案。就上述实例二而言，如果认定《海商法》第50条的规定就是海商法对迟延交付这一事项的所有规定，即有意排除以合理时间限定货物交付，则超出合理时间的迟延交付就不属于海商法没有规定的情况，不能以《民法典》的规定补充适用。而如果认为《海商法》第50条虽然就迟延交付这一事项下约定时间的迟延交付作出规定，但遗漏了超出合理时间的迟延交付，且整个海商法规范体系都没有对超出合理时间的迟延交付作出规定，则当出现超出合理时间的迟延交付时，应该适用《民法典》的规定。可见，如何认定"特别法没有规定"影响着特别法的适用。细究而言，争议点是以事项作为判断基点，还是以事项中的要素作为判断基点。对此，主流观点

---

〔1〕　顾建亚："'特别法优于一般法'规则适用难题探析"，载《学术论坛》2007年第12期，第127页。

〔2〕　汪全胜："'特别法'与'一般法'之关系及适用问题探讨"，载《法律科学（西北政法学院学报）》2006年第6期，第51页。

〔3〕　顾建亚："'特别法优于一般法'规则适用难题探析"，载《学术论坛》2007年第12期，第127页。

认为，如果将海商法没有规定的标准细化到事项的要素，则适用一般法的概率就会增加，并加速海商法与一般法的趋同化，海商法容易为一般法所架空，因此为了保证《海商法》的独立性和特殊性，同时践行"用尽海商法"理念，应该将海商法没有规定的标准限定在事项而非事项的要素上。[1]或者说，"一般法与特别法关系的单位是'民法'与'海商法'，并非二者其中的具体制度"。[2]

《海商法》规定作为特别规定优先适用是"用尽海商法"的一种体现。然而，在少数情况下特别规定相较于一般规定的"特别"之处并不完全合理，特别法的优先适用能否毫无例外地施行存在质疑。就上述实例一来说，如果过分强调货物与债务人的权属关系，容易使承运人的留置权形同虚设，因为货物所有权的转移并非难事，在承运人行使留置权之前就可能发生转移。对此，有观点认为应该在《海商法》修改时考虑删除"其"字。[3]2018年交通运输部发布的《海商法（修订征求意见稿）》也不再强调承运人留置的货物只能是与债务人存在权属关系的货物。本书认为，如果《海商法》的特别规定不再能体现海商法的规范价值，反而会引发明显不公平、不公正，可以允许司法者对是否优先适用《海商法》重新作出考量。但需要强调的是，这种情况是极其少见的，因为《海商法》相较于一般法的不合理之处只能交由修法程序来完善，[4]司法者不能

〔1〕 司玉琢：《海商法专论》（第4版），中国人民大学出版社2018年版，第11页。
〔2〕 郭瑜：《海商法的未来——中国的方向和方法》，北京大学出版社2022年版，第136页。
〔3〕 司玉琢、张永坚、蒋跃川编著：《中国海商法注释》，北京大学出版社2019年版，第156页。
〔4〕 郭瑜：《海商法的精神——中国的实践和理论》，北京大学出版社2005年版，第89页。

任意背弃作为特别法的《海商法》的适用。

　　特别法与一般法关系可能与新旧法关系融合，即旧的特别法与新的一般法关系，此时旧的特别法能否优先于新的一般法适用？《立法法》第 94 条规定，新的一般规定与旧的特别规定不一致，不能确定如何适用的，由全国人民代表大会常务委员会裁决。"不能确定如何适用"才由制定机关裁决，说明在能够确定如何适用的情况下，可以直接适用。上述实例三呈现的就是旧的特别法规定与新的一般法规定之间的冲突。在实践中，对这个问题的处理似乎倾向于优先适用旧的特别法。例如，在一起船舶修理合同纠纷案中，一方当事人主张依据《海商法》第 25 条的规定，涉案船舶"鑫隆 99"轮在脱离修船人占有时船舶留置权就消灭了。另一方当事人主张，虽然《海商法》规定船舶留置权在船舶脱离造船人、修船人占有时消灭，但原《物权法》作为在《海商法》之后颁布的法律，其规定的"企业留置权"显然是对《海商法》的突破，因此法院应该依据原《物权法》的规定肯定其对"鑫隆 99"轮的船舶留置权。对此，法院认为，原《物权法》第 231 条虽然规定了企业之间的商事留置权，但本案是船舶修理合同纠纷，应受《海商法》这一特别法的调整。[1]

　　在上述案例中，法院只强调了《海商法》的特别法地位，没有就为何作为旧法的《海商法》优先于作为新法的《物权法》适用作出更多的解释和说明。武汉海事法院在《2017 年长江海事审判白皮书》中提到："当前国内航运形势持续低迷，考虑到航运业在国家经济中所发挥的重要作用，应当支持船舶融资，从而促进航运业的健康发展，不宜随意扩大《物权法》商事留置权对船舶的适用范围，应该继续坚持现行《海商法》的

――――――――――
　　〔1〕　浙江省高级人民法院［2015］浙海终字第 145 号民事判决书。

船舶留置权制度。"[1]可见,《海商法》作为旧法与作为新法的一般法在适用时孰先孰后还需由法院进行衡量。需要明确的是,新、旧都只能是对一般法或特别法本身而言,新的一般法只能更替旧的一般法,不能更替旧的特别法,除非旧的特别法本身被证明是不合理的。[2]即一般法的先进性不宜用来反衬《海商法》的滞后性。[3]本书认为,从"用尽海商法"的理念出发,如果新的一般法颁布后没有明确废止旧的特别法,则特别法的特殊性仍应该被重视,不宜轻易以新的一般法替代旧的特别法的适用。

二、与一般法协同适用不削弱"用尽海商法"

有学者对《海商法》施行后的适用情况作了实证调查,发现在海事司法案件中《海商法》适用的占比不足 15%,远低于一般法的适用占比,认为海商法在一定程度上已被虚置化。[4]实际上,在海事司法案件中一般法的适用有时是难免的,甚至是必要的。一般法的适用也并不必然对"用尽海商法"造成消极影响。

首先,海事司法案件并非全是海商纠纷,其中也夹杂着一定的非海商纠纷,这些非海商纠纷往往需要适用一般法来解决。

---

[1] "2017 年长江海事审判白皮书",载武汉海事法院官网:http://www.whhsfy.hbfy.gov.cn/ DocManage/ View Doc? docId = 6beefaf2–65fd–4168–a5e8–848eaf822e44,最后访问日期:2022 年 6 月 20 日。

[2] 郭瑜:《海商法的未来——中国的方向和方法》,北京大学出版社 2022 年版,第 143 页。

[3] 傅廷中:"论我国《海商法》修改的基本原则与思路",载《现代法学》2006 年第 5 期,第 152 页。

[4] 何丽新、梁嘉诚:"《海商法》实施 25 年司法适用研究报告",载《中国海商法研究》2018 年第 2 期,第 46~48 页。

例如，在"林某、威海老船长航运有限公司金融借款合同纠纷案"中，有关保证责任的承担，法院根据原《担保法》的规定进行判定。[1]

其次，即便是海商纠纷也存在因海商法没有规定而需要适用一般法的现象。例如，在一起海上货物运输合同纠纷案中，宏丰运输公司以宏丰船务公司的名义签发提单，但没有证据显示宏丰船务公司曾委托宏丰运输公司办理代签提单，且宏丰船务公司否认宏丰运输公司是其代理人。法院最终根据原《民法通则》第66条关于无权代理的规定，判定宏丰运输公司应对其签发的提单自行承担责任。[2]又如，《海商法》仅对修船和造船合同纠纷引起的船舶留置权问题进行规定，但没有就其他合同纠纷引起的以船舶为标的的留置问题进行规定，因此在沉船打捞合同纠纷案件中，对以船舶为标的的留置问题，法院可以适用原《物权法》的规定加以解决。[3]

最后，在一些纠纷问题上，海商法仅就其中的核心部分进行规定，需要结合一般法的规定适用。例如，《海事诉讼法》在名称上即表明为特别程序法，其所采用的立法体例也是补充式的，需要与《民事诉讼法》结合才能对海事诉讼管辖作出系统的规定。[4]又如，《海商法》仅就海上货物运输合同中特定的几种法定合同解除问题进行规定，其他法定的合同解除以及约定的合同解除需要适用《民法典》的规定。

在上述三种情况下，《海商法》等形式海商法典的适用常伴随着一般法的补充适用，这类一般法的补充适用没有对海商法

---

〔1〕　山东省高级人民法院［2019］鲁民终961号民事判决书。
〔2〕　广东省高级人民法院［2010］粤高法民四终字第84号民事判决书。
〔3〕　武汉海事法院［2016］鄂72民初741号民事判决书。
〔4〕　金正佳主编：《海事诉讼法论》，大连海事大学出版社2001年版，第8、15页。

的制度体系和价值造成损害,不会削弱海事司法"用尽海商法"。

三、与一般法叠加适用背离"用尽海商法"

"特别法优于一般法"通常以特别法与一般法相冲突为前提,但事实上,特别法与一般法的关系中还包含着特别法的规定与一般法的规定相一致的情况。在此情况下,特别法能否优先于一般法适用?一种处理方案是,只要特别法有规定,不论其规定与一般法相同与否,特别法的规定皆优先适用。另一种处理方案是,一般法与特别法都有规定的,且规定之间不相冲突的,一般法与特别法叠加适用。两种不同的处理方案对于实际的裁判结果而言似乎没有太大影响,因为特别法与一般法提供的规范内容相近,但各自对特别法制度体系的独立性和特殊性的影响不同。海事实践中经常秉持的理念不是"海商法有规定的,适用海商法",而是"海商法没有不同规定的,一般法可以适用",《海商法》等形式海商法典因而常常与一般法叠加适用,[1]甚至以一般法的适用替代《海商法》等形式海商法典的适用。[2]特别法与一般法的叠加适用,事实上造成了规范的冗余,不仅不能强化特别法的规范功能,反而弱化了特别法规范的独立性和特殊性,背离了"用尽海商法"。

一般法的规定有时是原则性的,叠加适用海商法规定与一般法的原则性规定,更是没有必要。原《合同法》第107条(现《民法典》第584条)关于违约责任的规定是对合同违约的整体性规定,相较于《海商法》中具体的合同违约行为而言属

---

[1] 广州海事法院 [2013] 广海法初字第 448 号民事判决书;上海海事法院 [2015] 沪海法商初字第 1882 号民事判决书。

[2] 上海海事法院 [2013] 沪海法商初字第 532 号民事判决书。

于原则性规定。在海事司法实践中，司法机关曾一度将原《合同法》第 107 条与《海商法》中的相关规定叠加适用，原《合同法》第 107 条犹如是《海商法》下具体违约行为的元规定，凡是涉及违约的都将此条文作为司法裁判的首要依据，在引用顺序上排在《海商法》相关条文之前。[1]这类叠加适用不会对司法裁判结果的得出有实质助益，反而削弱了《海商法》的独立性。

　　总而言之，从海事司法"用尽海商法"的角度看，在处理《海商法》等形式海商法典与一般法的适用关系时，应该尽可能实现《海商法》等形式海商法典的适用，只在确有必要的时候补充适用一般法，而不宜以一般法任意叠加甚至背弃《海商法》等形式海商法典的适用。

第二节　海事国际条约的"用尽海商法"

　　"条约是国际法主体之间、主要是国家之间依据国际法所缔结的，据以确定其相互权利与义务的国际协定。"[2]条约有广义与狭义之分，狭义条约仅指以"条约"命名的国际协议，而广义条约则包括条约、公约、协定、议定书、宣言等国际法主体间所缔结的任何具有法律约束力的国际协议。本书采用广义的条约意涵，是指国际法主体之间依据国际法缔结的关于海商领域中相互间权利与义务的国际协定。我国缔结或参加的海事国际条约主要包括 1978 年《船员培训、发证和值班标准国际公约》、1979 年《国际海上搜寻救助公约》、1988 年《关于制止对

---

〔1〕　宁波海事法院［2014］甬海法台商初字第 88 号民事判决书；天津海事法院［2014］津海法商初字第 872 号民事判决书。
〔2〕　邵津主编：《国际法》（第 5 版），北京大学出版社 2014 年版，第 403 页。

海上航行安全非法行为公约》、1989 年《国际救助公约》、1990
年《国际油污防备、反应和合作公约》、2000 年《有毒有害物
质污染事故防备、反应和合作议定书》、2001 年《国际燃油污
染损害民事责任公约》、1973 年《国际防止船舶造成污染公约
1978 年议定书》、2006 年《海事劳工公约》、2007 年《内罗毕
国际船舶残骸清除公约》、1965 年《便利国际海上运输公约》
及其修正案、1948 年《国际海事组织公约》及其修正案、1969
年《船舶吨位丈量公约》及其议定书、1972 年《国际海上避碰
规则公约》及其修正案、1972 年《国际集装箱安全公约》及其
修正案、1969 年《国际油污损害民事责任公约》及其议定书、
1974 年《海上旅客及其行李运输雅典公约》及其议定书、1972
年《防止倾倒废料及其他物质污染海洋公约》及其议定书、
1969 年《国际干预公海油污事故公约》及其议定书、1974 年
《国际海上人命安全公约》及其议定书、1966 年《国际载重线
公约》及其议定书,以及一些双边海运协定等。海事国际条约
占我国缔结或参加的国际条约中的最多数,对我国法律体系的
影响也最深。因此,海事司法"用尽海商法"包含着海事国际
条约的"用尽海商法"。

　　海事司法实践中不乏以海事国际条约为裁判依据和裁判理
由进行审判的情况。但正如学者所言,中国不缺乏系统的履约
法律体系,只是这一体系缺乏一定的条理性和逻辑性,呈现为
杂乱无序的状态。[1]以"用尽海商法"为指引,或许能为这一
现状提供一定的解决方法。

---

　　[1] 王国华、孙誉清:"国际航运纠纷中法律适用问题的实证研究(1997-
2016)",载《武大国际法评论》2017 年第 3 期,第 40 页。

一、海事国际条约与国内法的关系及其法律位阶

关于海事国际条约与国内法的关系，通常认为海事国际条约主要适用于涉外案件，而国内法主要适用于非涉外案件。除此之外，海事国际条约与国内法之间还存在一元论、二元论等争论。一元论主张海事国际条约是国内法律体系的组成部分，无需立法的转化即可成为国内法。一元论在各国的实践中又细分为"国际条约优先"与"国内法优先"。二元论主张海事国际条约与国内法分属不同法律体系，海事国际条约需要经过立法的转化才能在国内实施。[1] 一元论青睐以并入方式适用海事国际条约，而二元论则坚持非经转化海事国际条约不能在国内适用。不论是一元论还是二元论，都不否定海事国际条约具有司法可适用性，只是二者允许的适用方式不同。国际社会中既有施行一元论的，也有施行二元论的，还有施行介于一元论与二元论之间的混合论。

就我国目前国内法的相关规定来看，国际条约与国内法的关系体现为以下几个方面：第一，规定海事国际条约优先于国内法适用。这类规定可以细分为：海事国际条约与国内法有不同规定的适用海事国际条约；海事国际条约另有规定的适用海事国际条约；海事国际条约没有规定的按照国内法处理。[2] 第

---

[1] 李浩培：《条约法概论》，法律出版社 1987 年版，第 381 页。

[2] 如《海商法》第 268 条、《海洋环境保护法》第 16 条规定，我国缔结或参加的相关海事国际条约与国内法不同的适用海事国际条约，但我国声明保留的除外；1995 年《外交部、最高人民法院、最高人民检察院等关于处理涉外案件若干问题的规定》规定，国内法与我国承担的国际条约义务冲突的，适用国际条约，但我国声明保留的除外；2015 年《防治船舶污染内河水域环境管理规定》第 54 条规定，本规定有关界河水域防治船舶污染的规定与我国缔结或参加的海事国际条约不符的，适用海事国际条约；《渔业捕捞许可管理规定》（2022 年修订）第 2 条第 2 款规定，

二，规定国内法优先于海事国际条约适用。这类规定包括：国内法没有规定的按照海事国际条约处理；未尽事宜的适用海事国际条约。[1]第三，直接规定相关事项应该适用海事国际条约的规定。[2]第四，将海事国际条约的相关概念和规定纳入国内规定。[3]以上四点中前三点偏向一元论，第四点偏向二元论。可见，单一一元论或二元论不能完全涵盖我国海事国际条约与国内法的关系。

（接上页）我国缔结的条约、协定另有规定的，按照条约、协定执行；《渔业法》（2013 年修正）第 8 条第 1 款规定，外国人或外国渔业船舶在我国管辖水域从事渔业生产或渔业资源调查活动应该按照同我国订立的条约、协定办理，没有条约、协定的按照我国国内法办理。

[1] 如 1979 年《对外国籍船舶管理规则》第 52 条规定，关于船舶避碰，包括本规则在内的国内法有规定的按照国内法处理，国内法没有规定的按照 1972 年《国际海上避碰规则公约》处理；《高速客船安全管理规则》（2017 年修正）第 33 条规定，本规则未尽事宜，按国家其他有关法规和我国加入的海事国际条约执行。

[2] 如《防治船舶污染海洋环境管理条例》（2018 年修订）在附则第 73 条规定，我国缔结或参加的海事国际条约对防治船舶及其有关作业活动污染海洋环境有规定的，适用海事国际条约，但我国声明保留的除外；《船员条例》（2020 年修订）第 15 条第 2 款规定，在我国管辖海域内航行、作业和停泊的外籍船舶上任职的外籍船员应该持有我国缔结或参加的海事国际规定的相应证书和其所属国签发的相关身份证件；2018 年《船舶载运危险货物安全监督管理规定》第 6 条第 2 款规定，载运危险货物的船舶应该符合国家船舶检验的法规、技术规范的规定，且载运危险货物的国际航行船舶还应该符合相关海事国际条约的规定，具备适航、适装条件；《海员证管理办法》（2020 年修正）第 15 条规定，持有海员证的中国船员，在其他国家、地区享有按照当地法律、有关国际条约以及我国与有关国家签订的海运或航运协定规定的权利和通行便利。

[3] 如 2018 年《船舶载运危险货物安全监督管理规定》第 50 条、《港口危险货物安全管理规定》（2019 年修正）第 87 条，规定本规定下的危险货物包括《国际海运危险货物规则》（IMDG code）、《国际海运固体散装货物规则》（IMSBC code）、《1973 年国际防止船舶造成污染公约 1978 年议定书》（MARPOL73/78 公约）、《国际散装危险化学品船舶构造和设备规则》（IBC code）、《国际散装液化气体船舶构造和设备规则》（IGC code）等我国缔结或参加的海事国际条约中的相关规定。

关于海事国际条约的法律位阶，有观点认为可以适用比照论来判定。比照论是经比照国内法的相关立法权限和程序，将海事国际条约按照其不同的生效方式划分为三个法律位阶和效力等级。即，由全国人大常委会批准生效或废除的海事国际条约，其法律位阶和效力等级等同于法律；由国务院核准生效的海事国际条约其法律位阶和效力等级等同于行政法规；无需全国人大常委会批准和国务院核准即能生效的海事国际条约，其法律位阶和效力等级等同于部门规章。[1]除比照论外，理论中也有反比照论。此类观点认为比照论的现实意义有限。首先，条约的缔结往往需经过谈判、签署、批准等环节，而这几个环节是国内法制定所不具备的；[2]其次，国内法是纯粹的国家统治意志体现，并由国家统治意志决定其效力，而条约是国际法主体间相互妥协的产物，其效力根据的是协调意志而非由单一国家的统治意志所决定；[3]最后，条约缔结对应缔约权，而缔约权代表着国家主权，是国家对外的最高权，因而缔约权是统一行使的，不同名义的条约仅与其内容相关。[4]

本书认为，"比照"本身意味着只是参照而非等同，条约与国内法虽然存在一些差异，但二者之间的共性也不容忽视。条

〔1〕　吴慧："国际条约在我国国内法上的地位及与国内法冲突的预防和解决"，载《国际关系学院学报》2000年第2期，第25页；陈寒枫、周卫国、蒋豪："国际条约与国内法的关系及中国的实践"，载《政法论坛》2000年第2期，第122~123页。

〔2〕　王勇："条约在中国适用之基本理论问题研究"，华东政法学院2006年博士学位论文，第95页。

〔3〕　王勇："条约在中国适用之基本理论问题研究"，华东政法学院2006年博士学位论文，第96页。

〔4〕　赵建文："国际条约在中国法律体系中的地位"，载《法学研究》2010年第6期，第204页。

约的批准或核准主体与国内法的制定主体具有重叠性，如都包含全国人大常委会和国务院，而主体代表着一定的权威性，且权威性又是规范效力的重要影响因素，因此，条约与国内法具有一定的可比照性。不同的条约之间可以按照"立法主体"的不同，界分出不同的效力等级。但是，条约与国内法之间的效力位阶不宜直接根据比照论判断效力高低。因为条约具有国际政治属性的一面，条约不能简单地等同于国内法。实际上，《海商法》第 268 条对海事国际条约的规定赋予了海事国际条约在与国内法冲突时优先于国内法的效力。

二、海事国际条约司法适用的方式和途径

相关规定的复杂和理论上的争议都在一定程度上说明海事国际条约具有司法可适用性，只是当前尚不能为海事国际条约确立统一、协调的司法适用规则。从国际司法实践的层面看，海事国际条约的司法适用已经相当普遍。[1]海事国际条约本身

---

〔1〕 参见英国案例：Alize 1954 and CMA CGM SA v. Allianz Elementar Versicherungs AG〔2019〕EWHC 481（Admlty）；Glencore Energy UK Ltd v. Freeport Holdings Ltd〔2019〕EWCA Civ 388；Stallion Eight Shipping Co S. A. v. Natwest Markets plc（formerly known as the Royal Bank of Scotland plc）〔2018〕EWCA Civ 2760；Warner v. Scapa Flow Charters〔2018〕UKSC 52；Mitsui & Co Ltd v. Beteiligungsgesellschaft LPG Tankerflotte mbH & Co KG〔2016〕EWCA Civ 708；Sindicato Unico de Pescadores del Municipio Miranda del Estado Zulia v. International Oil Pollution Compensation Fund〔2015〕EWHC 2476（QB）；中国香港地区案例：Benchmark Electronics（Thailand）PCL v. Viasat Inc〔2018〕HKCFI 699；Bright Shipping Ltd v. Changhong Group（HK）Ltd〔2018〕HKCFI 2474；Eleni Maritime Ltd v. Heung-A Shipping Co Ltd HCAJ 189/2013；加拿大案例：Canadian National Railway Company v. Hanjin Shipping Co Ltd 2017 FC 198；巴巴多斯案例：Furniture Ltd v. Robulk Agencies Inc〔2008〕BBHC 13；印度案例：Global Integrated Bulkers Pte Ltd v. Cargo of 14，072，337 Mts of Limestone 2018 Judge's Order No 253 of 2017 in Commercial Admiralty Suit（Lodging）No 665 of 2017；美国案例：In re M/V MSC FLaminia〔2018〕AMC 2113；肯尼亚案例：Mohamed Ali Baadi and others v. Attorney General & 11 others〔2018〕eKLR；澳大利亚案例：Mount Isa Mines Ltd v. The Ship

所具有的海商法规范价值，在各国家或地区的海事司法实践中已得到了相当程度的尊重和践行。即便是国内的司法实践，不同个案对海事国际条约的适用方式或方法或许存在差别，但都体现出海事国际条约是海事司法审判重要的规范来源。

海事国际条约在司法过程中的适用，可以是事实意义上的适用，也可以是法律意义上的适用。事实意义上的适用，常表现为将海事国际条约的相关规定纳入合同作为合同的内容适用，或者将海事国际条约作为说理理由适用。法律意义上的适用，主要表现为将海事国际条约作为海事司法审判的裁判依据或裁判理由适用。[1]作为裁判依据的海事国际条约是引出裁判结论的依据，而作为裁判理由的海事国际条约，虽不能直接引出裁判结论，但也能为裁判结论的得出提供一定的支持。

海事国际条约之所以能进入司法过程，其常见途径有三：基于法律的规定；当事人经合意选择；法院自由裁量。如前所述，当前国内不同层面的立法规定中或多或少都涉及海事国际条约的规定，这些规定在很大程度上可以为海事国际条约的司法适用提供依据。例如，依据《海商法》第 268 条的规定，海

（接上页）"Thor Commander"〔2018〕FCA 1326；南非案例：MS Bonanza Schiffahrtge-sellschaft mbH & Co KG v. Durban Coal Terminal Company（Pty）Ltd A50/2017；MV Seaspan Grouse：Seaspan Holdco 1 Ltd v. MS Mare Traveller Schiffahrts GmbH（376/18）〔2019〕ZASCA 02；The Owners & Parties Interested in the Vessel MV Nepenthe v. OTA Kandla Pvt Ltd，GA No 278 of 2018 and APO No 31 of 2018 in AS No 1 of 2018；新西兰案例：Taranaki-Whanganui Conservation Board v. Environmental Protection Authority〔2018〕NZHC 2217；新加坡案例：The 'Mount Apo' and the 'Hanjin Ras Laffan'〔2019〕SGHC 57；The 'Tian E Zuo'〔2018〕SGHC 93.

〔1〕 事实意义上的说理理由与法律意义上的裁判理由，虽都能在一定程度上补强相关的论证结论，但二者所体现的海事国际条约的效力不同，作为说理理由的海事国际条约，对海事司法者没有法律上的约束力，而作为裁判理由的海事国际条约，对海事司法者具有法律上的约束力。

事国际条约不仅应该被适用，而且当条约的内容与《海商法》不一致时，具有优先适用的效力。当事人合意选择海事国际条约的，可以将海事国际条约确定为纠纷解决的"准据法"，或者将海事国际条约的相关规定纳入合同中作为合同的组成部分。当事人的合意选择虽需海事司法者的最终确认才能发挥效用，但不可否认，这一途径确实可以在很大意义上增加海事国际条约的司法适用概率。除法律明文规定和当事人合意选择外，海事司法者可以在法律允许的范围内行使其自由裁量权，适用海事国际条约。在针对具体案件时，如果海事司法者认为海事国际条约具有司法可适用性且应该被适用于此案件时，海事司法者有权利和义务主动适用海事国际条约；如果海事司法者基于一定的标准认定特定的海事国际条约不具有司法可适用性，或者没有必要落实其司法可适用性，则海事司法者可以拒绝海事国际条约的司法适用，或者仅将其作为合同的组成部分适用。

不同的途径会在一定程度上影响海事国际条约的司法适用方式。不同的司法适用方式，所体现的海事司法意义不尽相同。事实意义上的海事国际条约适用，将海事国际条约视为事实而不是法律，当纠纷发生时仍需要为纠纷的解决确立另外的法律依据，因此海事国际条约在此处的适用体现的不是其海商法规范价值。法律意义上的适用，不论海事国际条约是作为裁判依据，还是作为裁判理由适用，起实质作用的均是海事国际条约的海商法规范价值，即海事国际条约所具有的海商法规范功能是其得以作为特定案件中，海事司法者据以引出论证结论的直接依据，或者补强论证相关结论的理由。相较而言，海事国际条约法律意义上的适用，更能体现"用尽海商法"，因为"用尽海商法"强调的是海事司法中海商法规范的纠纷解决意义和价值。

三、条约自执行理论对海事国际条约"用尽海商法"的启示

条约自执行理论发展自美国，并为国际上其他国家或地区所效仿。条约自执行理论强调条约可以被区分为自执行（self-executing）与非自执行（non-self-executing）。自执行的条约不需要立法的介入，以其自身的规则就能够为政府行政部门、法院以及个人提供法律适用，而非自执行条约则需要立法的介入才能作为国内法适用。[1]条约自执行理论是由美国司法案例所确立的。"Foster v. Neilson 案"、"U. S. v. Percheman 案"、"Whitney v. Robertson 案"、"Medellin v. Texas 案"都是关于条约自执行理论的典型案件。[2]不过各案关于条约自执行理论的认定并非完全相同。这也是条约自执行理论存在的主要问题，即其理论的认识即便是在美国国内也没有完全取得统一见解。例如，"Foster v. Neilson 案"与"U. S. v. Percheman 案"两案对同一条约下同一条款的认定结果就完全不同。在前案中，法官认为虽然依据美国宪法的规定，条约应该同宪法和国内立法一样适用，但如果条约条款本身要求由政府行政部门而不是法院实行，则此条约条款是非自执行的。后案中，法官认为条约条款的文义虽然可能蕴含着由将来制定的立法来实行，但也可以解读为允许实行其本身的条款，因此涉案条约条款为自执行条款。对于两案不同的条约自执行理论的解释，有观点认为，"Whitney v. Robertson 案"才是

---

〔1〕 Alona E. Evans, "Some Aspects of the Problem of Self-Executing Treaties", 45 *American Society of International Law Proceedings*, 66, 73~74 (1951).

〔2〕 Foster v. Neilson, 27 U. S. 253 (1829); U. S. v. Percheman, 32 U. S. 51 (1833); Whitney v. Robertson, 124 U. S. 190 (1888); Medellin v. Texas, 552 U. S. 491 (2008).

美国法院定义自执行条约这一概念的第一个案件,[1]先前两案所使用的实际上是执行条约（executed treaty）与待执行条约（executory treaty）,[2]按照当前的自执行与非自执行之分去理解"Foster v. Neilson 案""U. S. v. Percheman 案"两案,会发觉法官的审判标准不一,但如果按照当时的执行条约、待执行条约理论去理解或许就会有不一样的结果。执行条约与待执行条约之分是条约自执行理论的前身,不过在具体的意涵上有区别。执行条约与待执行条约的区分,关键在于是否需要采取进一步的措施,无需进一步措施就可立即执行的为执行条约,而需要将来采取进一步措施方可执行的为待执行条约。[3]就非自执行条约与待执行条约的关系而言,所有的非自执行条约都是待执行条约,但并非所有的待执行条约都是非自执行条约,因为有些待执行条约的"进一步措施"可以包括除立法之外的行政手段等。[4]

从 19 世纪的执行条约和待执行条约到 20 世纪的自执行条约和非自执行条约,均说明条约实行与美国宪法规定的解读和美国权力分立原则紧密相关。有观点认为,上述三个案件都说明历史上对于条约实行方式的区分,更倾向于采取两步走的策略。即,首先分析条约条款的文义,如果条约条款的文义本身要求条约是待执行的,则会进一步分析国内各部门的权力划分情况,根据各部门的权限和职责来最终决定条约的执行是否需要司法、

---

〔1〕 David Sloss, "Non-Self-Executing Treaties: Exposing a Constitutional Fallacy", 36 *U. C. Davis Law Review* 1, 31 (2002).

〔2〕 David L. Sloss, "Executing Foster v. Neilson: The Two-Step Approach to Analyzing Self-Executing Treaties", 53 *Harvard International Law Journal*, 135, 157 (2012).

〔3〕 David Sloss, "Non-Self-Executing Treaties: Exposing a Constitutional Fallacy", 36 *U. C. Davis Law Review*, 1, 19 (2002).

〔4〕 David L. Sloss, "Executing Foster v. Neilson: The Two-Step Approach to Analyzing Self-Executing Treaties", 53 *Harvard International Law Journal*, 135, 145 (2012).

行政或立法方面的行动。[1]两步走的策略是为了尽可能兼顾宪法规定与权力分立原则。

美国宪法关于条约的规定,被称为"至上条款"(the Supremacy Clause),即条约可以同宪法和国内法一样适用。[2]根据此规定,条约在美国法下似乎被自然地视为国内法,即原则上绝大部分的条约都为自执行条约,只有例外的少数条约被认定为非自执行条约。[3]而且,如果条约与国内立法规定冲突的话,应该按照"新法优于旧法"(the last-in-time rule)的原则处理。[4]然而,晚近的更多观点认为,对美国宪法"至上条款"的理解不宜过于机械。"至上条款"只是一种假设而非硬性规则。[5]虽然"至上条款"表明法官应该受条约的约束,条约似乎都应该是自执行的,但有些限制条约执行的因素根植于权力分立原则,即基于条约不适宜司法适用的性质而排除法官对条约的

---

〔1〕　David L. Sloss, "Executing Foster v. Neilson: The Two-Step Approach to Analyzing Self-Executing Treaties", 53 *Harvard International Law Journal*, 135, 145 (2012); David Sloss, "Non-Self-Executing Treaties: Exposing a Constitutional Fallacy", 36 *U. C. Davis Law Review*, 1, 24-25 (2002).

〔2〕　U. S. C. A. Const. Art. Ⅵ cl. 2: "This Constitution, and the Laws of the United States which shall be made in Pursuance thereof; and all Treaties made, or which shall be made, under the Authority of the United States, shall be the supreme Law of the Land; and the Judges in every State shall be bound thereby, any Thing in the Constitution or Laws of any State to the Contrary notwithstanding."

〔3〕　Panel Discussion, "Judicial Enforcement of Treaties: Self-Execution and Related Doctrines", 100 *American Society of International Law Proceedings*, 439, 440 (2006).

〔4〕　Alona E. Evans, "Self-Executing Treaties in the United States of America", 30 *British Year Book of International Law*, 178, 183 (1953); Panel Discussion, "Judicial Enforcement of Treaties: Self-Execution and Related Doctrines", 100 *American Society of International Law Proceedings*, 439, 444 (2006); The Cherokee Tobacco, 78 U. S. 616 (1870); Ribas y Hijo v. U. S., 194 U. S. 315 (1904).

〔5〕　David L. Sloss, "Executing Foster v. Neilson: The Two-Step Approach to Analyzing Self-Executing Treaties", 53 *Harvard International Law Journal*, 135, 168 (2012).

执行。[1]换言之，条约是否为自执行还与法院是否有能力处理相关事项有关。如果相关事项是纯粹的政治事务，或其他不是法院通过司法所能解决的事务（如国家中立、国际相关机构的设立及其目的、程序以及权限等），将限制法院对条约的执行。[2]

权力分立原则也从侧面说明了条约具有两面性，即国际性和国内性。[3]条约的国际层面义务在很多时候不能直接等同于国内层面的义务。对一国生效的条约不一定会在其国内执行。这或许是由于有些条约本身就不需要在国内层面执行，又或许是因为有些国家在签订条约后并不乐意在国内执行。从是否需要由国内执行而言，条约大致可以被分为三大类，一类是无需国内执行的，如《联合国宪章》；一类是条约明文要求必须在国内执行；另一类是条约条文虽未明确规定必须在国内执行，但如果不在国内执行则条约的目的可能难以实现。[4]因此，条约能否或是否在一国国内执行不仅取决于外在客观标准，也受一国国内具体情况和意愿的影响。

有观点认为，根据美国宪法的规定，美国实际上实行的是一元论，因为条约被认定为非执行只是例外的情况。[5]在此观点看来，条约自执行理论是以一元论为前提的，一元论下的自执行在多数情况下可用来判断司法可适用性。但如果将条约自

〔1〕 David Sloss, "Non-Self-Executing Treaties: Exposing a Constitutional Fallacy", 36 *U. C. Davis Law Review*, 1, 28 (2002).

〔2〕 Yuji Iwasawa, "The Doctrine of Self-Executing Treaties in the United States: A Critical Analysis", 26 *Virginia Journal of International Law*, 627, 679 (1986).

〔3〕 Curtis A. Bradley, "Self-Execution and Treaty Duality", 2008 *Supreme Court Review*, 131, 133 (2008).

〔4〕 Amos O. Enabulele & Eric Okojie, "Myths and Realities in Self-Executing Treaties", 10 *Mizan Law Review*, 1, 32 (2016).

〔5〕 Amos O. Enabulele & Eric Okojie, "Myths and Realities in Self-Executing Treaties", 10 *Mizan Law Review*, 1, 8~9 (2016).

执行理论用于实行二元论的国家，则自执行就无法直接指向司法适用，而是指能否被纳入国内法。[1]同样有观点指出，非自执行不能等同于二元论，因为非自执行下的立法介入是为条约提供执行规则，而非给予条约国内法效力。相反，二元论下的转化则是给予条约国内法效力。[2]

"Medellin v. Texas 案"作为另一个有关条约自执行理论的经典案例，在一定程度上改变了以往对条约自执行理论的解读。在此案之前，美国法下的条约通常被假定为自执行条约，只有例外的情况才会被认定为非自执行条约。但在此案中，法官认为判断条约自执行与非自执行应该严格遵循条约条文的规定，即除非条约条文明确说明条约是自执行条约，否则条约为非自执行条约。此案公布后颇受质疑。首先，以条约条文的明确规定为唯一标准很不现实，因为条约很少明示是自执行。[3]其次，让条约适用者以条约条文来最终决定条约的自执行与非自执行，很可能改变最初条约缔结者的缔约初衷。最后，以条约明示自执行为条件确定条约自执行与否，也不符合宪法"至上条款"的规定。

在"Medellin v. Texas 案"的比照下，判断自执行条约两步走的策略似乎更显其合理性。两步走策略的第一步主要是国际义务问题的认识，即通过对条约的解释，分析条约国际义务的性质和范围；第二步主要是国内执行问题，即通过分析相关国内法的规定，判断哪个国家机构更适宜承担条约义务的国内执行。两步走策略兼顾了条约的两面性，同时也更有可能包容和

---

〔1〕　Amos O. Enabulele & Eric Okojie, "Myths and Realities in Self-Executing Treaties", 10 *Mizan Law Review*, 1, 22 (2016).

〔2〕　Damos Dumoli Agusman, "Sex-Executing and Non Self Executing Treaties: What Does It Mean", 11 *Indonesian Journal of International Law*, 320, 332 (2014).

〔3〕　David L. Sloss, "Executing Foster v. Neilson: The Two-Step Approach to Analyzing Self-Executing Treaties", 53 *Harvard International Law Journal*, 135, 163 (2012).

处理以下问题：第一，非自执行概念与"至上条款"之间存在紧张关系，为缓解此紧张关系，应该默认条约是自执行的，除非条约条文明确规定需要经由立法才能执行。[1]但默认条约是自执行的并不意味着将"至上条款"与司法适用相等同。自执行条约是否具有司法可适用性还需要进一步的分析。第二，自执行即使不是全部也绝大部分是关于条约意图的。[2]通过对条约意图的解读（包括条约缔结者在缔约时的相关声明），在多数情况下可以分辨出条约自执行与非自执行。但值得注意的是，条约意图并不是绝对的，因为如果条约缔结者本身不具有处置条约下相关事务的权力，则其意图就与条约的自执行与非自执行无关。[3]条约缔结者不能以缔约时的非自执行声明，来禁止所有情况下的所有司法救济，尤其是国内法存在法律空白的情况。[4]第三，判断条约自执行与非自执行还常以条约的内容为标准，如果条约内容创设了个人权利和义务，则通常该条约会被认定为自执行条约，否则为非自执行条约。但此标准也不是绝对的，因为条约即使没有给予私权利，仍可能为被诉者提供保护。[5]在条约自执行与非自执行的分辨中，上述三个方面的问题往往容易被单一化、绝对化，进而引发对条约自执行理论的争议和质疑。对此，两步走策略要求法官结合不同的分析步

---

〔1〕 Curtis A. Bradley, "Self-Execution and Treaty Duality", 2008 *Supreme Court Review*, 131, 135 (2008).

〔2〕 Carlos Manuel Vazquez, "The Four Doctrines of Self-Executing Treaties", 89 *American Journal of International Law*, 695, 704 (1995).

〔3〕 David Sloss, "Non-Self-Executing Treaties: Exposing a Constitutional Fallacy", 36 *U. C. Davis Law Review*, 1, 12 (2002).

〔4〕 David Sloss, "Non-Self-Executing Treaties: Exposing a Constitutional Fallacy", 36 *U. C. Davis Law Review*, 1, 43-44 (2002).

〔5〕 Carlos Manuel Vazquez, "The Four Doctrines of Self-Executing Treaties", 89 *American Journal of International Law*, 695, 720 (1995).

骤，以更为综合的视角判断条约的性质，兼顾多方因素对条约自执行与非自执行的影响。

简言之，条约自执行理论在美国法下的实行并非机械、单调的，其中涉及对宪法规定的正确解读，以及对不同机构间权力划分的明晰，还涉及对条约意图和条约内容的解析，既有客观标准又有主观把握，法官在最终决定条约是否为自执行条约时，需要于一定的框架内能动地行使其司法裁量权。

在分析中国法语境下的海事国际条约司法适用问题时，完全照搬美国法下的条约自执行理论并不现实，因为条约自执行理论与美国宪法的特别规定和美国国家机构的权力分立情况紧密结合，缺乏同样的立法规定和机构分权运行背景，条约自执行理论的适用容易异化。条约自执行理论对海事国际条约"用尽海商法"的启示主要是对其思维方式的借鉴。海事国际条约的数量众多、内容丰富，如果不以一定的分类标准加以区分认识，会影响海事国际条约司法适用的准确性和效率性。借鉴条约自执行理论，海事国际条约的分类标准不能过于单一，应该是多样的标准。多样的标准能够为海事国际条约的"用尽海商法"提供更为恰切的依据。

在多样的标准中，首先，应该区分海事国际条约的国际义务和国内义务。如果海事国际条约仅仅具有国际层面的义务，则海事国际条约就没有进行司法适用的必要性，也就无所谓"用尽海商法"了。此类海事国际条约如 1976 年《国际海事卫星组织公约》、1965 年《便利国际海上运输公约》、1948 年《国际海事组织公约》、1969 年《国际干预公海油污事故》、1990 年《国际油污防备、反应和合作公约》等。区分条约的两面性是海事国际条约司法适用的第一步，只有那些具有国内义务的海事国际条约，其在司法适用的过程中才有"用尽海商法"的价值和意义。

其次，应该尊重海事国际条约自身的明文规定。如果海事国际条约明确规定需要经过国内立法的转化才能适用，则此类海事条约的相关规定便不能被直接适用于海事司法审判活动。需转化为具体的国内法后才能适用的条约，最终适用的是国内法（即形式海商法），海事国际条约不能作为海事司法裁判的直接依据或理由。此时虽然体现的不是海事国际条约的"用尽海商法"，但对形式海商法的适用同样是"用尽海商法"的体现。此类海事国际条约的规定如 2006 年《海事劳工公约》第 3 条、1978 年《海员培训、发证和值班标准国际公约》第 1 条等。

再次，应结合国内法的具体规定判断海事国际条约的司法可适用性和司法适用方式。法律、行政法规都对应特定的立法制定权限和立法制定程序，法律以及行政法规层面的形式海商法，其背后是一定的制定法权限分配。不同层面的形式海商法对海事国际条约的具体规定更适宜为海事国际条约的司法适用提供细化的指引。在细化指引中，海事国际条约的适用更有可能实现"用尽海商法"。

最后，海事国际条约中大多数是经由交通运输部海事局发布公告通知在我国生效。海事局的公告通知有些类似于美国法下条约缔结者的非自执行声明，都是政府部门对条约在国内执行的说明。非自执行声明在美国法下对条约自执行与非自执行的区分和司法适用有一定的影响力，作为海事主管部门的海事局，其通知对海事国际条约的生效和适用的影响也应该被重视。尤其是海事局的公告通知有时会对海事国际条约的适用范围作出指引。如 1981 年《交通部关于执行"1972 年国际海上避碰规则公约"若干问题的通知》规定，[1]一切船舶在海上和海港航

---

〔1〕《交通部关于执行"1972 年国际海上避碰规则公约"若干问题的通知》（〔81〕交船检字 665 号）。

行或停泊时，其操作和显示的信号应执行公约的规定，而在其他水域航行或停泊时，执行《内河避碰规则》。此通知似乎印证了这样一种观点，即海事国际条约可以被划分为民商性质的与非民商性质的，民商性质的海事国际条约的适用应受涉外因素的限制，而非民商性质的海事国际条约不受涉外因素的限制。就此而言，此类通知能够为海事国际条约在非涉外案件中的适用提供一定的依据，海事国际条约据此实现的海事司法适用也是一种"用尽海商法"的体现。

四、涉外因素对海事国际条约"用尽海商法"的影响

有观点认为，约在中国国内的适用必须以涉外因素为前提条件，即只有在涉外法律关系中条约才可被视为裁判依据或理由加以适用。[1]但这一观点并不能客观地反映条约在中国的司法实践情况。尤其是在海事司法中，海事国际条约的适用并没有被严格限制在涉外案件中。涉外因素是否海事国际条约适用的必要限制条件？之所以有这样的疑问主要是受当前立法的相关规定所引导。即从当前相关法律的体例结构来看，海事国际条约似乎只能被适用于涉外法律关系。[2]《海商法》第 268 条规定我国缔结或参加的海事国际条约与该法规定不同的，适用海事国际条约，但我国声明保留的除外。由于此规定位于《海商法》第十四章涉外关系的法律适用中，因此，不少观点认为，海事国际条约的适用应仅限于涉外案件。此外，《海事诉讼法》第 3 条更是直接规定，我国参加或缔结的海事国际条约关于涉

---

[1] 宋建立："国际条约国内适用的若干问题"，载《人民司法》2015 年第 5 期，第 54 页。

[2] 王国华、孙誉清：《国际海事公约国内实施问题研究》，辽宁大学出版社 2016 年版，第 120 页。

外海事诉讼的规定与国内法不同的，适用海事国际条约的规定。有反对观点指出，仅凭规定所处的位置判定海事条约的适用范围并不总是清晰的。因为，同样为形式海商法，《海洋环境保护法》是在其附则中规定条约的适用问题。[1]而且，《海商法》第268条和《海事诉讼法》第3条规定的仅仅是海事国际条约与国内法冲突的情况，并不能涵盖所有的条约都可以在一国国内适用的情况。[2]以涉外因素限制所有海事国际条约的适用，有可能导致我国违背"有约必守"原则。同时，海事司法者也可能因不当限制海事国际条约的适用而背离"用尽海商法"。

涉外因素常以法律关系的主体、客体和内容三大要素为判断基点，要求其中至少有一个或一个以上的因素与外国存在关联。涉外因素是判断涉外法律关系的关键，涉外法律关系是引起外国法（外国制定法）适用的前提。国际条约由于不是由本国立法机构经本国立法程序制定的法律文本，因此也被视为另一种意义上的外国法，涉外因素也由此常被认为是国际条约适用所必不可少的前提条件。实际上，将国际条约等同于外国法一样，以涉外因素加以规制，并不完全妥当。涉外因素只是引起外国法适用的表象，外国法适用的本质在于不同国家的国内法之间存在法律冲突，需要以涉外因素为介质，通过冲突规范的指引解决法律冲突。[3]然而，国际条约本身就是为避免法律冲突的产生而制定的，条约仅就相关的事项和范围对缔约国生效，已经对其适用范围进行了规定，没有同外国法一样的域内效力与域外效力之分，也因此无需依据冲突规范来确定其效力

---

〔1〕 参见《中华人民共和国海洋环境保护法》（2017年修正）第96条。

〔2〕 万鄂湘、余晓汉："国际条约适用于国内无涉外因素的民事关系探析"，载《中国法学》2018年第5期，第16页。

〔3〕 朱江："法律关系'涉外性'判断的新视阈"，载《河南财经政法大学学报》2017年第1期，第152页。

范围。[1]当然，如果条约已经被视为是一国法律的组成部分，则经由该国冲突规范确定该国的法律为准据法时，作为该国法律组成部分的条约也会因此受到冲突规范的规制。此时在表象上，涉外因素表现为条约适用的前提条件。涉外因素或涉外法律关系只是引起国际条约适用的事实或理由。[2]《海商法》第268条被规定于涉外关系法律适用一章，只能说明这一条款是对国内法与海事国际条约冲突时，海事国际条约如何适用的规定，而不能以此规制所有情况下的海事国际条约的适用。换言之，《海商法》第268条和《海事诉讼法》第3条的规定，针对的是那些无需经其他立法转化而自然地被纳入国内法的海事国际条约，对应的海事国际条约的适用是依据我国冲突规范确定我国法律为准据法情况下，由于海事国际条约作为我国法律的组成部分而适用的。[3]这部分条约无需其他立法的转化即可为海事法院所适用，且其效力优于国内法，国内法没有规定或国内法的规定与其不同的，都将直接适用国际条约。换言之，海事国际条约依据《海商法》第268条或《海事诉讼法》第3条的规定适用时，或许需要以涉外因素为前提条件，但海事国际条约以其他符合法律规定的方式适用的，就不一定需要受涉外因素的限制。

　　如前所述，关于条约的适用规定，国内的相关规定分布广泛，且不同的规定之间也并不完全一致。这些规定都能在一定程度上为海事国际条约的适用提供依据，海事国际条约的适用

---

〔1〕　张晓东、董金鑫："论统一实体国际条约不宜作为准据法"，载《海峡法学》2011年第1期，第69页。

〔2〕　胡家强："对国际私法调整对象和范围的重新认识"，载《法律科学》2002年第6期，第117页。

〔3〕　许军珂："当事人意思自治原则对法院适用国际条约的影响"，载《法学》2014年第2期，第41页。

不能被局限在涉外海商法律关系中。根据现有的条约适用规定，海事国际条约的适用存在着双轨制和单轨制之分。双轨制是指海事国际条约实行"内外有别"规则，即只有在涉外法律关系中当事人和法院才能适用海事国际条约，而在纯国内事务中海事国际条约不具有法律效力，不能被援引适用。单轨制是指海事国际条约的适用不以涉外因素为限制条件，即使是纯国内事务也可以适用相关的海事国际条约。如果说，《海商法》《海事诉讼法》《第二次全国涉外商事海事审判工作会议纪要》以及《最高人民法院关于非航行国际航线的我国船舶在我国海域造成油污损害的民事赔偿责任适用法律问题的请示的答复》关于海事国际条约适用的规定属于双轨制，[1]那么《海洋环境保护法》第96条、《防治船舶污染海洋环境管理条例》第50条的规定就属于海事国际条约涉外与非涉外统一适用的单轨制规定。前者在附则而非涉外法律关系中作出规定，后者规定只要是载运散装持久性油类物质的船舶在我国管辖海域造成污染的，赔偿限额规定就按照我国参加或缔结的海事国际条约的规定执行，不区分国际航线还是国内航线，即赔偿限额的单轨制。

主流观点认为，海事国际条约应该被区分为民商性质的海事国际条约与非民商性质的海事国际条约，民商性质的海事国际条约应该以涉外因素为限制条件，而非民商性质的海事条约的适用则无需区分涉外与非涉外。[2]但民商性质与非民商性质的划分有时并不是截然分明的，有些海事国际条约的规定同时

---

〔1〕《第二次全国涉外商事海事审判工作会议纪要》和《最高人民法院关于非航行国际航线的我国船舶在我国海域造成油污损害的民事赔偿责任适用法律问题的请示的答复》均规定我国生效船舶油污损害民事责任条约只能适用于国际航行的船舶，不能适用于国内航行的船舶。

〔2〕司玉琢：《海商法专论》（第4版），中国人民大学出版社2018年版，第466页。

涵盖了民商性质的规定和非民商性质的规定。[1]如，2007 年《内罗毕国际船舶残骸清除公约》就融合了民商性与非民商性的内容，既规定了残骸登记所有人的强制保险或财务担保等民商性的权利义务，也赋予了缔约国处理公约规定区域内特定残骸的公权力。对于此类海事国际条约，有观点认为，不宜从条约的整体，而应该细化到具体的条约条款，去判断条约的适用问题。[2]即，应该通过对条约条款的进一步研读，以条约条款为单位，判断特定条约条款为民商性质还是非民商性质，进而确定是否需要以涉外因素为其适用的限制条件。本书认为，将海事国际条约划分为民商性质与非民商性质，再以涉外因素限制民商性质的海事国际条约或海事国际条约中民商性质的条款的适用是可取的，因为这一方面符合我国现有立法关于条约适用的规定（即既有双轨制也有单轨制），另一方面也可避免以涉外因素机械切割海事国际条约的海事司法适用，为海事国际条约的"用尽海商法"提供更多可能。

非民商性质的海事国际条约中，有不少条约兼具技术性规范和法律规范的特征，这些技术性规范涵盖了船舶、船员、航海以及货运等各个方面，是保障海上航行安全和保护海洋环境所必需的国际性规范。国际海事组织甚至对此执行强制性审核机制，审核此类条约在缔约国国内的执行情况，因此就条约本身的性质和作用，以及缔约国对此承担的条约义务而言，这类海事国际条约应该被赋予直接适用的效力。[3]直接适用是相对

〔1〕　周浩："《2007 年内罗毕国际残骸清除公约》的通过对我国的影响及其实施对策"，载《上海海事大学学报》2008 年第 1 期，第 80 页。

〔2〕　蔡莉妍："论国际海事条约在中国适用的法律路径"，载《中国海洋大学学报（社会科学版）》2017 年第 1 期，第 59 页。

〔3〕　曲亚图："IMO 审核机制下国际海事公约在中国立法转化研究"，大连海事大学 2014 年博士学位，第 41~43、61、67~68 页。

于间接适用而言的，强调海事国际条约本身的优先适用性，即不以涉外因素为介质，也不以条约内容与国内法不同为条件，按照条约本身的规定，确定当事人之间的权利义务。[1]1972年《国际海上避碰规则公约》即是典型例子。在司法实践中，不少案例无论涉外与否，都直接引用1972年《国际海上避碰规则公约》判定当事各方是否遵循海上避碰规则，以及各方的权利和义务。[2]值得注意的是，技术性规范起实质作用的是其中的标准设置。标准有高低之别，在一般情况下，标准更高的对海上航行安全和海洋环境保护也更为有利。因此，技术类海事国际条约的直接适用性存在例外，即如果国内法设置了更高的标准，则应该适用国内法而不宜适用海事国际条约。以标准更高为由，适用国内法并不违背"有约必守"原则，因为"守约"的最终目的是落实条约义务，实行更高标准的要求自然是更好地落实条约义务，不存在违背条约的问题。而且，实行更高标准也能与一国国内特殊的海洋环境保护需求相契合。例如，我国环渤海区域由于其特殊的海洋地理环境特征，水域封闭性强、自净能力弱，一旦遭受污染将很难恢复原状。因此，为更好地保护此区域内的海洋生态环境，有必要对船舶污染损害问题实行更高标准的规制。[3]

关于1969年《国际油污损害民事责任公约》及其议定书（以下简称为《油污责任公约》）的适用，理论和实践中常就

---

〔1〕 徐锦堂："关于国际条约国内适用的几个问题"，载《国际法研究》2014年第3期，第76页。

〔2〕 天津市高级人民法院［2015］津高民四终字第71号民事判决书；广州海事法院［2001］广海法初字第109号民事判决书；广州海事法院［2004］广海法初字第67号民事判决书；上海市高级人民法院［2017］沪民终49号民事判决书；广州海事法院［2005］广海法初字第84号民事判决书；广东省高级人民法院［2015］粤高法民四终字第184号民事判决书。

〔3〕 李天生、陈琳琳："环渤海区域海洋生态环境特点及保护制度改革"，载《山东大学学报（哲学社会科学版）》2019年第1期，第131~132页。

是否需要以涉外因素为限制产生争议。支持以涉外因素为限制的其中一个理由是：国内沿海船舶低于 1000 总吨的船舶占大多数，如果适用《油污责任公约》则即便是按照其中的最低油污责任限额计算，赔偿数额也接近于无限责任。[1]如此高的责任限额对于沿海船舶的经营而言多数是难以承担的，且将挫败船东们的经营积极性。但反对观点则认为，随着沿海及内河航运业的发展，国内航线上船舶油污事故频发，对环境的威胁不亚于国际航线，如果不对其实行同国际航线一样的油污责任规制，不仅有碍公平平等，且不利于保护海洋环境。[2]因此，即便是沿海和内河领域中非涉外的船舶油污污染损害赔偿问题，也应该适用《油污责任公约》中的责任限制等规定。

在"中国船舶燃料供应福建有限公司申请油污损害赔偿责任限制案"中，法院认为，《油污责任公约》本身并没有排除对国内船舶的适用，国内法律和行政法规只是强调了国际航行船舶的油污责任适用《油污责任公约》，但并没有排除国内航线上的船舶适用《油污责任公约》。而且，油污损害赔偿责任制度是为保护船东利益而制定的一项特殊制度，我国在加入《油污责任公约》时已经就相关方的利益平衡问题做过考量，《油污责任公约》也已经对我国生效，不能因为受害人的部分利益得不到支持而不适用此条约。[3]

在"烟台海上救助打捞局与山东荣成龙须岛渔业总公司船舶油污损害赔偿纠纷案"中，涉案船舶为沿海货油运输、燃油

---

〔1〕　司玉琢：《海商法专论》（第 4 版），中国人民大学出版社 2018 年版，第 404 页。

〔2〕　蒋琳："我国船舶油污损害责任限制的公约适用及完善"，载《哈尔滨师范大学社会科学学报》2013 年第 6 期，第 38 页。

〔3〕　广州海事法院中国船舶燃料供应福建有限公司申请油污损害赔偿责任限制案民事判决书，法宝引证码：CLI. C. 874994。

供应船舶，总吨位为 788.79 吨，在龙须岛湾附近因走锚进入养殖区，造成养殖区油污污染损害。渔业公司就此诉请损害赔偿。青岛海事法院一审审理认为，本案审理时生效的《防止船舶污染海域管理条例》明确规定了国际航行和 2000 总吨以上的船舶适用此条例以及《油污责任公约》，但未明确国内沿海和 2000 总吨以下的船舶也适用《油污责任公约》。而且，我国虽然加入了《油污责任公约》，但没有加入相应的基金公约，适用《油污责任公约》中的油污责任限额不合理。因为，按照此限额来计算本案中的责任限制数额，甚至不及一般海事海损事故的责任限额，这与国内外油污损害赔偿制度的发展趋势相悖。法院最终依据《海洋环境保护法》和原《民法通则》的相关规定确定本案的油污损害赔偿数额。当事人不服裁判结果，上诉至山东省高级人民法院。上诉法院认同原审判决，驳回上述，维持原判。案件最终进入再审，由最高人民法院进行审理。最高人民法院没有对《防止船舶污染海域管理条例》的规定进行评析，也没有就《油污责任公约》能否适用作出说明，认为涉案船舶为《海商法》调整的船舶，一审法院没有适用《海商法》作出判决属于法律适用错误，应予纠正。在最高人民法院看来，在本案中，渔业公司因其养殖区受到油污损害遭受损失，有权要求损害方承担赔偿责任。依据《海商法》的规定，与船舶营运直接相关的侵犯非合同权利的行为造成损失的赔偿请求，责任人可以限制其赔偿责任。鉴于涉案船舶的吨位，本案应当依据《关于不满 300 总吨船舶及沿海运输、沿海作业船舶海事赔偿限额的规定》确定损害方的责任限额。[1]

上述两个案件在纠纷性质上相近，都是关于国内航行船舶能否适用《油污责任公约》的问题，但却呈现出了不同的法律

---

〔1〕 最高人民法院［2002］民四提字第 3 号民事判决书。

适用结果。前案法院不仅同意将《油污责任公约》适用于国内
航行船舶，而且主张条约背后的利益平衡问题不是阻碍条约适
用的理由。后案再审法院则认为，国内航行的船舶造成的油污
损害属于《海商法》中的限制性海事债权，油污损害赔偿应该
根据船舶吨位适用相应的海事赔偿责任限额。本书认为，无论
是《海商法》还是海事国际条约都是海商法规范，其适用都能
体现海商法的规范价值。然而，《油污责任公约》毕竟为国际性
规范，且属于民商性质的海事国际条约，一般只适用于涉外法
律关系。尤其是在《海商法》有可适用的规定或相关指引时，
适用《海商法》或依据《海商法》的指引适用相关规定，较民
商性海事国际条约在非涉外案件中的扩展适用，更有利于实现
海事司法"用尽海商法"的融贯性。

　　涉外因素是民商性海事国际条约优先适用的条件，且在具
有涉外因素的案件中，海事司法者不宜以国内一般法的规定任
意替代海事国际条约的适用。

　　船舶碰撞是引起船舶油污事故发生的主要原因，船舶碰撞
可能是基于一方的责任，也可能是基于双方共同的责任，碰撞
造成的船舶漏油也可能是一船漏油或两船均漏油，船舶碰撞责
任常根据过失原则划分双方的责任，而船舶油污则通常根据
"谁漏油，谁赔偿"原则判定油污责任的承担，如何看待和处理
船舶碰撞和船舶油污损害之间的关系，往往会影响船舶碰撞下
油污损害赔偿责任的承担。主流观点认为，应该区分船舶碰撞
法律关系与船舶油污损害赔偿法律关系。[1]也即，在船舶油污
损害赔偿纠纷中，应该根据"谁漏油，谁赔偿"原则，由漏油
方船舶所有人承担油污损害赔偿责任，漏油船舶所有人在承担

----

　　[1]　司玉琢：《海商法专论》（第 4 版），中国人民大学出版社 2018 年版，第
394 页。

此责任后，可以就超过其碰撞责任部分的赔偿，向另一碰撞事故当事方追偿。

在一起涉外船舶油污损害赔偿责任纠纷案件中，一审法院和二审法院认为，本案纠纷应该适用 2001 年《国际燃油污染损害民事责任公约》（以下简称为《燃油公约》）和《最高人民法院关于审理船舶油污损害赔偿纠纷案件若干问题的规定》等的规定，根据"谁漏油，谁赔偿"原则，判定本案中的燃油污染损害赔偿责任应该由漏油方船舶所有人承担，不支持当事人主张的在此案中由非漏油船舶基于碰撞责任分摊油污损害赔偿责任。最高人民法院再审时认为，本案属于《燃油公约》的适用范围，应当优先适用《燃油公约》，但对于《燃油公约》没有规定的应该适用《海商法》、原《侵权责任法》等国内法和司法解释的规定。对于其中有过失的非漏油船舶一方是否应当承担污染损害赔偿责任问题，最高人民法院认为："《2001 年国际燃油污染损害民事责任公约》第三条第一款关于'事故发生时的船舶所有人应当对由船上或者源自船舶的任何燃油造成的污染损害负责'的规定，是关于漏油船舶所有人承担责任的正面表述，但不能由此反向推断其他任何人不应当负责，该条款并无排除其他责任人的含义。该公约第三条第六款关于'本公约中任何规定均不损害独立于本公约的船舶所有人的任何追偿权'的规定，是关于漏油船舶所有人追偿权的规定，并不意味油污损害索赔权利人不能直接请求其他责任人赔偿。《2001 年国际燃油污染损害民事责任公约》在第三条第三款第二项中专门规定船舶所有人免责事由之一'损害完全系由第三方故意造成损害的行为或者不作为所引起'，但该公约通篇没有规定该第三方是否应当承担责任。"[1]简言之，在最高人民法院看来，《燃

---

[1] 最高人民法院［2018］最高法民再 367 号民事判决书。

油公约》只是规定了漏油船舶方面的责任，没有涉及非漏油船舶责任承担的问题。有关非漏油船舶的责任承担，应该适用原《侵权责任法》第68条和《最高人民法院关于审理环境侵权责任纠纷案件适用法律若干问题的解释》第5条的规定，即被侵权者有权向有过失的第三人请求赔偿。在本案中，非漏油船舶是有过失（碰撞过失）的第三人，油污索赔人可以向非漏油船舶所有人主张油污损害赔偿责任。法院还指出，"谁漏油，谁赔偿"原则并不能全面地反映"有关国际条约和国内法分别对污染者与第三人实行无过错责任原则、过错责任原则的基本内涵——原则上污染者负全责，另有过错者相应负责"。[1]

显然，在上述案件中，最高人民法院没有按照主流观点进行审判，不区分船舶碰撞关系与船舶油污损害赔偿关系，认为在船舶油污损害赔偿关系中受害方可以根据碰撞过错责任原则，向非漏油船舶所有人主张油污损害赔偿责任。依据此观点，判决最终是以原《侵权责任法》等一般法律规范的适用替代海事国际条约的适用。但在涉外案件中，如果已经确定了海事国际条约的优先适用效力，则不宜以国内法的一般规定轻易否定条约的规定。尤其是《燃油公约》明文规定了在其规制的油污损害赔偿责任纠纷中，油污损害赔偿责任的承担者是漏油船舶所有人。而且，《燃油公约》的适用并不影响漏油船舶所有人根据其他法律规范向船舶碰撞过失的另一方行使追偿权。换言之，《燃油公约》规制的只是油污损害赔偿责任问题，不涉及船舶碰撞关系，其本质上是区分船舶油污损害关系与船舶碰撞关系，因此法院不能在形式上肯定适用《燃油公约》，同时又将船舶碰撞关系并入船舶油污损害关系，混淆既定的油污损害赔偿责任承担规则，并以船舶碰撞关系不在《燃油公约》的调整范围内

―――――――――

〔1〕　最高人民法院［2018］最高法民再367号民事判决书。

为由,用国内法的一般规定替代和实质否定《燃油公约》的适用。"谁漏油,谁赔偿"是包括《燃油公约》在内的海商法规范确立的特殊归责原则,当经涉外因素明确案件纠纷应该适用《燃油公约》后,以原《侵权责任法》等一般国内法律规范替代《燃油公约》,违背了特别法优先适用的原则,同时也背离了"用尽海商法"。

综上所述,涉外因素对海事国际条约"用尽海商法"的影响可以被归纳为以下四点:第一,涉外因素并不必然构成海事国际条约适用的前提条件,以不具有涉外因素为由,排除所有海事国际条约在所有非涉外案件中的适用,将背离"用尽海商法"。第二,涉外因素约束的主要是民商性质的海事国际条约,非民商性质的海事国际条约或海事国际条约中的非民商性质的条款的适用,可以不受涉外因素的影响。例如,兼具技术性规范和法律性规范的海事国际条约,如果其内含的标准高于国内法标准或是可以填补国内法的标准空白,则此类海事国际条约不受涉外因素的限制,能直接适用于相关案件,并以此更好地体现海商法规范的司法适用价值。第三,在涉外案件明确应该适用海事国际条约的情况下,任意以国内一般法律规定替代海事国际条约的适用,亦属于背离"用尽海商法"。

五、未生效海事国际条约对"用尽海商法"的影响

条约尚未对我国生效,一般是由于我国没有签署、缔结或参加条约,如《统一提单若干法律规定的国际条约》(以下简称为《海牙规则》)、《关于修订统一提单若干法律规定的国际条约的议定书》(以下简称为《维斯比规则》)、1978 年《联合国海上货物运输公约》(以下简称为《汉堡规则》)、《联合国全程或部分海上国际货物运输合同公约》(以下简称为《鹿特丹规

则》）等；或者虽签署了条约但没有批准，如1993年《船舶优先权和抵押权国际公约》；又或者我国已经就条约签署和批准了，但条约本身尚未达到规定的生效条件，如1966年《国际船舶载重线公约1971年修正案》。

在传统国际法意义上，条约仅对缔约国生效，非缔约国不受条约的约束。但随着国际社会的发展，条约的缔结方式和其效力发生了一定变化，条约的缔结从传统的契约关系到决议关系。契约以双方当事人的意思表示一致为要件，而决议则可以以"多数通过"的方式形成。[1]换言之，现今的国际条约在通过时并非绝对的意思表示一致，而是一个相对笼统意义上的一致同意。从契约到决议的方式转变使得条约的生成变得相对容易，且有利于扩增条约约束的范围。就海事国际条约而言，其中的技术性规范由于更新速度较快，条约对应的修正案因此常以默示通过的方式生效，即除非缔约国在具体的期间内对修正案明确表示反对，否则条约修正案即对该缔约国生效。如2006年《海事劳工公约》第15条第6、7、8款的规定。一些海事国际条约为扩大其适用范围，允许非缔约国当事人选择适用条约规定。如《汉堡规则》第2条第2款的规定。此外，有些海事国际条约在其条文中明确规定不给予非缔约国更优惠待遇。例如，1978年《海员培训、发证和值班标准国际公约》第10条第5款、2006年《海事劳工公约》第5条第7款、2004年《国际船舶压载水和沉积物控制和管理公约》第3条第3款等。不给予非缔约国更优惠待遇，会在具体的国际交往活动中，对非缔约国造成遵循条约义务的压迫力，条约的内容会在无形中影响非缔约国。上述各种情形都一定程度地说明了，即便相关的海事国际条约尚未对一国生效，仍有可能对该国产生实质性影响。

---

〔1〕　梁开银："对现代条约本质的再认识"，载《法学》2012年第5期，第98页。

在我国的海事司法实践中，针对未生效海事国际条约，虽有少数案例以海事国际条约尚未对我国生效因而不具有拘束力为由拒绝适用，[1]但总体上表现为既不排斥其适用又不明确其性质。在通常情况下，此类海事国际条约的具体司法适用方式包括：作为合同内容适用；[2]作为案件纠纷的"准据法"适用；[3]作为国际惯例适用。[4]

从国内相关规定来看，《最高人民法院关于适用〈中华人民共和国涉外民事关系法律适用法〉若干问题的解释（一）》（2020 年修正）第 7 条规定，当事人援引尚未对我国生效的条约，法院可以根据此条约确定当事人之间的权利义务，但违反公共利益和法律、行政法规强制性规定的除外。此规定被认为前后不一，前半部分规定将未生效条约视为合同内容而不是"准据法"适用，后半部分则又以外国法作为准据法适用的限制条件规制未生效条约的适用。[5]不同于上述规定，广东省高级人民法院发布的《关于涉外商事审判若干问题的指导意见》（粤高法发［2004］32 号）规定，尚未对我国生效的条约可以作为"准据法"适用，只要此条约是能够确定当事人权利义务的国际统一实体法条约。

在理论上，有观点将未生效条约的适用与外国法的适用相

---

[1] 天津海事法院［2005］津海法商初字第 401 号民事判决书；天津海事法院［2010］津海法商初字第 442 号民事判决书。

[2] 广东省高级人民法院［2001］粤高法经二终字第 80 号民事判决书。

[3] 上海海事法院［2006］沪海法商初字第 276 号民事判决书；最高人民法院［1998］交提字第 3 号民事判决书；宁波海事法院［2002］甬海商初字第 23 号民事判决书；武汉海事法院［2001］武海法商字第 75 号民事判决书；武汉海事法院［1999］武海法宁商字第 80 号民事判决书。

[4] 天津市高级人民法院［2011］津海法商初字第 117 号、［2013］津高民四终字第 84 号民事判决书。

[5] 黄晖、张春良："论条约在我国涉外民事关系中的适用——基于规则和实践的考察"，载《法商研究》2014 年第 5 期，第 130 页。

比较，认为此类条约可以作为"准据法"适用，因为由他国制定的他国国内法，尚且能够经当事人的选择和冲突规范的指引而作为准据法适用，国际条约是国际性规范，也应该被允许适用，即便其本身尚未对法院地国生效。[1]另有观点，将未生效海事国际条约视为国际惯例，认为海事国际条约既然尚未对我国生效，条约规定对我国就没有当然的拘束力，适宜以国际惯例的方式适用。[2]类似的观点认为，《海商法》在制定的过程中充分借鉴和融合了海事国际条约中的相关内容，其中一些条约中国虽然没有加入，但条约的影响却是现实存在的。即，被采纳进《海商法》的那部分条约内容，实质上是条约国际惯例作用的制定法化，而对于那些没有被吸收进《海商法》中的条约内容，并且国内法没有不同规定的，仍应发挥其国际惯例的作用。[3]

本书认为，尚未对我国生效的海事国际条约，其显著特征是不具有当然的拘束力。然而，条约的适用与条约的效力不能完全等同。基于条约的效力，简单地将未生效海事国际条约的适用方式限定为"准据法"、合同条款或国际惯例中的任一种，无益于全面反映未生效海事国际条约对海事司法的影响。没有当然的拘束力，不代表未生效海事国际条约必然得不到适用，而只能说明这部分海事国际条约的适用缺少明确的方式指引。在具体的个案中，如果当事人或法院能够为未生效海事国际条约寻找到恰当的适用方式和提供充足的适用理由，则将此类条

---

〔1〕 黄晖、张春良："论条约在我国涉外民事关系中的适用——基于规则和实践的考察"，载《法商研究》2014年第5期，第132页。

〔2〕 许军珂："当事人意思自治原则对法院适用国际条约的影响"，载《法学》2014年第2期，第46页。

〔3〕 向明华：《经济全球化背景下的船舶扣押法律制度比较研究》，法律出版社2013年版，第147页。

约适用于海事司法过程未尝不可。

1. 从当事人的角度看

当事人的选择适用是影响未生效海事国际条约适用的主要因素。当事人以不同的方式选择适用尚未对我国生效的海事国际条约,其性质与结果也往往有所差别。

(1)以协商一致的方式直接选择适用未生效海事国际条约。

当事人经常以协商一致的方式,直接选择适用尚未对我国生效的海事国际条约。实践中,不同法院对此类法律适用约定的效力认定不一。

在"'柯兹亚'轮迟延交货纠纷案"中,当事人一致同意适用《海牙规则》。法院认为,此法律适用的意思表示不违反我国法律的相关规定,应确认其效力,但由于《海牙规则》对相关违约损失的计算没有作出明确规定,因此有关赔偿范围以及损失额计算,应该适用我国法律的规定。法院最终依据《海牙规则》和国内法的相关规定作出判决。[1]

在"中保财产保险有限公司福建省分公司与俄罗斯远东海洋轮船公司海上货物运输代位求偿纠纷案"中,提单背面条款规定:如果有关国家赋予《海牙规则》法律效力,则提单适用《海牙规则》;如果《海牙规则》在有关海运国家不具有法律效力,则适用运输目的地国的相应法律;如果目的港国家对海运没有强制性的法律规范,仍适用《海牙规则》;在强制适用《维斯比规则》的国家或地区进行贸易时,《维斯比规则》视为并入提单,但当事人可以就装货前或卸货后等期间的规定作出保留。被告俄罗斯远东海洋轮船公司依据《维斯比规则》进行抗辩,法院不予支持。法院认为,《海牙规则》及《维斯比规则》在我

---

[1] 广东省高级人民法院"柯兹亚"轮迟延交货纠纷案民事判决书,法宝引证码:CLI. C. 876276。

国仅为国际惯例，不具有法律规范的效力，因此依据提单背面条款的规定，应该适用目的港国家的法律，即中国法。[1]

同样是协议选择尚未对我国生效的海事国际条约《海牙规则》和（或）《维斯比规则》，前一案的法院肯定了协议的效力，认同《海牙规则》具备作为准据法的资格，后一案的法院基于条约尚未对我国生效，直接否定了《海牙规则》和《维斯比规则》的法律规范效力和作为准据法的资格。前后两案法院态度的不统一也体现了当事人以协商一致方式选择适用未生效海事国际条约其结果的不确定性。实际上，引起法院分歧的不是协议本身的效力，而是协议所选择的未生效海事国际条约的效力。当事人有权利选择最符合其利益的法律规范，但这种选择不是绝对自由的。如果当事人选择的未生效海事国际条约对相关的争议没有作出规定，则此法律适用的选择似乎就缺乏了现实意义。如果当事人选择适用的未生效海事国际条约对相关争议作出了规定，但由于法院地国不是缔约国，法院肯定当事人的法律适用选择，并将未生效海事国际条约直接作为准据法适用，是否会影响法院地国的司法主权？有观点认为，以当事人协商一致的方式直接确定未生效海事国际条约的适用，仅仅是个案中的援引，其本身不会导致未生效海事国际条约成为国内法，因此不会引起司法主权争议。[2]本书认为，未生效海事国际条约毕竟不同于生效海事国际条约，其对我国不具有当然的约束力，法院没有必然的条约适用义务，如果将未生效海事国际条约的适用等同于生效海事国际条约的适用，可能会导致既有法律制度和法律适用的混乱。因此，当事人选择适用尚未

---

　〔1〕　厦门海事法院〔1999〕厦海法商初字第 011 号民事判决书。

　〔2〕　万鄂湘、余晓汉："国际条约适用于国内无涉外因素的民事关系探析"，载《中国法学》2018 年第 5 期，第 14 页。

对我国生效的海事国际条约，应该以一定的条件为基础。首先，条约本身允许非缔约国当事人选择适用；其次，当事人选择适用的未生效海事国际条约，应该对争议事项作出规定；再次，国内法允许当事人就相关争议作出法律适用选择；最后，当事人选择适用的未生效海事国际条约，不能违背我国的公共利益和法律、行政法规的强制性规定。

以未生效海事国际条约本身允许选择适用为限制条件，可以在很大程度上弱化条约可能具有的政治色彩的影响；对未生效海事国际条约的内容作出约束是为保证条约的规范实效性；以国内法的允许以及不违背相关规定为条件是未生效海事国际条约适用的合法性前提。满足这些条件的未生效海事国际条约，可以被作为裁判依据适用于海事司法过程。就法律适用的结果来看，最终起到规范效用的是条约的内容，但决定未生效海事国际条约能够作为裁判依据适用的，不是条约本身的效力，而是由条约内容和国内法规定的共同作用。由于这种方式下的未生效海事国际条约的适用，仍是在中国法规制下的适用，且其内容属于海商领域，因此其适用是一种特殊意义上的海商法规范适用，也体现了"用尽海商法"。

（2）以首要条款方式选择适用未生效海事国际条约。

除当事人直接的协商一致外，实践中当事人常通过提单中的首要条款，约定适用《海牙规则》等尚未对我国生效的海事国际条约。[1]首要条款是否是未生效海事国际条约适用的恰当方式和充足理由，取决于对首要条款性质的认定。一种观点认为，首要条款是法律适用条款，条款中约定的海事国际条约应

---

[1] 首要条款（paramount clause）是指"提单中指明提单受某一国际公约或者某一国内法制约的条款"。（司玉琢主编：《海商法》（第4版），法律出版社2018年版，第118页。）

该作为提单下相关纠纷的准据法适用。[1]海事司法实践中有不少案例均按照此类观点判决。反对观点则认为，首要条款不是法律选择适用条款，因为订有首要条款的提单中通常另有关于法律适用的规定，二者在性质和作用上不能重复，因此首要条款的作用仅是强调其"首要性"。具体而言，如果法院地国是首要条款中条约的缔约国，则首要条款中的条约的效力要高于提单的法律适用条款。法律适用条款确定的准据法仅在条约规制的事项之外（首要条款通常仅以条约规制承运人的权利义务，如责任限制、免责以及时效等）发生效力；如果法院地国不是首要条款中条约的缔约国，且提单法律适用条款确立的准据法具有强制性，则应该适用准据法；但如果准据法仅为任意性规范，则首要条款确立的条约应该优先适用，而提单的其他条款既不能与条约内容冲突也不能与准据法内容冲突，否则无效。[2]显然，此反对观点是将首要条款视为特殊的合同条款，"首要性"使其条款效力不同于一般意义上的合同条款，甚至能够影响到提单法律适用条款的适用。在海事司法实践中，也有案例将首要条款视为合同条款适用，其中一些案例没有对首要条款的"首要性"作出相应的解释，仅将首要条款当作纯粹的合同条款适用，[3]另一些案例则明确了首要条款的"首要性"。[4]

本书认为，比较上述两种观点，后一种观点更能为未生效海事国际条约的适用提供适恰的方式和理由。因为，简单地将

〔1〕　翁杰、刘萍："论提单首要条款的性质和效力"，载《法律科学（西北政法大学学报）》2005年第2期，第93页。

〔2〕　朱芸："论提单适用法律条款与首要条款"，载《政法论坛》2001年第3期，第120页。

〔3〕　广东省高级人民法院［2001］粤高法经二终字第80号民事判决书。

〔4〕　山东省高级人民法院［2002］鲁民四终字第24号民事判决书；厦门海事法院［2010］厦海法商初字第353号民事判决书。

首要条款视为法律适用条款或一般合同条款适用都较为机械化，忽视了条约本身的不同状况。如果首要条款中的条约本身没有就提单下的相关纠纷作出规定，则将条约视为准据法适用就缺乏了现实意义；而如果条约本身能够很好地规制提单下的相关纠纷，但却将其作为一般合同条款适用，首要条款的"首要"便会名存实亡。简言之，这两种适用方式，要么高估了条约的效力，要么限制了条约的效力，均不能恰如其分地区分和联系条约的适用与条约的效力。因此，当海事案件中出现当事人以首要条款的方式适用未生效海事国际条约时，海事司法者应该正确认识首要条款的性质，并妥当处理条约与准据法和合同内容的关系。海事司法者首先应该注意到首要条款的"首要性"，明确首要条款与一般合同条款不能等同；其次，应该将未生效海事国际条约与法律适用条款确立的准据法效力相比较，在此基础上判断条约的适用与否；最后，如果条约得以适用的话，条约的规定可以被直接作为海事司法审判的依据。以这种方式实现的未生效海事国际条约的司法适用，没有绝对地肯定此类条约如同生效海事国际条约一样的拘束力，也没有完全否定此类条约本身可能具有的规范效力，条约最终的适用不是基于其国际规范意义上的拘束力，而主要是依据首要条款背后当事人的意思自治，且该意思自治的合法性来源于国内法的肯定，国内法的肯定最终使得未生效海事国际条约中的相关规定得以被作为裁判依据适用于具体的海事司法案件。换言之，未生效海事国际条约提供了相关规定，这些规定经由首要条款被引入具体海事司法过程，而国内法在一定条件下对首要条款背后的意思自治作出肯定，并就此赋予条约相关规定以司法适用效力。所以，未生效海事国际条约的适用，在形式上表现为条约的直接适用，实质上则是以条约相关规定为内容的国内法适用。未生效海事国际条约此时转变为我国海商法规范体系下一种特殊的海商法规范表现形式，当其被恰当和准确地适用时，其发挥的海商法规范价值是"用尽海商法"所要追求的，因此也是"用尽海商法"的体现。

2. 从法院的角度看

从法院的角度来看，由于未生效海事国际条约不具有当然的拘束力，因此法院无需像适用生效海事国际条约那样承担法律适用义务，未生效海事国际条约的适用，在很大程度上由法院的自由裁量权决定。

(1) 未生效海事国际条约的解释适用。

关于条约解释适用常以"解释一致"原则加以规制，即要求当国内法的规定不明确或存在两种及两种以上不同的解释时，应该以最契合条约规定的方式解释适用国内法。对此原则的理解，理论上有不同的观点。一种观点认为，如果国内法的相关规定非常明确，则即使国内法的规定与条约的规定不同，也应该遵从国内法的规定；[1]另一观点认为，除基于特殊国情的情况外，如果国内法的规定与条约相冲突，即使国内法的规定是明确的，也应该优先适用条约。[2]相较而言，本书更为赞同第一种观点。因为"解释一致"原则的理论基础是缔约国应该遵守条约规定，其约束的主体是缔约国，因此解释的参照物是缔约国缔结的条约，解释的对象是缔约国国内法，解释适用的结果是将条约的意涵赋予国内法并适用国内法。就此而言，上述第二种观点忽略了解释适用的本质。生效条约与未生效条约的解释适用本质是一样的，但由于"解释一致"原则只是约束对

---

〔1〕　孔祥俊：《法律解释与适用方法》，中国法制出版社 2017 年版，第 366 页。

〔2〕　王勇："条约在中国适用之基本理论问题研究"，华东政法学院 2006 年博士学位论文，第 154~155 页。

缔约国生效的条约。因此，此原则对于未生效条约的解释适用不具有当然的拘束力。未生效海事国际条约的解释适用对海事司法的影响还需从实践出发进行分析。

海事司法实践中对于未生效海事国际条约的解释适用较为多样。在一起提单侵权纠纷案件中，当事人就承运人的受雇人、代理人能否援引承运人的一年诉讼时效进行抗辩产生分歧。法院认为，《海商法》第58条在文义上仅允许承运人的受雇人、代理人援引《海商法》第四章中承运人的抗辩理由和责任限制（有关海上货物运输纠纷的承运人一年诉讼时效抗辩并不在此章中），承运人的受雇人、代理人似乎不能援引承运人一年诉讼时效抗辩，但《海商法》第58条在制定时，参考借鉴了《维斯比规则》第4条第2款的规定，因此第58条的真实意涵应该与《维斯比规则》的条款意图相符。《维斯比规则》第4条第2款赋予承运人的受雇人、代理人援引"条约规定的"承运人的抗辩理由和责任限制，其中包括了承运人的一年诉讼时效抗辩，其本质目的在于保护承运人及其受雇人、代理人，避免权利人直接起诉承运人的受雇人、代理人而导致承运人丧失抗辩理由和责任限制的权利。《海商法》第58条的制定正是出于同一目的，只是因为立法体例的影响，没有在此条文文义中包含承运人的一年诉讼时效抗辩，在解释和适用此条文时，应该肯定承运人的受雇人、代理人享有承运人的一年诉讼时效抗辩权利。[1]简言之，在本案中，法院以尚未对我国生效的《维斯比规则》的规定及其背后的规范意图解释和适用《海商法》第58条。

在"中海集装箱运输股份有限公司与广西东方发祥进出口有限公司海上货物运输合同拖欠运费纠纷案"中，法院在解释《海商法》第42条第3项的托运人定义时，参考了《汉堡规则》

---

[1] 武汉海事法院［2011］武海法商字第00298号民事判决书。

中托运人的定义。法院认为,《汉堡规则》以"或"字分离缔约人与交货人,说明其下的托运人只能是缔约人或交货人中的一个,而《海商法》用分号将缔约人与交货人并列,说明其下缔约人与交货人均可以是托运人,前后两个规定存在差异。由于我国并非《汉堡规则》的缔约国,《汉堡规则》不具有法律适用上的参照作用,仅具有参考作用,因此关于托运人的定义应该遵从《海商法》本身的规定。[1]

　　在另一起海上货物运输合同纠纷案件中,原告主张,根据《海商法》第 56 条的规定,货物损失赔偿限额的计算基础应该是提单上记载的货物数量或货物总重量。法院通过分析《维斯比规则》和《汉堡规则》的相关规定,认为上述两个条约都是以"受损"货物的件数或毛重为基础计算损害赔偿责任限额,未受损部分没有被包括在内,并认为此做法代表的是国际通行做法,应该据此解释《海商法》第 56 条中"货物件数""货物毛重"的意涵。[2]对于原告的主张,法院未予支持。

　　上述三个案例都是海事司法者主动借用尚未对我国生效的海事国际条约中的相关规定,比较解释《海商法》中对应条文的确切意涵,并据此确定《海商法》的适用,但在具体的适用方法上有所区别。第一个案例以《海商法》的相关规定借鉴自《维斯比规则》为由,以《维斯比规则》对应的规定意图修正《海商法》具体条文的适用;第二个案例明确强调因我国不是《汉堡规则》的缔约国,《汉堡规则》仅具有参考而非参照的效力,因此即便《海商法》的规定与《汉堡规则》的规定不同,也应该遵从《海商法》本身的规定;第三个案例将《维斯比规则》《汉堡规则》中的相关规定视为国际通行做法,并以此明确

―――――――――

〔1〕　广西壮族自治区高级人民法院〔2006〕桂民四终字第 10 号民事判决书。
〔2〕　上海海事法院〔2014〕沪海法商初字第 361 号民事判决书。

《海商法》条文的具体含义。简言之，未生效海事国际条约在三个案件中的作用程度不同，修正国内法意义上的适用高于国际通行做法意义上的适用，而这两种情况下的适用又都高于仅具有区别性参考意义上的适用。可见，与其说未生效海事国际条约本身的性质或内容，决定其在具体海事司法案件中的适用方式和作用，毋宁说，海事司法者根据具体案件的法律适用需求自由裁量。无论是作为修正国内法，或是国际通行做法，又或是区别性的参考，未生效海事国际条约均只是作为一种理由，被海事司法者用以解释说明《海商法》具体条文的确切含义。至于未生效海事国际条约能否被作为说理理由，以及是作为正面理由还是作为反面理由，由海事司法者对条约内容的合理性进行判断，并根据具体案件的法律需求选择适用。从"用尽海商法"的角度来看，未生效海事国际条约在此类解释适用中，没有被直接作为裁判理由或裁判依据适用，只是作为恰当的说理理由补强了既有《海商法》中相关规定的适用，最终实现的是《海商法》规定的适用，而不是未生效海事国际条约作为海商法规范本身的适用，体现的只是间接意义上的"用尽海商法"。

（2）国内法空白时海事国际条约下未生效规则作为海事国际惯例适用。

解释适用针对的是国内法有规定可适用，但需要借助条约的相关规定来强化国内法适用合理性的情况。实践中，还可能出现国内法没有可以适用的规定时，海事国际条约下未生效规则能否被适用以及如何适用的问题。

在"华建公司与南京远洋公司等海上货物运输合同纠纷上诉案"中，法院在明确本案为涉外案件且双方当事人均选择适用中国法后，认为关于本案镍矿性质的界定应该适用国际航运惯例《固体散装货物安全操作规则》（以下简称《BC 规则》）的规定，即镍矿的运输应遵循《BC 规则》中有关"易流态化货物"的相关规定。[1]

在"徐州天业金属资源有限公司与圣克莱蒙特航运股份公司、东京产业株式会社海上货物运输合同纠纷再审查案"中，法院明确本案当事人均选择适用中国法，而由于中国为 1974 年《国际海上人命安全公约》的缔约国，且《BC 规则》属于该公约下的强制性规则，因此本案应适用《BC 规则》的相关规定判断本案中的货物是否属于易流态化货物，以及承运人能否基于安全运输的考虑而合理绕航。[2]

国内法对"易流态化货物"缺乏充足的规定，《BC 规则》具有很好的规范补充作用。《BC 规则》属于 1974 年《国际海上人命安全公约》下的技术规则，原先该规则仅具有建议和指导意义，没有同公约一样的约束力。2006 年，国际海事组织明确了《BC 规则》从 2011 年 1 月 1 日起为强制性规则，缔约国必须执行和适用。上述两个案件分别是在《BC 规则》获得强制性效力的前后审理的。在前一案件中，因《BC 规则》仅是 1974 年《国际海上人命安全公约》下的建议性技术规则，因此将其作为国际航运惯例适用；在后一案件中，《BC 规则》已经是强制性规则，法院则直接将其视为条约的强制性规定而适用，前后两案对《BC 规则》的性质认定和适用方式不同。

国际惯例与国际条约都属于国际规范，二者之间存在一定的区别与联系。国际惯例可以是国际条约的前身和素材，但国际条约不一定是国际惯例，国际条约要成为国际惯例应该满足

---

〔1〕 天津市高级人民法院［2011］津海法商初字第 117 号、［2013］津高民四终字第 84 号民事判决书。

〔2〕 最高人民法院［2015］民申字第 1896 号民事判决书。

国际惯例的形成要件。将尚未对我国生效的海事国际条约下的规则视为国际惯例适用,一方面需要确证海事国际条约下未生效规则具备形成国际惯例的要件,另一方面需要按照国际惯例的适用方式适用海事国际条约下的未生效规则。当这些条件都具备时,海事国际条约下未生效的规则应该被允许作为海事国际惯例适用。此种方式下海事国际条约未生效规则的适用,其实质是以海事国际惯例的形式填补国内法空白,进而实现其作为海商法规范的适用,在形式上体现为海事国际惯例意义上的"用尽海商法"。

六、海事司法中海事国际条约"用尽海商法"的完善

海事国际条约数量众多、内容丰富,在海商法规范中占据着重要的位置。海事国际条约的司法适用情况相对复杂,关于条约适用与否没有明确的划分标准,是否需要以涉外因素为限制条件,以及条约本身的效力情况是否会影响条约的适用等,也都尚未形成条理明晰的规则,影响着海事国际条约作为海商法规范的有效适用,进而影响着"用尽海商法"。

海事国际条约"用尽海商法"的完善,应该先就海事国际条约确立一定的适用判断标准。美国法下的自执行条约与非自执行条约划分标准,与其本国的宪法规定和权力分立情况相结合,不宜照搬到中国,但其划分不同条约的思维方式值得借鉴。自执行理论是由美国司法案例确立的,其形成于一系列的案件审理中。作为司法工具,自执行理论为法官判别不同条约的适用条件和适用方式提供了相对有效的指引,提高了条约适用的效率和准确率。自执行理论的核心是区分条约的国际义务与国内义务,而其主要方法是"两步走",既尊重条约本身的规定,也遵从国内法的相关规定。我国海事司法者在海事司法审判中,

应逐渐形成一套相对统一和稳定的以条约可适用性为基础的条约划分标准。这包括，从条约的义务性质出发，区分条约的国际义务与国内义务；从条约本身的条文规定判断条约是否需要经立法转化适用；根据本国国内法的规定针对特定的事项具体化条约的适用等。多样化的标准为海事国际条约的适用提供了更为灵活的处理方法，在提高海事国际条约司法适用效率的同时，也更充分和正确地发挥着海事国际条约作为海商法规范的价值。

在涉外因素问题上，如果以涉外因素不存在为由排斥所有非涉外案件中海事国际条约的适用将会大大削减海事国际条约的海商法规范影响力，也会使得海事司法的法律规范供给与法律规范需求之间的矛盾更为严重。涉外因素不是海事国际条约适用的绝对理由，但也不是无关紧要的因素，海事国际条约经涉外因素确认应该适用的，不适用海事国际条约是背离"用尽海商法"。但在非涉外案件中，不加判断径直适用海事国际条约可能存在滥用条约的风险。从海事司法"用尽海商法"的角度看，在未来的海事司法中有必要明确：涉外因素约束的主要是民商性质的海事国际条约或海事国际条约中民商性质的条款，而非民商性质的海事国际条约或海事国际条约中非民商性质的条款，可以不受涉外因素的限制。例如，兼具技术性规范和法律规范的海事国际条约往往具有直接适用性，不受涉外因素的限制。

在尚未对我国生效的海事国际条约问题上，司法实践中做法不同的情况较为明显。生效海事国际条约与未生效海事国际条约对法院的法律适用拘束力不同，完全肯定未生效海事国际条约的适用会对既有的法律体系造成冲击，而完全否定未生效海事国际条约的适用则会影响当事人法律适用选择的权利，且也与司法实践的需求脱钩。对未生效海事国际条约的适用应该区分不同途径和方式：如果是当事人以协商一致的方式选择适用未生效海事国际条约，应该以条约本身允许选择适用、条约规定能够涵盖争议事项以及国内法允许和不违背国内法相关规定为限制条件；如果是当事人以首要条款选择适用未生效海事国际条约，应该明确首要条款的"首要性"，改变当前径直将首要条款视为法律适用选择条款的做法，区分未生效海事国际条约与本国强制性规范和任意性规范的关系，确定是否以及如何适用未生效海事国际条约；如果未生效海事国际条约是经法院解释适用的，则未生效海事国际条约只是作为说理理由适用于裁判过程，其客观作用是补强海商法规范的适用；当国内法出现立法空白时，且海事国际条约下未生效规则满足海事国际惯例的形成标准时，法院可以将海事国际条约下的未生效规则作为海事国际惯例适用于海事司法过程。

第三节 海事行政法规的"用尽海商法"

行政法规是"国务院根据宪法和法律，为领导和管理国家各项行政工作，按照法定程序制定的规范性文件"。[1]海事行政法规，即国务院根据宪法和法律为领导和管理海事领域的行政工作而制定的规范性文件。如《防治船舶污染海洋环境管理条例》（2018 年修订）、《国内水路运输管理条例》（2017 年修订）、《船舶登记条例》（2014 年修订）、《国际海运条例》（2019 年修订）、《船员条例》（2020 年修订）、《船舶和海上设施检验条例》（2019 年修订）、《打捞沉船管理办法》（1957 年发布施行）、《国际货物运输代理业管理规定》（1995 年发布施行）、《港口间海

---

〔1〕 邹瑜、顾明主编：《法学大辞典》，中国政法大学出版社 1991 年版，第567 页。

上旅客运输赔偿责任限额规定》（1993 年发布施行）、《关于不满 300 总吨船舶及沿海运输、沿海作业船舶海事赔偿限额的规定》（1993 年发布，1994 年实施）、《港口间海上旅客运输赔偿责任限额规定》（1993 年发布，1994 年实施）等。

海事行政法规是形式海商法的重要组成部分，也是海事司法法律适用不可或缺的一部分。在不同的情境下，海事行政法规的适用方式不一。在有些情境下，其适用体现为"用尽海商法"；在有些情境下，其适用则可能背离"用尽海商法"。

一、海事行政法规的"用尽海商法"体现

海事行政法规除了被作为行政执法的依据外，在海事司法案件中也常被用来判断合同的效力问题。例如，《国际海运条例》第 7 条、第 20 条和《国内水路运输管理条例》第 17 条的规定都被视为是强制性规定。根据原《合同法》第 52 条的规定，违反法律、行政法规强制性规定的合同无效。（《民法典》第 502 条规定，依照法律、行政法规的规定，合同应当办理批准等手续的，依照其规定。未办理批准等手续影响合同生效的，不影响合同中履行报批等义务条款以及相关条款的效力。）在实践中，并不是所有违反行政法规强制性规定的合同都会被视为无效。依据《关于当前形势下审理民商事合同纠纷案件若干问题的指导意见》（法发〔2009〕40 号）的规定，行政法规的强制性规定可以被区分为效力性强制规定和管理性强制规定，只有违反其中的效力性强制规定才会导致合同无效。因此，在海事司法案件中，一类常见争议是关于上述海事行政强制规定是效力性强制规定还是管理性强制规定的争论。例如，关于《国际海运条例》第 7 条和第 20 条的规定，即经营无船承运业务的应该办理提单登记并缴纳保证金，未办理提单登记和缴纳保证金的不

得经营无船承运业务，有的海事法院认为此规定并不构成效力性强制规定，违反不会导致合同无效，[1]而有的海事法院则认为此规定为效力性强制规定，违反必然导致合同无效。[2]由此可见，海事司法实践中缺乏统一的标准来判定具体的海事行政强制规定是否为合同效力性强制规定。

从形式正义的角度看，既然海事行政法规中明确以"应该""不得"等虚词强调其强制性，那么就应该按照此规范的字面意思适用，而没有必要去区分其性质为效力性或管理性。尤其是，如果相关海事行政法规被认定为管理性强制规定，似乎便给予了相关方背离海事行政法规形式正义的自由，因为合同不会因此无效。另外，效力性与管理性规定并非总是泾渭分明，在海事司法中要求司法者在区分二者的基础上适用相关的海事行政法规，很可能会增加司法成本、降低司法效率。换言之，从法律适用的角度看，区分效力性强制规定与管理性强制规定是否必要，以及以这种方式适用海事行政法规是否属于"有法不依"？

本书认为，区分效力性强制规定与管理性强制规定不仅是必要的，而且是海事司法中践行"用尽海商法"的体现。海事行政强制规定通常是为维护一定的经济公序而设定的。特定的经济公序相较于当事人的行为预期和利益获取，在价值评价上位于更高的层次，[3]当当事人之间通过合同之类的"自治法"为自己设定的利益获得，威胁或可能威胁到特定的经济公序时，

───────────

[1] 上海海事法院 [2003] 沪海法商初字第 444 号民事判决书；广州海事法院 [2017] 粤 72 民初 136 号民事判决书；天津市高级人民法院 [2013] 津高民四终字第 34 号民事判决书；厦门海事法院 [2014] 厦海法商初字第 355 号民事判决书等。

[2] 浙江省高级人民法院 [2006] 浙民三终字第 96 号民事判决书。

[3] 冉克平："论效力性强制规范与私法自治——兼析《民法总则》第 153 条第 1 款"，载《山东大学学报（哲学社会科学版）》2019 年第 1 期，第 154 页。

就需要借助强制性规定使当事人的行为预期落空以维护特定的经济公序。因此，判断当事人之间的合同安排及其履行能否威胁到特定经济公序就成了关键。如果当事人之间的合同安排及其履行不仅在形式条件（即条文字面意思）上违反了行政法规的强制性规定，且将威胁到特定的经济公序时，法院便有必要判定此类合同为无效合同以维护特定的经济公序。但是，如果当事人之间的合同安排及其履行不会威胁到特定经济公序，则即便此合同安排或其履行在形式要件上违反了行政强制规定，也没有必要判定合同无效。因为在合同已经履行的情况下，宣示合同无效很难使当事人之间的关系恢复到合同尚未履行前的情状，且也不一定符合非违法合同一方的利益，甚至可能因此而带来社会资源的浪费。[1]因此，区分效力性强制规定与管理性强制规定的意义在于两者对特定经济公序的作用不同，违反前者极可能威胁到特定经济公序，而违反后者则不太可能威胁到特定经济公序。或者说，这一区分实际上不是从是否违反特定行政强制性规定的条文字面意思来判断的，而是结合一定的规范目的分析的。即，如果此行政强制性规定的目的是维护特定的经济公序，则该强制规定应为效力性强制规定。相反，如果此行政强制性规定的目的是提供便利性服务，则此规定为管理性强制规定。

就海商法的内容而言，海商法基本是私法规范。私法自治是私法的基本原则，通常通过"权利－权利"的关系体现出来。[2]"一个发达的法律制度经常会试图阻止压制性权力结构的出现，而它所依赖的一个重要手段便是通过在个人和群体中

---

〔1〕　初北平、周虹薇："违反中国水运许可法规之合同效力研究"，载《东北大学学报（社会科学版）》2009年第2期，第157页。

〔2〕　冯玉军：《法律的成本效益分析》，兰州大学出版社2000年版，第189页。

广泛分配权利以达到权力的分散和平衡。当这样一种权力结构建立起来时，法律就会努力保护它，使其免受严重的干扰和破坏。"[1]换言之，私法自治是一种非常有效的利益分配方式，法律应该尽可能维护这种有效的利益分配方式，不轻易以强制性规定否定其法律效力。就海事行政法规中常见的几种强制性规定而言，《国际海运条例》关于经营无船承运业务的规定，实际上更接近于管理性强制规定。这类规定是为服务需求者寻找合格的服务提供者给予便利条件，即需要运输服务的货方在寻找运力提供方时，无船承运人是否进行了提单登记和缴纳保证金，是据以判断无船承运人赔偿能力高低的一个标准，某一无船承运人不具备这一标准，并不必然使得货方寻找适合运力的期望彻底落空，货方完全有其他的选择空间，不至于对航运经济秩序造成太直接的影响。与此相反，《国内水路运输管理条例》关于水路运输经营者应该在取得许可的经营范围内进行水路运输经营的规定，似乎更接近于效力性强制规定。[2]国内水路运输情况复杂，经营成本又相对较低，如果不对经营资质设任何限制的话，容易形成"鱼龙混杂"的经营市场，一些安全意识较差、船艇设备较落后的潜在水路运输经营者参与其中，难免会影响水上交通安全。因此，有必要以水路经营行政许可的方式，遏制容易威胁水上交通安全的潜在经营者进入市场。

正如本书第一章所论述的，形式正义和司法效率是海事司法法律适用时必须考量的要素，但除此之外还有实质正义和司法公正等价值需要权衡。海事行政法规以区分效力性强制规定

---

[1] [美] E. 博登海默：《法理学：法律哲学与法律方法》，邓正来译，中国政法大学出版社 1998 年版，第 374 页。

[2] 天津市高级人民法院 [2018] 津民终 317 号民事判决书；浙江省高级人民法院 [2006] 浙民三终字第 96 号民事判决书。这两个案件都倾向于将水路运输经营许可规定视为效力性强制规定，违反则导致合同无效。

和管理性强制规定的方式适用于海事司法过程，实际上体现了海事司法者对形式正义与实质正义、司法效率与司法公正的一种权衡，是海事司法者对司法效益性这一更综合价值的追求，是在一个更高的价值层面上适用海事行政法规，因此其本质上不是"有法不依"而是"用尽海商法"。质言之，人们常常凭借"应当""不得"等虚词的出现就将相关的海事行政法规界定为强制性规定，但强制性规定总是与一定的规范目的相结合的，并非所有的强制性规定都意在否定当事人私法自治这一有效的利益分配方式。相比于机械地按照海事行政法规的条文字面意思进行法律适用，结合海事行政法规背后的规范目的探析规范的真正意涵的法律适用更能体现海事行政规范的价值和意义。

二、海事行政法规背离"用尽海商法"的情况

作为行政法规，海事行政法规的规定不能与《海商法》《海事诉讼法》等制定法的规定相冲突。如果某海事行政法规的规定与《海商法》等制定法的规定相冲突，则即便其适用会扩展海商法规范的适用范围，也不宜视为正当的法律适用，即不仅不是"用尽海商法"反而是背离"用尽海商法"。

规范之间的相互冲突通常表现在规范的假定部分，即有关承担义务和享有权利的规定。因此，可以说，法律规范的适用条件是授予权利或者设定义务的法律条件，不同规定在适用条件上是否相互冲突，可以根据授予权利或设定义务的不同来判断。

在一起海上货物运输合同货损赔偿纠纷案中，[1]作为承运人的当事人主张依据海事行政法规 1990 年《海上国际集装箱运

---

〔1〕　宁波海事法院［2000］甬海商初字第 218 号民事判决书。

输管理规定》（现已失效）第 26 条第 1 款的规定免责，即承运人与港口装卸企业完成集装箱交接后，集装箱货物的损坏或短缺的责任由港口装卸企业承担。对此，法院认为："在作为基本法的《海商法》对承运人的责任构成要件已经作出明确规定的前提下，行政法规无权作出相反的规定。"况且，上述行政法规并没有作出相反的规定，其作用仅是为了划分承运人与港口装卸企业之间的责任，承运人或港口装卸企业在向收货人赔偿后，可以向实际的责任人追偿。因此，承运人主张免责缺乏依据。

另外，在一起油污损害赔偿纠纷案件中，[1]原告烟台海事局依据当时有效的《防治船舶污染海洋环境管理条例》第 55 条的规定，认为海事局组织的应急处置、清污活动所产生的费用应该优先受偿。法院对此并不赞同，认为依据《海事诉讼法》的规定，海事法院得以据之确定海事赔偿责任限制基金分配方案的法律为《海商法》和"其他法律规定"，而《防治船舶污染海洋环境管理条例》则属于行政法规，不属于"其他法律规定"。而且，根据《海商法》第 210 条第 1 款第 4 项的规定，能够优先获得赔偿的是港口工程、港池、航道和助航设备的损害，海事局应急处置和清污活动的费用并没有为此规定所提及。因此，烟台海事局优先受偿的权利主张缺乏依据。

上述两个案件进一步说明，如果海事行政法规的规定与《海商法》等相抵触，即便此规定可能在表面上扩张海商法规范的适用范围（如改变权利授予、义务设定的条件或范围等），其适用也属于不当扩大海商法规范的适用范围，不仅不能正确地体现出海商法规范的应有价值，还可能削弱既有海商法规范的影响力，背离"用尽海商法"。

---

〔1〕 青岛海事法院［2008］青海法海事初字第 15 号民事判决书。

第四节　海事冲突规范的"用尽海商法"

海事冲突规范在形式海商法规范中所占的比例相对较小，但海事冲突规范具有的规范选择适用功能奠定了其在形式海商法规范适用中的重要性。海事冲突规范发挥其规范选择适用功能的前提是海事冲突规范得到适用，而海事冲突规范的适用本身就是一种形式海商法适用方式。相比于任意规避海事冲突规范的适用，正确和完善的海事冲突规范适用是于兼顾程序正义与实体正义的过程中实现"用尽海商法"。

一、海事司法中海事冲突规范的特殊性与重要性

海事司法具有很强的涉外性，涉外海事审判是海事司法审判的重要组成部分。与纯粹的国内海事审判相比，涉外海事审判的一个显著特征是其审判对象为涉外的、国际的海事案件，即包含国际因素并涉及外国法适用的海事案件，其法律适用的首要问题是判断适用哪国法律处理当事人之间的纠纷关系，亦即准据法的选择问题。[1]因此，海事冲突规范的适用是涉外海事审判推进的关键节点。冲突规范又称"法律适用规范"，"是指出某涉外民事关系应该适用何国法律调整的规范"。[2]海事冲突规范即用来判断涉外海事法律关系应该适用哪一国法律调整的规范。海事冲突规范主要存在于《海商法》第十四章涉外关系的法律适用部分，是形式海商法不可或缺的部分。

虽然，海事冲突规范与一般实体法律规范在调整内容、结构

要素和约束对象上有所区别,[1]即海事冲突规范不直接规范当事人的权利义务,不指向明确的法律后果,其涉及的只是法律适用中的法律选择部分,但这并不能否定海事冲突规范是海商法规范。实际上,海事冲突规范的价值并不亚于海商法实体规范的价值。海事冲突规范通过其系属公式和连接点确定特定国家的法律为准据法,此准据法既可以是本国海商法,也可以是外国海商法,体现了对外国海商法和外国当事人平等地位的尊重。尤其是在现代民族民商事法律不能完全统一、国际民商事法律冲突不可避免的情况下,海事冲突规范的适用不失为一种中立的协调各国海商法律差异和解决各国海商法律冲突的方法。[2]国际海商法律冲突是国家间主权平等的体现,解决国际海商法律冲突的海事冲突规范虽然可能导向外国法的适用,但仍然以国家主权为前提,外国法的适用不能用来否定海事冲突规范作为中国海商法规范的法律地位。换言之,适用海事冲突规范即适用海商法规范,充分和准确地适用海事冲突规范是"用尽海商法"的体现。

《海商法》以专章的方式规定海事冲突规范也在一定程度上说明了其特殊性。海事冲突规范相比于一般的冲突规范,其系属公式的连接点更为多元化。[3]例如,船旗国、船籍港、提单签发地、转运港、共同海损理算地、碰撞船舶最初到达地等都是海事冲突规范中较为独特和常见的连接点。有观点认为,海事冲突规范存在条文数量少、范围不周延、内容不具体以及适用

---

[1] 徐忆斌:"'法的技术规定'抑或'法律规范'——冲突规则的规范属性之辨析",载《暨南学报(哲学社会科学版)》2013年第6期,第118页。

[2] 何其生:"国际私法秩序与国际私法的基础性价值",载《清华法学》2018年第1期,第44页。

[3] 陈宪民:"海事法律冲突研究",载《河北法学》2006年第9期,第76页。

不灵活等问题。[1] 尤其是，随着 2010 年《涉外法律适用法》的颁布，海事司法实践似乎有了更多的理由可以背弃海事冲突规范而选用《涉外法律适用法》的规定。《涉外法律适用法》与《海商法》之间既是一般法与特殊法的关系，又是新法与旧法的关系。按照一般的法律适用规则，就一般法与特别法的关系而言，《海商法》的海事冲突规定先于《涉外法律适用法》的规定适用；而就新法与旧法的关系而言，《涉外法律适用法》的规定先于《海商法》的海事冲突规定适用。可见，不同的法律适用规则可能会导向不同的法律适用结果。有关此问题的解决，《涉外法律适用法》本身的规定提供了一定的启示。《涉外法律适用法》在其第 51 条就新法与其他法律的冲突问题作出了明确规定，但并未提及《海商法》的任何规定。这似乎说明新法的颁布并未否定《海商法》中海事冲突规定的特殊地位。[2]本书认为，海事冲突规范的特殊性不以其数量的多寡为基础，而是取决于其特殊的法律选择功效，只要其功效仍然存在，海事冲突规范的特殊地位就不应该被轻易否定，海事冲突规范的适用也不应该被轻易背弃，反而应该被充分适用，以发挥其效用。

二、海事冲突规范适用的非任择性和相对独立性

海事冲突规范应该具有非任择性和相对独立性。无论是非任择性还是相对独立性，都强调不轻易背弃海事冲突规范的适用。非任择性和相对独立性是海事冲突规范"用尽海商法"的重要基础。

---

〔1〕 屈广清："中国海事法律适用法修改的具体建议"，载《海峡法学》2011年第 2 期，第 78 页。

〔2〕 郭玉军、樊婧："《涉外民事关系法律适用法》的适用及其反思"，载《社会科学辑刊》2013 年第 2 期，第 47 页。

（一）海事冲突规范适用的非任择性

如前所述，海事冲突规范适用的目的是判断国际海事关系应该适用哪一国的法律，如果经由海事冲突规范确定的准据法是外国法，则意味着海事司法者应该以该外国法审理和判定特定国际海事关系的法律后果。但外国法毕竟不同于本国法，要了解和掌握外国法并不简单。因此，适用外国法比适用内国法需要投入更高的司法成本（包括外国法查明的成本以及错误适用外国法的司法制度附加成本）。[1]就此而言，存在冲突规范强制适用和冲突规范选择适用两种不同的理论观点。冲突规范强制适用理论认为，冲突规范的适用应该由法院依职权进行。即，法院应该主动援引冲突规范，如果冲突规范指向外国法，则法院有义务适用外国法。相反，冲突规范选择适用理论认为，只有当当事人主动提出适用冲突规范时，法院才会适用冲突规范，而在当事人默示等情况下，涉外案件可以如同本国非涉外案件一样，适用本国法审理。[2]传统上，冲突规范强制适用理论主要见于大陆法系，而冲突规范选择适用理论则受普通法系国家的青睐，尤其是英国。[3]但到了20世纪50年代末，冲突规范

---

〔1〕 王徽、沈伟："论外国法查明制度失灵的症结及改进路径——以实证与法经济学研究为视角"，载《国际商务：对外经济贸易大学学报》2016年第5期，第139页。

〔2〕 苏晓凌：《外国法的适用：一个宏观到微观的考察》，中国法制出版社2015年版，第42~43页。

〔3〕 George T. Ⅲ Yates, "Foreign Law before Domestic Tribunals", 18 *Virginia Journal of International Law*, 725, 728~729 (1978); David Foxton, "Foreign Law in Domestic Courts", 29 *Singapore Academy of Law Journal*, 194, 196~197 (2017); I. A. Hunter, "Proving Foreign and International Law in the Courts of England and Wales", 18 *Virginia Journal of International Law*, 665, 666 (1978); Rui Manuel Moura Ramos, "Proof of and Information about Foreign Law", 90 *Boletim da Faculdade de Direito da Universidade de Coimbra*, 431, 431~434 (2014); Shaheeza Lalani, "Establishing the Context of Foreign Law: A Comparative Study", 20 *Maastricht Journal of European and Comparative Law*, 75, 76~77 (2013).

选择适用理论也开始在大陆法系出现，例如法国法。[1]关于冲突规范选择适用理论的争议，支持者的理由主要是围绕适用外国法可能带来的困难和司法成本展开的，而反对者的理由则主要是回溯到冲突规范的价值上。国内学者似乎更倾向于冲突规范强制适用理论。[2]但也有学者认为，当前，中国司法实践中普遍存在着"两张皮"的现象，即理论上要求强制适用冲突规范而在实践中则常常有意无意地背离强制适用的要求。因此，与其继续放任此现象的存在，不如改用冲突规范的选择适用理论，使得理论与实践相契合。[3]

实际上，冲突规范选择适用理论并不能从根本上解决外国法适用中存在的困难，只是以法院地法不当替代和减少了外国法的适用。[4]冲突规范选择适用理论所主张的绕开冲突规范和外国法的适用以减少司法成本的现实意义非常有限。从海事司法的角度看，在海上运输、海上保险等领域，海事案件的当事人有很强的意愿适用英美国家较成熟的海商法律规范，当事人主动选择适用外国法的情况时常有之，这种情况下冲突规范的

---

[1] Brigitte Herzog, "Proof of International Law and Foreign Law before a French Judge", 18 *Virginia Journal of International Law*, 651, 659 (1978); Jacob Dolinger, "Application, Proof, and Interpretation of Foreign Law: A Comparative Study in Private International Law", 12 *Arizona Journal of International and Comparative Law*, 225, 226~227 (1995).

[2] 郭玉军："近年中国有关外国法查明与适用的理论与实践"，载《武大国际法评论》2007年第2期，第4~5页；宋晓："外国法：'事实'与'法律'之辨"，载《环球法律评论》2010年第1期，第16页；孙尚鸿："涉外民商事审判中外国判例的适用问题研究"，载《法律科学（西北政法大学学报）》2018年第4期，第149页。

[3] 杜涛："法律适用规则的强制性抑或选择性——我国涉外民事法律适用法的立法选择"，载《清华法学》2010年第3期，第102、109页。

[4] 苏晓凌：《外国法的适用：一个宏观到微观的考察》，中国法制出版社2015年版，第48页。

选择适用理论并没有太大的适用空间，因为冲突规范选择适用理论的效用空间主要是当事人默示的情况（导向法院地法而不是外国法的适用）。而且，涉外海事案件的当事人在经济能力等方面并不一定等同，有些当事人可能会缺乏足够的能力判断怎样的法律对自己有利，[1]就此而言，海事冲突规范作为一种中立的法律选择方法其适用有利于平等地保护当事人的权益。

本书认为，海事冲突规范的适用是非任择性的，海事司法坚持海事冲突规范强制适用理论更能体现"用尽海商法"。首先，作为制定法的一部分，海事冲突规范制定后而不被适用有损形式海商法的法律权威。其次，在涉外海事案件中绕开海事冲突规范以本国法替代可能的外国法的适用，使得设定海事冲突规范的立法目的落空。海事冲突规范依据不同的法律关系设定应该适用的法律，其目的是通过分配各国海商法律之间的管辖权，进而实现海事司法法律适用上的正当和正义，如果允许任意选择适用与不适用海事冲突规范，海事冲突规范的制定就将失去其意义。[2]从表面上看，以本国海商法替代本应该适用的外国法是在扩大海商法规范的适用范围，是一种"用尽海商法"的体现，但就实质而言，这种"用尽海商法"缺乏正当性和合理性。因为，海事冲突规范是对立法者关于是否适用外国法以及怎样适用外国法的法律规范价值判断的直接体现，海事司法者如果轻易绕开海事冲突规范，适用本国海商法，便是在很大程度上放弃了对上述立法价值判断的践行。或者说，是以司法者自身的价值判断取代立法者的价值判断。显然，在缺乏

---

〔1〕 P. M. M. Mostermans, "Optional (Facultative) Choice of Law? Reflections from a Dutch Perspective", 51 *Netherlands International Law Review*, 393, 401 (2004).

〔2〕 王克玉："全面开放新格局下外国法查证的国际本位理念与规则再塑"，载《法学评论》2018 年第 1 期，第 152 页。

合理及正当理由的情况下，这种司法擅断不宜被提倡。相反，法院依职权在涉外海事案件中强制适用海事冲突规范，一方面，是在践行海事冲突规范所内含的立法者的规范价值选择和判断；另一方面，也体现为本国海商法的适用，因为海事冲突规范同样是海商法规范，其适用即海商法规范的适用。即使海事冲突规范的适用最终导向了外国法的适用，也仍然是中国海商法适用效力影响下的一种呈现方式，是真正意义上的"用尽海商法"的体现。

　　海事司法中也确实存在着"两张皮"的现象。在一些涉外海事案件中，如果当事人不主动提及适用冲突规范和外国法，法院往往会倾向于越过海事冲突规范而适用本国法。[1]甚至，即便当事人已经约定了适用外国法的情况，有个别法院也会以当事人未能在庭审中提出外国法的适用等原因，绕开冲突规范的适用。[2]本书认为，对于海事司法实践中的这种现象，不应该放任自流或是以理论迁就实践，而是应改变实践中的不当做法，以海事冲突规范强制适用理论约束和指导海事司法实践，只有这样才能促进海事冲突规范价值评价在海事案件中的落实，进而扭转当前假面的"用尽海商法"，实现真正意义上的"用尽海商法"。

　　（二）海事冲突规范适用的相对独立性

　　海事冲突规范的适用除了具有非任择性外，也具有一定的独立性。这里涉及的主要是《海商法》第 269 条的适用问题。《海商法》第 269 条是关于涉外海商合同法律适用的规定。类似的规定可见于《涉外法律适用法》第 41 条。对《海商法》第

---

〔1〕　最高人民法院［2000］交提字第 7 号民事判决书；宁波海事法院［2013］甬海法商初字第 718 号民事判决书；大连海事法院［2000］大海法商初字第 284 号民事判决书。

〔2〕　天津海事法院［2002］海商初字第 144 号民事判决书；上海海事法院［2003］沪海法商初字第 195 号民事判决书。

269 条的解释较为主流的观点是，此条文所指的合同仅仅是《海商法》明文规定的各类海商合同，如海上货物运输合同、船舶租用合同、海上旅客运输合同、海上保险合同、海上拖航合同以及海难救助合同，而《海商法》未明文规定的船舶代理合同、货运代理合同、船员劳务合同、船舶修理合同、船舶买卖合同以及船舶建造合同等的法律适用，应该根据《涉外法律适用法》的相关规定确定。[1]也有观点认为，就海难救助合同等涉外海商合同的法律适用，《海商法》第 269 条的规定相对具体，没有必要舍近求远地适用《涉外法律适用法》中的原则性规定。[2]简言之，理论上存在着这样的争议，即是否有必要将《海商法》第 269 条中的海商合同区分为明文规定的海商合同和非明文规定的海商合同。或者说，《海商法》第 269 条的适用是否独立于《海商法》中关于具体合同的规定。

值得注意的是，在海事涉外案件审理过程中，不少船员劳务合同、船舶修理合同、船舶代理合同、船舶物料和备品供应合同等没有被《海商法》明文提及的海商合同的法律适用，都适用了《海商法》第 269 条的规定。[3]这似乎可以说明，海事司法实践中海事司法者更倾向于认同《海商法》第 269 条的适用具有相对独立性，即不用严格区分涉案海商合同是否为《海

[1] 司玉琢、张永坚、蒋跃川编著：《中国海商法注释》，北京大学出版社 2019 年版，第 421 页；禹华英："论海事国际私法中的法律适用"，载《现代法学》1998 年第 3 期，第 122 页。

[2] 王国华、孙誉清："国际航运纠纷中法律适用问题的实证研究（1997-2016）"，载《武大国际法评论》2017 年第 3 期，第 34 页。

[3] 上海海事法院［2016］沪 72 民初 1647 号、［2018］沪 72 民初 909 号民事判决书；武汉海事法院［2015］武海法商字第 00003 号民事判决书；大连海事法院［2017］辽 72 民初 749 号民事判决书；宁波海事法院［2014］甬海法权字第 29 号、［2014］甬海法权字第 102 号、［2014］甬海法权字第 103 号民事判决书；青岛海事法院［2015］青海法海商初字第 1195 号民事判决书。

商法》明文提及的海商合同。

　　本书认为，海事司法实践中不严格区分明文规定与非明文规定海商合同的做法不仅不无道理，而且更能体现海事司法的"用尽海商法"。法律解释并非任意的，需要遵循一定的方法约束。按照通常的法律解释方法的适用规则，体系解释等法律解释方法只有在文义解释"力所不逮"（不能正确体现法律规范的意图）时方可适用。《海商法》第269条的文义解释，并没有特别指明"合同"为《海商法》明文规定的海商合同，因此，按照此条文的字面意思，自然可以包含那些非《海商法》明文规定的海商合同。而且，此文义解释的结果似乎也没有违背海商法规范的意图。海事冲突规范需要服务于海事管辖，如果海事法院的管辖中明确海商合同的范畴，则海事冲突规范也应该涵盖相应的海商合同。从我国海事法院的受案范围来看，海商合同不仅仅局限于《海商法》明文规定的合同。例如，《海事诉讼法》第6条就有关于船员劳务合同管辖的规定，2016年《最高人民法院关于海事法院受理案件范围的规定》关于海商合同的列举也远远超过《海商法》明文规定的合同。可见，随着海商经济活动的不断发展，海商合同的形式和名目也会有所变化。如果将《海商法》第269条中的合同严格约束于特定的海商合同类型，很可能会切断海事冲突规定与海事司法实践需求的联系，这不仅限制了此条文自身的海事司法适用范围，也会加快《海商法》的滞后。显然，这不是海商立法者所乐见的。因此，海事司法实践中有必要承认《海商法》第269条的相对独立性，即只要是海事法院受案范围内的海商合同，且为涉外案件，此条文就应该被允许作为当事人协议选择法律的依据，以此充分体现海商法规范的价值，进而"用尽海商法"。

三、外国法的查明和适用促进海事冲突规范"用尽海商法"

海事冲突规范适用的非任择性并不排斥当事人的意思自治，相反，当事人的意思自治同样包含于海事冲突规范中。换言之，意思自治不是无限制的，只有法律允许范围内的意思自治其效力才为法院所承认。[1]《海商法》第 269 条将"意思自治"作为涉外海商合同关系法律适用的连接点之一，增加了海事冲突规范连接点的灵活性。[2]在海商实践中，当事人常凭借提单首要提款、提单的租约并入条款、保险单背面条款、保险承保条款等各种"意思自治"形式，体现其选择适用外国法的意愿（虽然这些形式的"意思自治"本身会受到一定的限制，如是否足够明示等）。[3]意思自治这一连接点，为涉外海事案件当事人提供了更多的适用外国法的自由和权利。那么这种形式和意义下的海事司法法律适用是否背离"用尽海商法"？"在外国法是通过内国冲突规范的指引而应当适用的情况下，适用外国法是适用内国法的结果，这同单纯地适用内国法没有根本的区别。"[4]因此，经冲突规范指引的外国法的适用，不是对本国海商法规范的背离。冲突规范的适用是外国法适用的前提，外国法的适用结果又会反身影响冲突规范，即如果外国法不被认知和把握，冲突规范的存在意义也会被削弱。[5]就此而言，尽可能地查明和适

---

〔1〕 《最高人民法院关于适用〈涉外民事关系法律适用法〉若干问题的解释（一）》第 4 条规定："中华人民共和国法律没有明确规定当事人可以选择涉外民事关系适用的法律，当事人选择适用法律的，人民法院应认定该选择无效。"

〔2〕 王国华：《海事国际私法（冲突法篇）》，北京大学出版社 2009 年版，第 29 页。

〔3〕 宁波海事法院［1999］甬海商初字第 209 号民事判决书；武汉海事法院［2001］武海法宁商字第 132 号、［1999］武海法宁商字第 80 号民事判决书。

〔4〕 王国华：《海事国际私法（冲突法篇）》，北京大学出版社 2009 年版，第 45 页。

〔5〕 苏晓凌：《外国法的适用：一个宏观到微观的考察》，中国法制出版社 2015 年版，第 46 页。

用海事冲突规范所指引的外国法，实际上是在深化本国海商法
规范的适用，体现的是"用尽海商法"。简言之，海事冲突规范
指引下的外国法的查明和适用影响和体现着"用尽海商法"。

有关外国法的查明涉及外国法性质的认定，即外国法是事
实还是法律。事实说认为，外国法不是法律而是待证的事实，
外国法的内容需要经过诉讼程序中的事实认定方能为法院所适
用，纠纷当事人如果没有引用外国法并对外国法进行证明，法
院便无权调查和适用外国法。[1]法律说以萨维尼的法律关系本
座理论为基础，认为外国法与本国法是完全平等的，外国法的
适用与本国法的适用没有区别，[2]法官应该依职权调查和适用
外国法。事实说与法律说都是拟制的，不能为外国法的查明和
适用提供整全的理论支持。[3]外国法本身是法，不会因人们将
其视为事实而改变性质，但外国法与内国法又存在着本质上的
区别，将外国法完全等同于内国法一样适用，容易陷入形而上
的泥坑。[4]基于此，理论中存在一种折中说，认为外国法既不
是单纯的事实也不是绝对意义上的法律，而是依据本国冲突规
范的指引而应该适用的法律。按照此学说，外国法有别于本国
法，也不同于"外国"之法，既不能按照纯粹的事实认定方式
进行证明，也不能以确定法律的方式来认知和理解。[5]因此，
外国法的查明与适用不是单一的当事人的义务或法院的职权，
毋宁是当事人与法院共同努力以求正确适用外国法，进而深化

---

〔1〕　苏晓凌：《外国法的适用：一个宏观到微观的考察》，中国法制出版社
2015年版，第32页。

〔2〕　黄进主编：《国际私法》，法律出版社1999年版，第274页。

〔3〕　宋晓："外国法：'事实'与'法律'之辨"，载《环球法律评论》2010
年第1期，第21页。

〔4〕　黄进主编：《国际私法》，法律出版社1999年版，第274页。

〔5〕　黄进主编：《国际私法》，法律出版社1999年版，第274页。

本国冲突规范的适用。《涉外法律适用法》第 10 条对外国法查明的责任作了分配，确立了"法院等适法机构查明为主，当事人查明为辅"的规则，并明确外国法无法查明时适用中国法。司法实践的情况却常常与此规定存在偏差，法院相当倚重当事人对外国法的查明。例如，在海事司法实践中，有些案件的法院仅以当事人没有提供外国法，或是当事人没有提供外国法且外国法为判例法，法院查证难度大为由，判定外国法无法查明并适用中国法。[1]虽然海事司法实践中也有受案海事法院认为案件应该适用外国法而主动查明外国法，[2]但这类情形仍属少数。

外国法查明问题除了查明责任分配外，还包含查明结果认定的标准。宁波海事法院曾就 2011 年至 2018 年间该院审理的涉外海事案件中适用外国法的情况进行分析并指出：在当事人提供外国法的案件中，法院往往就外国法提供的形式、材料的完整性、相关专家身份的认定等问题否定外国法的效力。[3]由此可见，海事法院对外国法的查明和认定更多时候仍是将外国法视为事实，以事实认定的标准审查当事人提供的外国法，这在很大程度上限制了外国法的适用。如上所说，海商活动中提单条款、保险单条款等为当事人的意思自治提供了更多的表达方式和途径，因此海事司法中适用外国法的可能性很高，如果都是以事实认定的方式证明外国法的内容，则将难以满足海事司法的现实需求。实践中，也有海事法院对外国法的查明持更为

---

〔1〕 上海海事法院［2002］沪海法商初字第 16 号民事判决书；广州海事法院［2005］广海法初字第 267 号民事判决书。

〔2〕 宁波海事法院［2013］甬海法商初字第 635 号民事判决书；天津市高级人民法院［2012］津高民四终字第 4 号民事判决书。

〔3〕 胡建新等："关于外国法查明及适用问题的调查分析——以宁波海事法院审判实践为例"，载《中国海商法研究》2019 年第 1 期，第 45 页。

包容的态度，法院对外国法查明的认定以当事人提供的材料、法院补充查找的材料是否达到一定的明确性、相关性作为法院确认外国法相关内容的标准。[1]换言之，法院对外国法查明的认定更重视内容而不拘泥于特定的形式，允许将可靠的网络电子资料、图书资料、案例信息等作为查明外国法的资源。

总而言之，关于外国法的适用，海事法院有着最初和最终的决定权。[2]最初的决定权是海事法院通过海事冲突规范的适用，判断当事人能否意思自治选择外国法。最终的决定权用于判断外国法的查明标准，以及外国法的适用是否会违反公共秩序保留规定。最初的决定权和最终的决定权是对当事人意思自治适用外国法的必要规范，在此基础上，当事人和法院协同努力实现外国法的查明和适用，不仅落实了当事人的意思自治，也充分践行海事冲突规范，是"用尽海商法"的体现。

四、系属公式的适用争议影响海事冲突规范"用尽海商法"

系属公式是把一些解决法律冲突的规则固定化，以便解决同类性质的法律关系的法律适用问题。[3]船旗国法与最密切联系原则都是海事冲突规范的系属公式。在海事司法实践中，海事法院对这两个系属公式的适用存在一定的偏差，导致海事冲突规范适用的不到位，影响"用尽海商法"。

关于船旗国法的适用，海事司法实践中存在区分与不区分船舶抵押合同与船舶抵押权的问题。有的海事法院认为，依据

---

〔1〕 广州海事法院〔2003〕广海法初字第 176 号民事判决书；天津市高级人民法院〔2012〕津高民四终字第 4 号民事判决书。

〔2〕 王克玉："'外国法查明'中的定性与定量分析"，载《广西政法管理干部学院学报》2006 年第 5 期，第 111 页。

〔3〕 李守芹、李洪积：《中国的海事审判》，法律出版社 2002 年版，第 323 页。

《海商法》第 271 条的规定，船舶抵押权适用船旗国法律，自然也包括船舶抵押合同的问题，即当事人之间如果存在船舶抵押合同则不能就此合同进行法律适用的选择，而应该一并适用船旗国法。〔1〕但有的海事法院认为，《海商法》第 271 条规定的船旗国法的适用，仅仅涉及船舶抵押权的设定、效力、转移和消灭，没有包括船舶抵押合同的问题，当事人可以就相关的船舶抵押合同另行约定适用的法律。〔2〕实际上，这里涉及《海商法》第 271 条与第 269 条的适用关系。第 269 条是关于涉外海商合同法律适用的规定。从海事司法融贯性的角度来看，《海商法》第 271 条的适用与《海商法》第 269 条的适用应该尽可能相互支持，即《海商法》第 271 条适用于船舶抵押权的问题，而《海商法》第 269 条可以适用于船舶抵押合同关系，《海商法》第 271 条的适用不排斥《海商法》第 269 条的适用。因为，同样是海事冲突规范的适用，在缺乏特定法律政策和明文法律规定支持的情况下，以一个海事冲突规范的适用排斥另一个海事冲突规范的适用，会造成海商法律规范体系和海事司法的不融贯，进而会扭曲海商法规范评价的适用，背离"用尽海商法"。因此，就船旗国法的适用问题而言，海事实践中区分船舶抵押权关系与船舶抵押合同关系的做法更能体现"用尽海商法"。

按照《海商法》第 269 条的规定，当事人可以协议选择合同适用的法律，当事人没有选择的，适用最密切联系的国家的法律。此条款设立了"以当事人选择为主，以最密切联系原则为辅"的涉外海商合同法律适用规则，但在海事实践中最密切联系原则常常为海事法院所忽略。即，只要当事人没有选择适

〔1〕 宁波海事法院［2012］甬海法商初字第 245 号民事判决书。
〔2〕 武汉海事法院［2014］武海法商字第 01013 号、［2013］武海法商字第 00516 号民事判决书。

用外国法，或当事人选择适用的外国法无法查明，海事法院便会更倾向于直接适用本国法，而不是依据最密切联系原则确定应该适用的法律。[1]换言之，海事冲突规范中的最密切联系原则在海事司法实践中存在被搁置的现象。虽然，大多数时候依据最密切联系原则确定的准据法与本国法是重合的，但绕过最密切联系原则而直接适用本国法的行为缺乏司法正当性。况且，如果依据最密切联系原则确定的准据法不是本国法，则可能会影响司法裁判结果的实质正义。例如，同样是关于记名提单能否无单放货的问题，在两个相似的海事案件中，海事法院对最密切联系原则的不同认识和适用导致两个案件分别适用中国法和美国法。中国法规定即使是记名提单也应该凭单交付货物，而美国法的规定则允许记名提单无单放货，进而导致两个案件的裁判结果截然相反。[2]总之，海事冲突规范将最密切联系原则确定为其系属公式，适用最密切联系原则即适用海事冲突规范，而规避海事冲突规范适用即规避海商法规范的适用。即便绕开海事冲突规范的适用是将本国法直接视为准据法，但此种意义上的海商法规范适用缺乏一定的正当性，海事司法的法律适用应该回归到依据海事冲突规范下最密切联系原则的指引，确定应该适用的准据法，尽管这一准据法可能是外国法，其仍然是本国海事冲突规范适用的结果，体现的是"用尽海商法"。

五、海事冲突规范"用尽海商法"的完善

海事司法实践对海事冲突规范适用的非任择性和独立性的

---

〔1〕　宁波海事法院［2003］甬海商初字第 333 号民事判决书；广州海事法院［2000］广海法深字第 54 号民事判决书；天津海事法院［2002］海商初字第 144 号民事判决书。

〔2〕　上海海事法院［2003］沪海法商初字第 299 号民事判决书；武汉海事法院［1999］武海法宁商字第 80 号民事判决书。

认识并不充分。对此,有必要在"用尽海商法"的司法理念指引下,明确海事冲突规范是法院依职权强制适用的,即便是涉及当事人意思自治的问题,海事法院也需要依据海事冲突规范判断当事人的意思自治是否为法律所允许,是否违反了形式海商法的强制性规定或公共秩序保留规定。此外,《海商法》涵盖的海事冲突规范虽然有限,但只要《涉外法律适用法》没有对此旧的特殊规定进行废止,海事冲突规范仍然具有其特殊性和适用的独立性。《海商法》第 269 条关于涉外海商合同的法律适用规定,不应该局限于《海商法》明文规定的几类海商合同。这点在现有的海事司法实践中已经得到了较好的体现,但也不乏有些海事案件中,法院弃《海商法》第 269 条不用而适用一般民商法等的相关规定。[1]对此,应该加强对《海商法》第 269 条适用的独立性的认同,这样既是对海商法冲突规范的"用尽",同时也更为契合海事司法管辖的现实需求。尤其是,近年来随着海事司法实践的发展,海事司法管辖中的海商合同远远超过了《海商法》明文规定的几类合同。

涉外海事案件的当事人往往热衷于适用英美法系下更为成熟的海商法律规范,因此查明和适用外国法是海事冲突规范适用的主要内容。虽然,相较于其他民事关系的外国法适用,涉外海事关系的外国法适用更为多见,也更为成功,但海事司法实践中仍存在畏惧适用外国法的情况,这主要体现在怠于查明外国法。例如,常出现以"意志责任"来判定外国法查明义务的情况。所谓"意志责任",是指如果是当事人选择适用外国法,则外国法的查明属于当事人的义务,当事人无法提供或查

---

[1] 辽宁省高级人民法院〔2018〕辽民终 265 号民事判决书;上海海事法院〔2009〕沪海法商初字第 699 号民事判决书;武汉海事法院〔2004〕武海法商字第 208 号民事判决书;宁波海事法院〔2002〕甬海温初字第 83 号民事判决书。

明外国法的，法院没有义务对此进行补充查明并适用外国法；如果是法院依据特定冲突规范的指引确定外国法为准据法，则法院有义务查明和适用外国法。[1]可见，"意志责任"是一种相对机械的外国法查明责任分配，或是由当事人查明外国法，或是由法院查明外国法，二者之间不存在交叉。"意思责任"忽视了当事人选择适用外国法同样应该是为冲突规范所允许的，如果冲突规范没有规定当事人可以选择适用外国法，则当事人的选择应属无效。因此，无论是当事人选择适用外国法，还是法院依职权确定应该适用外国法，外国法的适用始终都是本国海事冲突规范的适用结果。就此而言，尽可能地查明和适用外国法就是在充分地适用本国的海事冲突规范，无论是当事人还是法院都应尽其所能实现外国法的查明。以"意志责任"免除法院或当事人查明外国法的义务会在很大程度上异化外国法适用的本质，即适用外国法是在适用"外国"的法，或是在确认一项普通的案件事实。因外国法查明的困难而轻易规避或减少外国法的查明和适用，实际上是规避和减少本国海事冲突规范的适用，是背离"用尽海商法"的体现。因此，为进一步实现"用尽海商法"，我国在海事司法实践中应该完善对外国法的查明，这包括促进法院与当事人的协同努力、允许更为灵活的外国法的查明方式的适用，以及适当软化处理外国法查明的认定标准，不宜一味地适用公证认证等证据确证方式认定外国法的查明。

此外，正确地适用海事冲突规范是海事冲突规范发挥其规范价值的关键，但在实践中对海事冲突规范的适用常常会出现一些偏差，或是过度适用某些海事冲突规范的系属公式，或是

---

〔1〕　徐锦堂："论域外法查明的'意志责任说'——从我国涉外民商事审判实践出发"，载《法学评论》2010年第1期，第78页。

搁置某些海事冲突规范的系属公式，影响海事冲突规范的完整效用在海事司法中的体现。因此，从"用尽海商法"的角度看，海事司法中应该更正对船旗国法、最密切联系原则等海事冲突规范系属公式的认识，争取以最恰当的方式凸显各海事冲突规范系属公式的功能，进而落实海事冲突规范的价值。

第三章
海事司法在实质海商法层面的"用尽海商法"

实质海商法规范为非立法性规范，其适用的目的是填补形式海商法规范的不足和缺漏。实质海商法主要包括海事司法解释、海事指导性案例规则以及海事国际惯例。海事司法解释和海事指导性案例规则以海事司法裁判经验为基础，海事国际惯例由海商实践演化而来，都围绕着现实经验，与现实社会更为接近。因此，实质海商法的"用尽海商法"是必要且重要的。

第一节　海事司法解释的"用尽海商法"

海事司法解释存在广义与狭义之分，广义海事司法解释包括了狭义海事司法解释（通常意义上的海事司法解释）和海事司法解释性质文件。狭义海事司法解释是指最高司法机关就海事司法工作中如何具体应用法律所作的具有普遍约束力的解释。[1]我国的最高司法机关包括最高人民法院和最高人民检察院，最高人民检察院主要发布刑事方面的司法解释。由于海事司法中刑事诉讼仍处于初始阶段，所以本书的海事司法解释主

---

〔1〕《中华法学大辞典》编委会编：《中华法学大辞典：简明本》，中国检察出版社 2003 年版，第 599~600 页。

要指最高人民法院制定和颁布的相关司法解释。海事司法解释性质文件是指最高人民法院就海事审判工作中具体应用法律问题而颁布的,除狭义海事司法解释以外的,对地方各级人民法院起到指引和规范作用的规范性文件。[1]

现行有效的狭义海事司法解释主要有《最高人民法院关于适用〈中华人民共和国海事诉讼特别程序法〉若干问题的解释》(2008 年调整)(法释〔2003〕3 号)、《最高人民法院关于扣押与拍卖船舶适用法律若干问题的规定》(法释〔2015〕6 号)、《最高人民法院关于审理涉船员纠纷案件若干问题的规定》(法释〔2020〕11 号)、《最高人民法院关于审理船舶碰撞纠纷案件若干问题的规定》(法释〔2020〕18 号)、《最高人民法院关于审理船舶碰撞和触碰案件财产损害赔偿的规定》(法释〔2020〕18 号)、《最高人民法院关于审理船舶油污损害赔偿纠纷案件若干问题的规定》(法释〔2020〕18 号)、《最高人民法院关于审理海上保险纠纷案件若干问题的规定》(法释〔2020〕18 号)、《最高人民法院关于审理海上货运代理纠纷案件若干问题的规定》(法释〔2020〕18 号)、《最高人民法院关于审理海事赔偿责任限制相关纠纷案件的若干规定》(法释〔2020〕18 号)、《最高人民法院关于审理海洋自然资源与生态环境损害赔偿纠纷案件若干问题的规定》(法释〔2020〕23 号)、《最高人民法院关于审理无正本提单交付货物案件适用法律若干问题的规定》(法释〔2020〕18 号)、《最高人民法院关于承运人就海上货物运输向托运人、收货人或提单持有人要求赔偿的请求权时效期间的批复》(法释〔1997〕3 号)、《最高人民法院关于海上保险合同的保险人行使代位请求赔偿权利的诉讼时效期间起算日的

---

〔1〕 张岑沁:"人民法院司法解释性质文件的法渊地位和适用",载《开封教育学院学报》2019 年第 1 期,第 237 页。

批复》（法释〔2014〕15 号）、《最高人民法院关于如何确定沿海、内河货物运输赔偿请求权时效期间问题的批复》（法释〔2001〕18 号）、《最高人民法院关于海事法院可否适用小额诉讼程序问题的批复》（法释〔2013〕16 号）、《最高人民法院关于审理发生在我国管辖海域相关案件若干问题的规定（一）》（法释〔2016〕16 号）、《最高人民法院关于审理发生在我国管辖海域相关案件若干问题的规定（二）》（法释〔2016〕17 号）、《最高人民法院关于海事法院受理案件范围的规定》（法释〔2016〕4 号）、《最高人民法院关于海事诉讼管辖问题的规定》（法释〔2016〕2 号）等。

现行有效的海事司法解释性质文件主要有《最高人民法院关于国内水路货物运输纠纷案件法律问题的指导意见》（法发〔2012〕28 号）、《最高人民法院关于非航行国际航线的我国船舶在我国海域造成油污损害的民事赔偿责任适用法律问题的请示的答复》（〔2008〕民四他字第 20 号）、《最高人民法院关于请示抵押权问题的答复》（法编字第 7146 号）、《最高人民法院关于船员私自承揽运输擅自开航的民事责任应否由轮船公司承担问题的答复》（法函〔1995〕43 号）、《最高人民法院关于未取得无船承运业务经营资格的经营者与托运人订立的海上货物运输合同或签发的提单是否有效的请示的复函》（〔2007〕民四他字第 19 号）、《最高人民法院关于青岛口岸船务公司与青岛运通船务公司水路货物运输合同纠纷一案中赔偿请求权诉讼时效期间如何计算的请示的复函》（〔2002〕民四他字第 13 号）、《最高人民法院关于船东所有的船舶能否因期租人对第三方负有责任而被扣押等问题的复函》（〔1998〕交他字 1 号）、《最高人民法院关于保险船舶发生保险事故后造成第三者船舶沉没而引起的清理航道费用是否属于直接损失的复函》（〔2000〕交他字第 12 号)、《最高人民法院关于饶兆义木船海损赔偿一案的批复》([57] 法研字第 564 号)、《最高人民法院关于木帆船海事赔偿责任问题的批复》(1955 年发布实施)、《最高人民法院关于海事审判工作发展的若干意见》(法发 [2006] 27 号)、《最高人民法院办公厅关于海事行政案件管辖问题的通知》(法办 [2003] 253 号) 以及《第二次全国涉外商事海事审判工作会议纪要》(法发 [2005] 26 号) 等。

可见,海事司法解释多以"规定""批复"为题,且文件号以"法释"开头,内容原则上多以条文形式呈现,在少数情况下采用列点的方式;海事司法解释性质文件的标题不一,包括"意见""指导意见""规定""答复""复函""批复""通知"以及"纪要"等,文件号也因此较为多样,多以"法发""法函""法办"等开头,内容上主要以列点形式呈现。海事司法解释相较于海事司法解释性质文件,更接近于制定法的体例。在海事司法中,无论是海事司法解释还是海事司法解释性质文件,均经常被引用。因此,有必要对二者的适用是否体现以及如何体现"用尽海商法"加以研究分析。

一、狭义海事司法解释"用尽海商法"的情况

狭义海事司法解释的内容相对庞杂,不同类型的狭义海事司法解释往往对应不同的适用方式,体现的"用尽海商法"也不同。狭义海事司法解释之间以及狭义海事司法解释与形式海商法之间可能存在一定的冲突,如何解决这类冲突也影响着"用尽海商法"。

(一) 不同类型狭义海事司法解释的"用尽海商法"

狭义海事司法解释的条文规定在类型上可以分为补充型、解释型、矫正型,不同类型的海事司法解释规定在司法适用的

方式和意义上不尽一致，所体现的"用尽海商法"也有所差别。

1. 补充型狭义海事司法解释

补充型狭义海事司法解释规定，主要包括对既有形式海商法中的规定进行接续性补充规定，或对形式海商法中的裁量性规定进行标准设置补充规定，或对形式海商法的立法空白进行填补规定，或对相关程序进行增补规定，或对必要的事实、证据认定以及举证责任分配进行补充规定，或对同类事项不同情况的呈现进行延伸补充规定，或结合海事司法政策进行转化补充规定，或对海事法院的管辖和法律适用进行明晰化的补充规定，等等。

接续性的补充规定，如《最高人民法院关于审理海上保险纠纷案件若干问题的规定》第 14、15、16 条的规定。《海商法》第 252 条虽然明确了保险人自支付赔偿之日起，取得被保险人对第三人的赔偿请求权，即海上保险代位求偿权，但没有就如何行使海上保险代位求偿权进行规定。而上述海事司法解释规定在此基础上接续《海商法》的规定，进一步明确保险人行使代位求偿权时，海事法院应该审理的法律关系以及保险人是否享有相关的时效中断权利等。接续性补充规定在充实形式海商法内容的同时，也提升了规定的司法可适用性。实践中，上述狭义海事司法解释有单独适用的，[1]也有与《海商法》第 252条的规定一并适用的，[2]还有与《保险法》第 60 条的规定一起适用的情况。[3]显然，在《海商法》已有规定的情况下，以

---

〔1〕　天津市高级人民法院［2011］津高民四终字第 143 号民事判决书；上海市高级人民法院［2011］沪高民四（海）终字第 198 号民事判决书。

〔2〕　山东省高级人民法院［2013］鲁民四终字第 1 号民事判决书；上海海事法院［2017］沪 72 民初 1812 号民事判决书；上海市高级人民法院［2013］沪高民四（海）终字第 105 号民事判决书。

〔3〕　上海市高级人民法院［2015］沪高民四（海）终字第 15 号民事判决书。

《保险法》替代《海商法》的适用背离了"用尽海商法"。此外，这些狭义海事司法解释规定为接续性补充规定，规定中所涉及的权利的合法性来自形式海商法，因此与形式海商法的相关规定一并适用比单独适用更能体现海商法规范的完整性，以及海事司法论证的严谨性。

标准设置的补充规定，如《最高人民法院关于审理船舶油污损害赔偿纠纷案件若干问题的规定》第 9 条；《最高人民法院关于审理海上货运代理纠纷案件若干问题的规定》第 3 条；《最高人民法院关于适用〈中华人民共和国海事诉讼特别程序法〉若干问题的解释》第 24 条、第 83 条；《最高人民法院关于审理海洋自然资源与生态环境损害赔偿纠纷案件若干问题的规定》第 7 条等。在实践中，这类规定经常直接作为海事司法审判的依据，用以确定相关损失的范围、数额以及特定事实是否存在。[1]

立法空白的填补规定，可以被分为具体条文类的立法空白填补和某类问题的集中立法空白填补。前者如《最高人民法院关于审理海上保险纠纷案件若干问题的规定》第 11 条关于承运人无单放货是否属于保险人赔偿范围的规定；《最高人民法院关于审理海事赔偿责任限制相关纠纷案件的若干规定》第 3 条关于海事赔偿责任限制管辖的规定、第 14 条关于海事赔偿责任限制性质的规定；《最高人民法院关于适用〈中华人民共和国海事诉讼特别程序法〉若干问题的解释》第 8 条关于船员劳务纠纷是否可以直接向海事法院提起诉讼的规定等。后者如《最高人民法院关于审理涉船员纠纷案件若干问题的规定》《最高人民法院关于审理海上货运代理纠纷案件若干问题的规定》《最高人民

---

[1] 广州海事法院［2014］广海法初字第 16 号民事判决书；最高人民法院［2015］民提字第 151 号民事判决书；厦门海事法院［2014］厦海法商初字第 182 号民事判决书；上海市高级人民法院［2016］沪民终 180 号民事判决书。

法院关于审理无正本提单交付货物案件适用法律若干问题的规定》以及《最高人民法院关于审理海洋自然资源与生态环境损害赔偿纠纷案件若干问题的规定》等。

　　无论是具体条文类的立法空白填补，还是某类问题的集中立法空白填补，都属于在形式海商法规范的基础上补充海商法规范，且是对海商法规范体系最有力和最显见的补充。相比于具体条文类的立法空白填补，某类问题的集中立法空白填补在海事司法中的适用更具复杂性。某类问题的集中立法空白填补，往往是法院在面临海事司法实践中的规范需求，而又无法在形式海商法规范中寻找到对应的合适规范时，基于一定的法理和立法规定结合海商法规范目的和价值不断践行出的经验总结。以《最高人民法院关于审理无正本提单交付货物案件适用法律若干问题的规定》为例，其中的第 6 条关于承运人因无单放货造成正本提单持有人损失的赔偿数额的计算方式是根据《海商法》第 55 条的规定所作的填补性规定，在无单放货问题上延续了海商法对从事海上运输业特殊风险的倾斜性保护立场；第 9 条参照原《合同法》第 308 条，规定在货物交付给记名提单收货人之前，记名提单托运人有权要求承运人中止运输、返还货物、变更到达地或者把货物交给其他收货人，且承运人不因此承担无单放货的责任。类似的还有，第 11 条参照原《民法通则》第 130 条，规定因无单放货遭受损失的正本提单持有人，可以要求承运人与无正本提单提货的人承担连带责任。

　　上述这些规定在海事司法中常被一般法的规定所掩盖，即以一般民商法的规定作为前置性规定而后再援引上述海事司法解释的规定，体现的更多是一般法规范的适用，削弱了海事司法解释作为海商法规范的独立性。例如，曾有些海事案件中法院在适用《最高人民法院关于审理无正本提单交付货物案件适

用法律若干问题的规定》第 6 条的规定时，先适用原《合同法》
第 107 条和第 113 条（现《民法典》第 577 条、第 584 条）的
规定。[1]原《合同法》第 107 条规定，合同当事人不履行合同
义务的，或履行合同义务不符合合同约定的应该承担违约责任。
第 113 条规定，违约的损失赔偿额应相当于因违约所造成的损
失，包括合同履行后可以获得的利益。可见，原《合同法》的
规定与《海商法》的规定不同，原《合同法》在损失额的计算
上包括了利益损失。原《合同法》作为一般性规定，没有对海
上运输行业的特殊风险进行利益倾斜性的保护。先引用《合同
法》的规定，再引用海事司法解释的规定，不仅背离了法律适
用上的规范关联性原则，而且前后所适用的规范之间存在矛盾。
更有甚者，在类似的案件中，海事法院只适用原《合同法》第
107 条和第 113 条的规定，《最高人民法院关于审理无正本提单
交付货物案件适用法律若干问题的规定》第 6 条既没有被作为
裁判依据适用，也没有被作为裁判理由适用。[2]此外，也有些
案例虽然没有引用原《合同法》第 113 条，但也仍以原《合同
法》第 107 条作为《最高人民法院关于审理无正本提单交付货
物案件适用法律若干问题的规定》第 6 条的前置性规定适
用。[3]只有少数案件中海事法院径直适用《最高人民法院关于
审理无正本提单交付货物案件适用法律若干问题的规定》第 6
条的规定。[4]

---

〔1〕 上海市高级人民法院 ［2017］沪民终 71 号民事判决书；上海海事法院
［2016］沪 72 民初 173 号、［2015］沪海法商初字第 2978 号、［2016］沪 72 民初
2697 号、［2016］沪 72 民初 2398 号民事判决书。

〔2〕 上海市高级人民法院 ［2016］沪民终 86 号民事判决书。

〔3〕 天津市高级人民法院 ［2016］津民终 239 号民事判决书；宁波海事法院
［2015］甬海法商初字第 336 号民事判决书。

〔4〕 天津市高级人民法院 ［2016］津民终 198 号民事判决书；浙江省高级人
民法院 ［2017］浙民终 93 号民事判决书。

在上述三种不同的法律适用方案中，径直适用海事司法解释规定的法律适用选择更能体现"用尽海商法"。从规范的关联性来看，原《合同法》第 107 条和第 113 条的规定只是针对合同违约情况作出的一般性规定，没有就无单放货问题作出直接的规定。因而，将这两个条文适用于无单放货的损失赔偿问题，使整个法律适用过程显得牵强和不易理解。相较而言，《最高人民法院关于审理无正本提单交付货物案件适用法律若干问题的规定》虽然不具有制定法的形式，但就无单放货造成损失的赔偿问题已经作出明确规定，且更为契合形式海商法所确立的规范价值取向，适用此规定比适用原《合同法》的规定更能体现海事司法的效益性。

在狭义海事司法解释规定中，有关程序的增补规定，如《最高人民法院关于适用〈中华人民共和国海事诉讼特别程序法〉若干问题的解释》第 22 条的通知程序和《最高人民法院关于扣押与拍卖船舶适用法律若干问题的规定》第 6 条的催告程序等。有关事实、证据认定以及举证责任分配的补充规定，如《最高人民法院关于审理船舶碰撞纠纷案件若干问题的规定》第 8 条、第 11 条等。这些规定虽然较少直接作为判断当事人间权利义务的依据，但其存在和适用却在很大程度上提高了相关海商法规范的司法操作性。

对同类事项不同情况的延伸规定，如《最高人民法院关于审理海上保险纠纷案件若干问题的规定》第 10 条；《最高人民法院关于扣押与拍卖船舶适用法律若干问题的规定》第 2 条等。《海商法》第 224 条仅就被保险人在订立合同时已经知道或应该知道保险标的因保险事故而遭受损失的，保险人是否需要负赔偿责任作出规定。《最高人民法院关于审理海上保险纠纷案件若干问题的规定》第 10 条对保险人与被保险人在订立合同时，均不知道保险标的已经发生保险事故而遭受损失，或不再可能因保险事故而遭受损失的保险合同的效力问题，进行延伸规定。《海事诉讼法》第 24 条对海事请求人因同一海事请求能否申请扣押已被扣押过的船舶作出规定。《最高人民法院关于扣押与拍卖船舶适用法律若干问题的规定》第 2 条对海事法院能否应不同海事请求人的申请，对已被扣押的船舶采取扣船措施作出延伸规定。此类规定提升了海商法规范的完备性，海事司法法律适用的准确性也因此得以提高。

结合海事司法政策的转化补充规定，如《最高人民法院关于审理海上货运代理纠纷案件若干问题的规定》第 5 条、第 8 条、第 12 条等。其中第 5 条对货运代理的转委托作了一定的限制，体现了海事司法政策对于货运代理行业中层层转委托现象的抑制态度。第 8 条基于保护 FOB 贸易条件下货物所有人利益的司法政策，规定当契约托运人与实际托运人均要求货运代理企业交付提单的，货物代理企业应向实际托运人交付提单。第 12 条在参照原《民法通则》中违法代理规定的基础上，结合海事司法政策对货运代理企业的违法代理行为作为惩戒性规定，即明确货运代理企业与缺乏资质的无船承运人对提单项下的损失承担连带责任。[1]此类规范由于结合了海事司法政策，在价值取向上已经做了一定的选择和预设，且其更深层次的价值指引来自国家经济政策，将其适用于海事司法审判，规范中所蕴含的价值也将得以实现。

对海事法院的管辖和法律适用进行明晰化规定的，如《最高人民法院关于审理船舶碰撞纠纷案件若干问题的规定》第 3 条；《最高人民法院关于审理海上保险纠纷案件若干问题的规

---

[1] 王彦君、傅晓强："《关于审理海上货运代理纠纷案件若干问题的规定》的理解与适用"，载《人民司法》2012 年第 11 期，第 41 页。

定》第1条、第3条；《最高人民法院关于审理海上货运代理纠纷案件若干问题的规定》第13条、第15条；《最高人民法院关于扣押与拍卖船舶适用法律若干问题的规定》第23条等。除了上述零散的条文规定，还有《最高人民法院关于海事诉讼管辖问题的规定》《最高人民法院关于审理发生在我国管辖海域相关案件若干问题的规定（一）》等较为集中的规定。就管辖与法律适用的关系而言，虽然海事法院所管辖的案件并不一定都适用海商法规范，而非海事法院管辖的案件也并非不能适用海商法规范，但在海事法院管辖的案件中海商法规范的适用，通常处于优先顺位且在比重上占绝大多数。因此，是否属于海事法院管辖在很大程度上影响着海商法规范的司法适用。相比于管辖，海事司法解释中法律适用的规定直接影响着海商法规范的适用范围。尤其是，其中有关于《海商法》适用与一般民商法适用的界分规定，更是直接凸显了海商法规范的海事司法适用范围。从"用尽海商法"的角度看，这类狭义海事司法解释规定的适用价值不在于必然地扩大海商法规范的适用范围，而主要体现在将海商法规范适用于最应该适用的案件中，实现司法效益意义上的"用尽海商法"。

2. 解释型狭义海事司法解释

解释型狭义海事司法解释规定主要包括重述性解释、释义性解释、扩展解释、限缩解释等。

重述性解释的规定，如《最高人民法院关于审理海事赔偿责任限制相关纠纷案件的若干规定》第19条；《最高人民法院关于适用〈中华人民共和国海事诉讼特别程序法〉若干问题的解释》第65条等。《最高人民法院关于审理海事赔偿责任限制相关纠纷案件的若干规定》第19条就船舶不适航问题能否作为海事赔偿责任人丧失海事赔偿责任限制的理由作出规定，但实际上《海商法》第 209 条已经规定得足够明确，即海事赔偿责任人丧失海事赔偿责任限制的条件是故意或明知。因此，只要船舶不适航不是由海事赔偿责任人的故意或明知所造成的，海事赔偿责任人仍享有海事赔偿责任限制的权利。第 19 条的规定属于对《海商法》第 209 条的往复解释，容易复杂化原本的法律规定和混淆海事司法法律适用。同样，《最高人民法院关于适用〈中华人民共和国海事诉讼特别程序法〉若干问题的解释》第 65 条是对《海事诉讼法》第 95 条的非必要解释。因为通过常规的法律解释方法，即联系《海事诉讼法》第 94 条以及第 95 条第 2 款的规定，不难得出保险人依据《海事诉讼法》第 95 条的规定行使海上保险代位求偿权应该以自己的名义提起诉讼。解释的意义是进一步明晰原条文规定中的不清楚内容，如果只是重述原条文的规定，则海事司法解释就缺失规范意义，将其作为裁判依据或理由替代原有的形式海商法规定适用于海事司法审判，容易削弱海事司法者的审判业务能力。

释义性解释的规定，如《最高人民法院关于审理船舶碰撞纠纷案件若干问题的规定》第 7 条；《最高人民法院关于审理海事赔偿责任限制相关纠纷案件的若干规定》第 12 条、第 18 条；《最高人民法院关于适用〈中华人民共和国海事诉讼特别程序法〉若干问题的解释》第 3 条、第 4 条、第 5 条、第 6 条、第 7 条等。此类规定主要是对相关概念进行解释，或者在文义范围内对《海商法》相关条文的规定进一步明晰化，其在海事司法中的适用应该与相对应的《海商法》的规定一起适用。

扩展解释的规定，如《最高人民法院关于审理船舶碰撞纠纷案件若干问题的规定》第 5 条；《最高人民法院关于审理船舶油污损害赔偿纠纷案件若干问题的规定》第 18 条；《最高人民法院关于适用〈中华人民共和国海事诉讼特别程序法〉若干问题的解释》第 1 条。限缩解释的规定，如《最高人民法院关于扣押与拍卖船舶适用法律若干问题的规定》第 20 条、第 21 条；《最高人民法院关于适用〈中华人民共和国海事诉讼特别程序法〉若干问题的解释》第 18 条、第 29 条、第 87 条。扩展解释和限缩解释规定将形式海商法规定的意涵框定在适当的范围内，在此范围内海商法规范的价值能够得到最为妥当的体现。

3. 矫正型狭义海事司法解释

矫正型狭义海事司法解释规定，主要指对形式海商法中的规定进行矫正以提高规定的科学性和可操作性。如《最高人民法院关于扣押与拍卖船舶适用法律若干问题的规定》第 22 条矫正了《海事诉讼法》第 23 条第 2 款的规定，避免申请扣押姐妹船的海事请求人无法参与债权登记；《最高人民法院关于审理船舶碰撞纠纷案件若干问题的规定》第 4 条矫正了《海商法》中关于船舶碰撞责任主体的规定，即从对物责任转为对人责任，以此契合我国的对人诉讼制度；《最高人民法院关于审理海事赔偿责任限制相关纠纷案件的若干规定》第 7 条矫正了《海事诉讼法》第 114 条的规定，明确应在海事赔偿责任限制基金成功设立后，再对申请登记的债权进行审查并裁定是否准予登记；《最高人民法院关于适用〈中华人民共和国海事诉讼特别程序法〉若干问题的解释》第 13 条对《海事诉讼法》第 11 条进行矫正，明确被执行财产为船舶的应由相关的海事法院管辖，而非一般中级人民法院。矫正型狭义海事司法解释在海事司法实践中的适用通常与其矫正的对象一并适用。[1]如此，既避免了

---

〔1〕 广东省高级人民法院［2016］粤民终 1982 号民事判决书；宁波海事法院［2014］甬海法事初字第 84 号民事判决书；上海海事法院［2014］沪海法海初字第 91 号、［2013］沪海法海初字第 51 号、［2014］沪海法海初字第 88 号民事判决书；辽宁省高级人民法院［2014］辽民三终字第 00184 号民事判决书；上海市高级人民法院［2016］沪民终 75 号、［2017］沪民终 225 号民事判决书。

以海事司法解释任意凌驾于形式海商法的规定之上，同时又有助于实现形式海商法规定在海事司法中的正确适用。

（二）狭义海事司法解释中批复的"用尽海商法"

狭义海事司法解释中的批复，主要包括《最高人民法院关于海上保险合同的保险人行使代位请求赔偿权利的诉讼时效期间起算日的批复》《最高人民法院关于如何确定沿海、内河货物运输赔偿请求权时效期间问题的批复》《最高人民法院关于承运人就海上货物运输向托运人、收货人或提单持有人要求赔偿的请求权时效期间的批复》以及《最高人民法院关于海事法院可否适用小额诉讼程序问题的批复》。海事司法实践中此类批复常常直接作为裁判依据或理由适用。[1]值得注意的是，《最高人民法院关于海上保险合同的保险人行使代位请求赔偿权利的诉讼时效期间起算日的批复》的适用，还涉及海商法规范与一般法规范适用的界分问题。

《最高人民法院关于海上保险合同的保险人行使代位请求赔偿权利的诉讼时效期间起算日的批复》于 2014 年才颁布实施，在此之前《最高人民法院关于适用〈中华人民共和国保险法〉若干问题的解释（二）》已经施行。二者关于保险代位求偿权时效起算点的规定不同，前者规定时效自承运人交付或应当交付货物之日起算，后者规定时效自保险人取得代位求偿权之日起算，后者较前者延长了被保险人与第三人之间的法律关系存续期间。理论上，有观点认为，《最高人民法院关于适用〈中华人民共和国保险法〉若干问题的解释（二）》关于保险代位求偿权的时效起算规定，不符合海上保险代位求偿权的立法取向和实

---

〔1〕 大连海事法院［2000］大海法商初字第 173 号民事判决书；北海海事法院［2005］海商初字第 50 号民事判决书；上海海事法院［2005］沪海法商初字第 273 号民事判决书；广州海事法院［2013］广海法初字第 119 号民事判决书。

务惯常操作。即，现有立法倾向于鼓励权利人尽快行使对第三人的权利，且被保险人有义务保护保险人的代位求偿权。尽管是在《最高人民法院关于海上保险合同的保险人行使代位请求赔偿权利的诉讼时效期间起算日的批复》尚未施行的时候，也不应在海上保险代位求偿权问题上适用《最高人民法院关于适用〈中华人民共和国保险法〉若干问题的解释（二）》的规定。[1]

在《最高人民法院关于海上保险合同的保险人行使代位请求赔偿权利的诉讼时效期间起算日的批复》施行以后，此批复与《最高人民法院关于适用〈中华人民共和国保险法〉若干问题的解释（二）》的适用仍存在争议。在"中国大地财产保险股份有限公司营业部与中海华东物流有限公司海上货物运输合同纠纷案"中，被告主张适用《最高人民法院关于海上保险合同的保险人行使代位请求赔偿权利的诉讼时效期间起算日的批复》。法院认为，能否适用此批复应该视本案中海上保险代位求偿权涉及的被保险人与第三人的关系是否属于《海商法》调整的范围而定。由于本案的海上保险代位求偿权涉及的被保险人与第三人的关系为港口之间的海上货物运输合同关系，不在《海商法》的调整范围之内，因此应该适用《最高人民法院关于适用〈中华人民共和国保险法〉若干问题的解释（二）》第16条的规定。[2]

《最高人民法院关于海上保险合同的保险人行使代位请求赔偿权利的诉讼时效期间起算日的批复》作为海商法规范，相较于《最高人民法院关于适用〈中华人民共和国保险法〉若干问题的解释（二）》为特别法规范，更适宜适用于海上代位求偿

〔1〕　初北平、曹兴国："变革中的海上保险合同诉讼时效再审视"，载《法学杂志》2014年第11期，第95页。
〔2〕　上海海事法院［2014］沪海法商初字第1509号民事判决书。

权问题。在此范围内，以《最高人民法院关于适用〈中华人民共和国保险法〉若干问题的解释（二）》任意替代《最高人民法院关于海上保险合同的保险人行使代位请求赔偿权利的诉讼时效期间起算日的批复》的适用背离了"用尽海商法"。

(三) 狭义海事司法解释间以及狭义海事司法解释与形式海商法相互冲突时的"用尽海商法"

狭义海事司法解释不同于形式海商法，不存在明确的效力位阶关系，相互冲突的狭义海事司法解释之间不能依据"上位法优于下位法"等规则解决。狭义海事司法解释都由最高人民法院颁布，且在颁布时间上有先后之分，有些狭义海事司法解释还在其条文中明确与其他狭义海事司法解释冲突时的适用。如《最高人民法院关于审理海事赔偿责任限制相关纠纷案件的若干规定》第 23 条即规定"本规定施行之前最高人民法院颁布的司法解释与本规定不一致的，以本规定为准"。由此可见，狭义海事司法解释之间的冲突主要以类似于"新法优于旧法"的规则解决。这种内置性的规范冲突解决方法有助于在适用狭义海事司法解释的过程中提高"用尽海商法"的融贯性。

狭义海事司法解释与形式海商法规定之间也可能存在冲突。如《海事诉讼法》第 7 条规定，因船舶排放、泄漏、倾倒油类造成海域污染损害提起的诉讼，由污染发生地、损害结果地或者采取预防污染措施地海事法院管辖。而《最高人民法院关于审理船舶油污损害赔偿纠纷案件若干问题的规定》第 2 条规定，当事人就油轮装载持久性油类造成的油污损害提起诉讼，由船舶油污事故发生地海事法院管辖，二者的规定并不完全相容。司法解释在《海事诉讼法》施行之后创设油污损害赔偿集中管辖规则，或许在实践操作上能够带来更多的便利，但容易诱使司法者以司法解释轻易背离《海事诉讼法》。矫正型狭义海事司法解释虽然也与形式海商法的相关规定不一致，但其主要针对的是那些"不做矫正即不宜适用"的规定，而上述司法解释变更的《海事诉讼法》规定只是在适用上会带来一定的不便，尚不至于不宜适用，轻易对此作出变更可能侵犯到立法权。因此，本书认为，在海事司法中，如果海事法院任意弃用《海事诉讼法》的规定而适用此类狭义海事司法解释规定，不属于"用尽海商法"。

二、海事司法解释性质文件"用尽海商法"的情况

海事司法解释性质文件，或称海事司法指导性文件，也是关于海事司法过程中具体适用法律问题的规定，能够为各级人民法院的海事裁判活动起到一定的指引和规范作用。不同于狭义海事司法解释，海事司法解释性质文件一般不是由最高人民法院审判委员会讨论通过的，且其内容主要以列点而非以具有引用功能的条文方式呈现。根据《最高人民法院关于裁判文书引用法律、法规等规范性法律文件的规定》（法释〔2009〕14号）第6条的规定，海事法院可以根据案件审理的需要，将经审查认定合法的海事司法解释性质文件，作为裁判说理的依据适用于海事司法过程。也即，按照此规定，海事司法解释性质文件只可能作为司法审判的说理理由，而不是裁判理由和裁判依据适用于海事司法过程。但实践中将海事解释性质文件直接作为裁判依据的案件并不在少数。

就海事司法实践而言，海事司法解释性质文件中被经常引用的主要是《第二次全国涉外商事海事审判工作会议纪要》《最高人民法院关于审理船舶碰撞和触碰案件财产损害赔偿的规定》以及《最高人民法院关于国内水路货物运输纠纷案件法律问题的指导意见》。《最高人民法院关于审理船舶碰撞和触碰案件财产损害赔偿的规定》主要是作为计算损害赔偿数额的依据或标

准适用。〔1〕其余几个海事司法解释性质文件在具体适用方式上大致可以被分为以下几种：虽然不在判决书引用的法律依据部分列出，但如同法律一样适用；〔2〕在判决书引用的法律依据部分与法律一样适用；〔3〕在判决书引用的法律依据部分参照适用；〔4〕在推理论证过程中参照适用；〔5〕视为一种指导精神适用。〔6〕

由此可见，海事司法解释性质文件在海事司法实践中的适用方式并不统一。从规范内容的角度看，海事司法解释性质文件的规定或许有补充海商法规范体系缺漏的作用，但这种作用极为有限。海事司法解释性质文件由于没有经过最高人民法院审判委员会的讨论通过，且主要是针对个别案件作出的，其在程序上、内容上缺少必要的正当性、权威性，直接将海事司法解释性质文件作为裁判依据适用在法理上稍显牵强。

海事司法解释性质文件的规范内容中较为合理的部分通常会被转化为形式海商法或狭义海事司法解释的内容，〔7〕而有些

---

〔1〕 上海海事法院［2013］沪海法海初字第 63 号、［2013］沪海法海初字第 51 号民事判决书。

〔2〕 天津海事法院［2019］津 72 民初 40 号民事判决书；武汉海事法院［2018］鄂 72 民初 1504 号、［2016］鄂 72 民初 1523 号民事判决书；广东省高级人民法院［2018］粤民终 1768 号民事判决书；广州海事法院［2018］粤 72 民初 196 号民事判决书。

〔3〕 厦门海事法院［2014］厦海法商初字第 75 号民事判决书。

〔4〕 厦门海事法院［2015］厦海法商初字第 163 号民事判决书。

〔5〕 湖北省高级人民法院［2016］鄂民终 189 号民事判决书；武汉海事法院［2018］鄂 72 民初 1529 号民事判决书。

〔6〕 武汉海事法院［2018］鄂 72 民初 1083 号民事判决书。

〔7〕 如《最高人民法院关于招远市玲珑电池有限公司与烟台集洋集装箱货运有限责任公司海事赔偿责任限制申请一案请示的复函》与《最高人民法院关于审理海事赔偿责任限制相关纠纷案件的若干规定》第 14 条内容相近；《第二次全国涉外商事海事审判工作会议纪要》第 102 点、第 119 点第 1 项、第 125 点以及第 132 点分别与《最高人民法院关于审理无正本提单交付货物案件适用法律若干问题的规定》第 4 条、《最高人民法院关于审理海上保险纠纷案件若干问题的规定》第 4 条、第 14 条、《最高人民法院关于审理船舶碰撞纠纷案件若干问题的规定》第 5 条内容相近。

海事司法解释性质文件的规定是在狭义海事司法解释已有规定的情况下作出相似的规定。[1]就这两种情况而言，海事司法解释性质文件都不应该再作为裁判依据或理由适用于海事司法过程。因为此时的海事司法解释性质文件不再具有补充海商法规范的作用，继续适用反而会使得整个海商法规范体系变得冗余和复杂，影响海事司法法律适用的效益性。然而，实践中这种现象却并不少见。例如，在一起船员劳务合同纠纷案中，法院依据《最高人民法院关于国内船员劳务合同纠纷案件是否应劳动仲裁前置的请示的复函》（2002 年颁布实施，2013 年废止）明确船员劳务合同纠纷案件不必以仲裁前置为限制。[2]此判决于 2010 年作出，而《最高人民法院关于适用〈中华人民共和国海事诉讼特别程序法〉若干问题的解释》于 2008 年已经生效实行，且对船员劳务纠纷无需经仲裁前置作出明确规定，法院弃更具正当性和权威性的狭义海事司法解释不用，而适用海事司法解释性质文件，违背了海事司法"用尽海商法"的效益性。

　　海事司法解释性质文件多数情况下只有个别规定，缺乏体系性，不同海事司法解释性质文件的规定之间还可能存在重叠的情况。例如，《第二次全国涉外商事海事审判工作会议纪要》第 141 点的规定与《最高人民法院关于非航行国际航线的我国船舶在我国海域造成油污损害的民事赔偿责任适用法律问题的请示的答复》的规定相近。此外，有些海事司法解释性质文件

----

　　〔1〕　如海事司法解释性质文件《最高人民法院关于青岛口岸船务公司与青岛运通船务公司水路货物运输合同纠纷一案中赔偿请求权诉讼时效期间如何计算的请示的复函》与狭义海事司法解释《最高人民法院关于如何确定沿海、内河货物运输赔偿请求权时效期间问题的批复》在内容上相似，但后者于 2001 年就已经实行，而前者于 2002 年才颁布实施。前者的颁布实际上是多余的，且实践也证明了这类海事司法解释性质文件的存在不仅无益于且会扰乱海事司法法律适用。
　　〔2〕　福建省高级人民法院［2010〕闽民终字第 716 号民事判决书。

的规定还可能与狭义海事司法解释的规定不一致。例如，《第二次全国涉外商事海事审判工作会议纪要》第119点第2项的规定与《最高人民法院关于审理海上保险纠纷案件若干问题的规定》第8条的规定存在差异，前者规定保险人与被保险人在被保险人违反保证条款之后就修改承保条件、增加保险费等事项未能达成一致意见的，保险人可以以书面形式解除合同。后者没有以书面形式为限制，只规定保险合同自违反保证条款之日解除。这些问题都在很大程度上影响了海事司法解释性质文件作为海事司法裁判依据的正当性和权威性。

本书认为，海事司法解释性质文件，只适宜作为说理理由适用于海事司法过程，如果海事司法解释性质文件的规范内容，经实践检验确实是合理、妥当的，且有必要转化为形式海商法规范或狭义海事司法解释，这些规范内容可以以形式海商法规范或狭义海事司法解释的形式，作为裁判依据适用于海事司法过程，但不宜直接以海事司法解释性质文件的形式作为裁判依据适用于海事司法过程。将海事司法解释性质文件作为说理理由适用于海事司法过程，能避免任意以海事司法解释性质文件填充或替补形式海商法规定和狭义海事司法解释，保障海商法规范体系的程序正当性和内容权威性。

三、海事司法解释的适用顺位对"用尽海商法"的影响

有观点认为，海事司法解释是对《海商法》等形式海商法的解释，因此海事司法解释本质上应内含于形式海商法之内，适用海事司法解释即适用形式海商法，海事行政法规与海事司法解释不一致的，应首先适用海事司法解释。[1]本书认为，此

---

〔1〕 孔祥俊：《法律解释与适用方法》，中国法制出版社2017年版，第29页。

观点只能指涉极为有限的一部分海事司法解释。因为海事司法解释的类型和内容较为复杂，不是所有的海事司法解释都是在形式海商法的基础上经文义解释、体系解释等传统法律解释方法而形成。况且，海事司法解释始终是由最高人民法院颁布实施的，而最高人民法院的主要职责是司法而非立法，海事司法解释不能完全等同于由立法机关制定的形式海商法。

　　实践中对海事司法解释适用顺位的争议主要体现在海事司法解释与一般法、海事司法解释与海事国际条约、海事司法解释与海事国际惯例的适用顺位问题上。

　　就海事司法解释与一般法的适用顺序而言，在一些海事司法案件中，海事法院适用海事司法解释的时候，也曾适用原《物权法》等一般法的相关规定，但没有适用《海商法》；[1]另有一些海事司法案件，海事法院同时适用一般法、《海商法》以及海事司法解释等，其中有将一般法前置的，[2]也有将《海商法》和（或）海事司法解释前置的。[3]海事司法解释的许多规定往往需要与《海商法》等形式海商法一并适用才能全面体现海商法规范的内容和意义。海事司法解释作为海商法规范的表征适用于海事司法过程，填补了形式海商法的缺漏，凸显了海事司法"用尽海商法"的整体性。然而，一般法的适用并不总是必要的，尤其是一般法的规定与形式海商法或海事司法解释重叠的，即形式海商法或海事司法解释已有规定的，依照一般

---

〔1〕　上海市高级人民法院［2017］沪民终 99 号民事判决书；宁波海事法院［2014］甬海法温商初字第 40 号民事判决书；天津海事法院［2014］津海法事初字第 39 号民事判决书等。

〔2〕　宁波海事法院［2014］甬海法商初字第 478 号民事判决书；上海市高级人民法院［2017］沪民终 271 号民事判决书；上海海事法院［2014］沪海法海初字第 78 号民事判决书等。

〔3〕　厦门海事法院［2011］厦海法事初字第 66 号、［2015］厦海法事初字第 56 号民事判决书；宁波海事法院［2014］甬海法事初字第 47 号民事判决书等。

法与特殊法的关系，应该直接适用形式海商法或海事司法解释等特殊法律规范。任意以一般法作为海事司法解释适用的前置性规定，容易营造出海事司法解释只是一般法的延伸规定的假象，掩盖了海事司法解释具有的海商法规范价值，限制了海事司法解释独立作为海商法规范适用的可能，削弱了海事司法"用尽海商法"的整体性。海事司法"用尽海商法"并不完全排斥一般法的适用，因为特定的案件涉及的纠纷可能具有多面性，也可能是形式海商法以及包括海事司法解释在内的实质海商法都没有规定的。对此，有必要在一般法中寻找恰当的规范以解决纠纷。换言之，如果一般法的适用是必要的，则无论是一般法前置，还是形式海商法或海事司法解释前置，都只是一种法律文书的行文规范问题，不会对海事司法"用尽海商法"造成实质性影响。

就海事司法解释与海事国际条约的适用顺序而言，实践中有将海事司法解释放在海事国际条约之后适用的，[1]也有将海事司法解释放在海事国际条约之前适用的，[2]没有形成较为统一的做法。本书认为，如果同一份判决书中同时引用海事司法解释与海事国际条约分别就不同的事项进行评判，即二者的规定不重叠，在判决书法律依据引用部分，不论是将海事司法解释排在海事国际条约之前，还是将海事国际条约排在海事司法解释之前，都无甚实质影响，二者的适用都体现了"用尽海商法"。在海事司法解释与海事国际条约的规定重叠的情况下，即二者对同一事项作出规定，不论二者的规定是否相同，如果海事国际条约对我国生效且满足海事国际条约适用的其他条件，则海事法院应该优先适用海事国际条约，海事司法解释在这种

〔1〕 天津海事法院［2007］津海法事初字第261号民事判决书。
〔2〕 青岛海事法院［2011］青海法海事初字第5-1号民事判决书。

情况下的适用难以体现"用尽海商法"。而如果海事国际条约尚未对我国生效或不满足海事国际条约适用的其他条件，应该优先适用海事司法解释。尤其是，如果海事司法解释的规定是借鉴自海事国际条约，适用海事司法解释更妥当。

就海事司法解释与海事国际惯例的适用顺序而言，当海事司法解释与海事国际惯例都可以适用，且二者的规定不相容时，原则上应该优先适用海事司法解释。因为相较于海事国际惯例，海事司法解释由我国最高司法机关颁布，内容相对明确且高度贴合中国的海事司法实践，法院在适用时可节省一定的查证时间和成本。当然，如果海事国际惯例的规定与海事司法解释的规定不相冲突，则共同援引二者加以强化论证并无不可。

四、海事司法解释"用尽海商法"的完善

海事司法解释内容复杂多样，要实现海事司法解释的"用尽海商法"，应该在海事司法中细化海事司法解释，针对不同类型的海事司法解释，采用恰当的方式，以正确发挥其海商法规范价值和海事司法效益。

首先，海事司法解释应该区分狭义海事司法解释与海事司法解释性质文件。前者是经最高人民法院审判委员会讨论通过，且以具有引用功能的条文形式呈现，内容上也多具有体系性，此类海事司法解释在形式海商法的基础上，根据其对海商法规范体系的作用，可以分为补充型、解释型以及矫正型。其中，补充型又可以细分为标准设置补充、空白填补、程序增补等不同类型的规定。后者虽然也是由最高人民法院颁布，但未经最高人民法院审判委员会讨论通过，在内容上较为单一，仅就特定案件中的特定问题进行回答，且通常不以具有条文引用功能的形式呈现。无论是从内容上看还是从形式上看，狭义海事司

法解释较海事司法解释性质文件都更适宜作为海事司法的裁判依据或理由。实践中，海事司法者应尽量避免直接适用海事司法解释性质文件，即便适用，也应该就相应的海事司法解释性质文件所体现的法理做进一步的解释说明。就当前海事实践中的几种适用方式而言，将海事司法解释性质文件视为一种指导精神转述适用较为可取。如果海事司法解释性质文件的规定与狭义海事司法解释的规定不一致，那么海事司法者便应该优先适用狭义海事司法解释而非海事司法解释性质文件。因为，狭义海事司法解释较海事司法解释性质文件在纠纷解决上更具正当性和权威性，更容易实现海事司法"用尽海商法"的效益性。

其次，不同狭义海事司法解释规定在适用方式上应有所区别。有些狭义海事司法解释规定可以且适宜单独适用，而有些狭义海事司法解释规定适宜与形式海商法的相关规定一并适用，还有些狭义海事司法解释规定不宜适用。具体而言，从海事司法"用尽海商法"的整体性来看，补充型狭义海事解释规定中的立法空白填补规定、标准设置补充规定、程序增补规定、司法政策转化补充规定、同类事项不同情况延伸规定以及管辖和法律适用说明规定等，可以且适宜单独适用；从海事司法"用尽海商法"的效益性来看，接续性补充规定、释义性解释规定、扩展或限缩解释规定以及矫正型规定等，适宜与形式海商法的相关规定一并适用；而解释型狭义海事司法解释中的重述性规定的适用，难以体现"用尽海商法"的相关价值，不宜作为裁判依据或理由适用于海事司法过程。因为，重述性规定只是对既有形式海商法规定的内容进行简单重复，不具有解释的价值，其适用很难体现海商法规范价值的意义，反而会弱化海事司法者应有的海事司法能力。因此，实践中应该直接适用相关的形式海商法规定，而非适用重述性狭义海事司法解释规定。

再次，海事司法解释作为海商法规范的一种重要载体，海事司法解释已有规定的应该适用海事司法解释的规定，而不宜轻易适用一般民商法的规定。虽然海事司法解释规定的一些理论，可能来源于一般法的相关规定，但既然最高人民法院将这些规定从一般法中摘取出，并结合海事司法实践的需求转化为海事司法解释规定，则此时的海事司法解释规定应该被赋予具有海商法规范特性的独立规范，不宜任意以一般法的规定取代海事司法解释的适用。尤其是，当一般法的规定较为概括或原则时，适用海事司法解释规定更能符合海事司法"用尽海商法"。

复次，海事司法解释在内容上较为庞杂，整体上缺乏体系性，不同海事司法解释之间可能存在一定的冲突和重叠。从海事司法"用尽海商法"融贯性的角度看，海事司法实践在将海事司法解释适用于特定案件时，应该先就海事司法解释之间的冲突问题加以解决。这并不意味着海事法院在适用时可以否定相关海事司法解释的效力，而只是针对具体个案确定更适宜适用哪一个海事司法解释规定。就已公布的海事法院判决而言，海事法院在这类问题上仍存在一定的问题。如间或适用已经被其他后续海事司法解释规定所取缔的在先海事司法解释规定。就此而言，海事法院应尽可能依据海事司法解释的内置冲突解决规则，即有些海事司法解释就其本身规定与在先海事司法解释规定相冲突时如何适用的问题作出预设，确定应该适用的海事司法解释规定。

最后，就海事司法解释适用顺序问题而言，海事司法实践中尚未形成统一、明确的做法，这可能与海事法院对海事司法解释的认识有关。可以确定的是，就当前的海事司法解释而言，海事司法解释并不是简单地对形式海商法规定进行传统法律解释意义上的解释规定，海事司法解释不宜被简化为形式海商法的内在组成部分，其具体的效力和适用顺序应结合个案确定。实践中，在处理海事司法解释与一般法的适用顺序时，不宜一味地以一般法作为海事司法解释适用的前置性规定，海事司法解释具有的海商法规范价值，不应该为一般法所掩埋。

第二节　海事指导性案例规则的"用尽海商法"

随着案例指导制度的发展，指导性案例也成了一项新的规范载体。海事指导性案例所承载的海事指导性案例规则是海商法规范的一种表现形式，其适用关涉海事司法"用尽海商法"。

从指导性案例的时间轴来看，2005 年最高人民法院发布的《人民法院第二个五年改革纲要》提出了建立和完善"案例指导制度"；2010 年《关于案例指导工作的规定》对案例指导制度的工作开展作出了规定；2011 年最高人民法院发布了第一批指导性案例；2015 年《〈关于案例指导工作的规定〉实施细则》在《关于案例指导工作的规定》的基础上进一步细化了对案例指导制度的规定；再至 2018 年，经修订后的《人民法院组织法》以立法方式，明确了最高人民法院可以发布指导性案例，指导性案例的发布已渐趋常态化。截至 2022 年 6 月，最高人民法院已经发布了 31 批指导性案例。在已发布的指导性案例中涉及海商方面的主要有指导案例 16 号、31 号、52 号、108 号、110 号、112 号以及 127 号。

指导性案例是在既往审判经验基础上为统一法律适用、提高审判质量和维护司法公正，由下级法院层层推荐并最终由最高人民法院审判委员会讨论通过的，对各级法院处理类似案件具有指导作用的案例。指导性案例中最重要的是裁判要点，裁判要点的内容是在原有裁判规则的基础上结合最高人民法院的价值准则归纳总结而成。就抽象化程度而言，指导性案例的裁判要点介于案件事实与法律规范之间。裁判要点的抽象化程度使其区别于司法解释和先例。指导性案例与司法解释存在一定的类同点。例如，狭义司法解释与指导性案例都是由最高人民法院审判委员会讨论通过，并由最高人民法院颁布；二者都是一定审判经验的演化成果，都有促进法律适用统一的作用等。司法解释表现出的规范体系性是案例指导制度尚不具备的，司法解释的规范形式与制定法更为接近，而指导性案例仍保留案件的基本案情，裁判要点所具有的抽象性不能与司法解释完全等同。指导性案例与先例虽然都是已生效案例的效力延伸，但不同的是，指导性案例由最高人民法院遴选产生，而先例基于审级制度而自然形成。指导性案例的裁判要点是原裁判规则经加工后形成的，而先例起作用的就是其本身内含的裁判规则。

就已颁布的指导性案例而言，海事指导性案例在指导性案例中所占比例不多。自 2010 年确立了指导性案例制度，海事指导性案例直至 2013 年（即第四批指导性案例）才出现，且此后也并不是每一批次的指导性案例中都包含海事指导性案例。从整体上看，海事指导性案例与原文判决书之间的时间间距主要在四五年左右（指导案例 52 号与原判决间隔 12 年）；案由涉及海事赔偿责任限制基金纠纷、船舶碰撞损害赔偿纠纷、海上货物运输保险合同纠纷、海上货物运输合同纠纷以及海难救助合同纠纷；在案件审级上既有一审、二审，也有再审；文书类型包括判决书和裁定书。此外，有部分海事指导性案例同时也是相关的海事典型案例，如指导案例 108 号与最高人民法院发布的 2017 年度十件海事审判典型案例中的案例 1 重叠。

从海事指导性案例规则的类型来看，在当前的海事指导性案例规则中有重述型规则（指导案例 16 号裁判要点 1）、释义型规则（指导案例 16 号裁判要点 2 和指导案例 112 号）、立法空白填补型规则（指导案例 31 号、52 号、110 号以及 127 号）、法律原则转化型规则（指导案例 108 号）。可见，立法空白填补型的海事指导性案例规则所占比重较大。

一、海事指导性案例规则具有"应当参照"的效力

指导性案例规则，即指导性案例裁判要点传达的裁判规则。根据《〈关于案例指导工作的规定〉实施细则》第 9 条的规定，法院在审理与指导性案例类似的案件时，"应当参照"指导性案例的裁判要点作出裁判，即依据此实施细则的规定，指导性案例规则在规范效力上被赋予"应当参照"的效力。对"应当参照"的内涵可以从多个层面理解。在语词层面上，"应当参照"可以拆解为"应当"与"参照"，"参照"强调两个实体之间的定向关系，且这种定向关系在大多数情况下能够为人们所理解；"应当"是相较于"必须"和"可以"而言的，"应当"不同于"必须"，允许一定的例外，也不同于"可以"，在没有合理理由的情况下不能做其他选择。[1]就理由效力而言，"应当参照"实际上赋予了指导性案例规则一定的排他性效力。排他性的效力来源于指导性案例规则的内容正确性和司法权威性。指导性案例之所以为最高人民法院所遴选，说明其对应的裁判规则在内容上具有相当程度的正确性，而经最高人民法院审判委员会讨论通过，又为指导性案例规则增添了司法权威性。指导性案例规则能够在多数情况下排除与之冲突的其他普通案例规则的适用。就司法整体特征而言，"应当参照"的效力源于当下司法义务的综合影响。"不得拒绝和逃避司法""依法裁判"以及

---

〔1〕 武静："裁判说理——适用指导性案例的理论与实践皈依"，载《河北法学》2017 年第 1 期，第 76 页。

"同案同判"都被视为当前司法体制下的司法义务。只不过，在层次上各司法义务有所区别。其中，"不得拒绝和逃避司法"是基础性司法义务，为指导性案例规则的适用提供动力，"依法裁判"是明示的司法义务，为指导性案例规则的适用设定效力上限，而"同案同判"仅为推定的司法义务，为指导性案例规则的适用提供高于"可以参照"的要求。[1]三者的共同作用最终导向指导性案例规则的"应当参照"效力。

规范效力是海事指导性案例规则得以适用于海事司法过程的重要前提。在"应当参照"的规范效力下，海事法院负有一定的适用海事指导性案例规则的义务，即当存在与海事指导性案例相类似的案件时，海事法院应该参照适用海事指导性案例规则来处理类案纠纷。

二、海事指导性案例规则以裁判理由方式适用

《〈关于案例指导工作的规定〉实施细则》第10条规定，指导性案例只能作为裁判理由适用，而不能作为裁判依据引用。对此，理论上有观点认为，指导性案例的适用不应局限于裁判理由，可以作为裁判依据适用于司法过程。[2]实际上，裁判理由与裁判依据之间不存在本质性区别，而只是各自所代表的理由的分量不同，裁判依据对应的理由通常是完全行为理由，能够直接作为行为合法性和合理性的依凭。而裁判理由往往是不完全行为理由，不能直接作为行为合法性和合理性的依凭，需要与其他理由相结合才能构成完全的行为理由。但在一些情况下，

---

〔1〕　余洋："司法义务视域下指导性案例的学理分析"，载《江西社会科学》2018年第8期，第181页。

〔2〕　胡云腾："打造指导性案例的参照系"，载《法律适用》2018年第14期，第5页。

由于裁判依据的缺乏，只有裁判理由可适用，裁判理由对行为合法性和合理性具有较强的支持和论证作用，且没有与之冲突的理由，则此时的裁判理由就接近于裁判依据。本书认为，将指导性案例的适用限定于裁判理由与指导性案例适用的法律推理有关。

指导性案例起指导作用的对象是类案，而类案判断的过程中需要运用类比推理方法。一般而言，类比推理过程包括三个步骤：第一，寻找与指导性案例在争议焦点和关键事实部分相类似的案件；第二，就类案与指导性案例的相似点和不同点的重要性进行权衡；第三，如果支撑类案与指导性案例相同点的理由，在分量上能够压倒引发类案与指导性案例不同点的理由，则指导性案例的裁判要点可以作为裁判规则适用于类案。类比推理不是纯粹的逻辑推理，而是带有一定的价值评价，这一价值评价主要体现于如何选取有意义的案件类比基点，即判断何为重要的相同点。[1]当两个案件之间的重要相同点可以压倒两个案件之间的相对不重要的不同点时，指导性案例规则就能适用于类案。换言之，类比推理的本质是就两个事物之间的某些相同点，推定两个事物之间也应该具有其他相同点。[2]事物之间的相同只是推定的而非绝对的。就此而言，基于案件类同点，将指导性案例规则适用于类案，更适宜被视为一种裁判理由而非裁判依据的适用。

指导性案例与英美法下先例的适用都涉及类比推理，但就指导性案例整个适用过程而言，二者存在明显的差别。先例在适用时，除了运用类比推理方式判断出类案外，还需要就先例

---

〔1〕 王彬："案例指导制度下的法律论证——以同案判断的证成为中心"，载《法制与社会发展》2017年第3期，第150页。

〔2〕 黄泽敏："判例制度法律推理构成类型研究——兼与案例指导制度比较"，载《甘肃社会科学》2018年第3期，第161页。

中的裁判规则进行总结，随后才将先例中的裁判规则适用于类案案件事实。因此，先例的适用涉及的法律推理包括类比推理、归纳推理以及演绎推理。[1]指导性案例的适用则没有归纳推理这一环节，仅包含类比推理和演绎推理，因为最高人民法院已经就指导性案例的裁判规则凝结为裁判要点。

制定法是指导性案例合法性的基础，即指导性案例不能违背制定法的规定。而且，在规范适用顺序上，制定法有规定的，制定法应该被优先适用，指导性案例只能在制定法规定模糊不清或缺漏时适用。[2]换言之，如果指导性案例规则仅是对现有制定法的重述性解释，则指导性案例规则难以体现规范填补的作用，这类指导性案例规则不能取代制定法作为裁判理由适用。而如果指导性案例规则能够填补规范漏洞，增加司法法律适用的规范供给，则此类指导性案例应该被允许作为裁判理由适用。

综上可见，海事指导性案例规则是以其规范填补性质为基础，通过类比推理方式作为裁判理由适用于海事司法过程。指导性案例作为一种海商法规范表现方式，将其引入海事司法过程为法律适用增补规范供给，契合了海事司法"用尽海商法"的整体性。

三、类似性是海事指导性案例规则"用尽海商法"的基础

海事指导性案例规则的适用以案件与海事指导性案例存在类似性为基础，在缺乏类似性或类似性不足以启动海事指导性案例规则适用的情况下，海事指导性案例规则不应被适用，否

---

〔1〕　黄泽敏："判例制度法律推理构成类型研究——兼与案例指导制度比较"，载《甘肃社会科学》2018年第3期，第163页。

〔2〕　武静："裁判说理——适用指导性案例的理论与实践皈依"，载《河北法学》2017年第1期，第77页。

则不仅无法体现海事指导性案例规则的"用尽海商法",反而会扰乱海事司法法律适用秩序。

在一起海上保险纠纷案中,当事人就能否适用海事指导案例 52 号产生争议,法院最终认为涉案纠纷与海事指导案例 52 号存在事实上的区别,在海事指导案例 52 号下货物被转船走私并最终为检察机关所没收,被保险人没有机会减少损失,而本案不同,被保险人在有机会减损的情况下没尽到减损义务,因此不能参照适用海事指导案例 52 号。[1]

四、释义型海事指导性案例规则应与《海商法》并用以"用尽海商法"

海事指导案例 16 号就《海商法》第 210 条第 2 款规定的"从事中华人民共和国港口之间的运输的船舶"进行解释,即"发生海事事故航次正在从事中华人民共和国港口之间运输的船舶",对应的海事指导性案例规则为释义型规则。此类海事指导性案例规则是在《海商法》条文规定的基础上,对条文文义作进一步的明确化。因此,在司法适用时,同时引述《海商法》与海事指导性案例规则的规定,能够更全面地体现规范内容,[2]有利于促进海事司法"用尽海商法"的效益性。

五、隐性适用海事指导性案例规则背离"用尽海商法"

所谓隐性适用,是指法院在案件审理中参照适用了海事指导性案例规则,但没有以能明显为公众感知的方式呈现出来。[3]

---

〔1〕 最高人民法院［2016］最高法民申 1383 号民事裁定书。
〔2〕 广东省高级人民法院［2018］粤民终 293 号民事裁定书。
〔3〕 北京市第三中级人民法院课题组:"论我国司法裁判中的判例遵循",载《法律适用》2018 年第 8 期,第 6 页。

海事司法实践中对海事指导性案例规则的适用存在着隐性适用的问题。如在一起海上保险合同纠纷再审案件中，再审申请人认为，本案有关"一切险"承保范围的认定应该参照适用海事指导案例 52 号的规定。指导案例 52 号规定：一切险除了包括平安险和水渍险的各项责任外，还包括货物在运输途中遭受外来原因造成的损失。在被保险人不存在故意或过失的情况下，由于相关保险合同所列明的除外责任以外的其他原因造成被保险人货物损失的，可以认定为是外来原因，保险人承担此外来原因所致的一切损失。再审法院认为，涉案"一切险"承保的是非列明风险，只要保险标的的致损原因发生于运输过程，且不属于货物本身的原因，就属于"一切险"的承保范围。而本案中船舶晃动对货物的影响具有不可预见性和不确定性，对货物而言属于外来原因，因此本案的货损在"一切险"的承保范围内。[1]此案的判决于 2017 年作出，而海事指导案例 52 号早在2015 年就已经颁布，法院没有以明示的方式参照适用海事指导案例 52 号，但法院对"一切险"承保范围的认定却高度契合于海事指导案例 52 号。因此，至少从形式上看，此案中法院是在隐性适用海事指导性案例规则。

海事指导案例 52 号对应的海事指导性案例规则具有规范填补作用，此类海事指导性案例规则的适用能够直接体现海事指导性案例规则作为海商法规范的司法价值，实现海事指导性案例规则的"用尽海商法"。本案以隐性适用的方式有意或无意地掩饰海事指导性案例规则的适用，违背了《〈关于案例指导工作的规定〉实施细则》规定的应该在类案中明示（引述指导性案例的编号和裁判要点）参照适用指导性案例的规定，也弱化了海事指导性案例规则的"用尽海商法"。

---

〔1〕 最高人民法院［2017］最高法民申 4861 号民事裁定书。

六、海事指导性案例规则"用尽海商法"的完善

海事司法实践应该依据《〈关于案例指导工作的规定〉实施细则》的相关规定，进一步规范海事指导性案例规则的适用。首先，应该以案件之间的相似性作为海事指导性案例规则适用的基础。待决案件与海事指导性案例之间缺乏相似性或相似性不足的，将影响海事指导性案例规则适用的正当性和准确性。其次，释义性海事指导案例规则应该与《海商法》等形式海商法典的相关规定一并适用，以全面体现海商法规范的内容。最后，适用海事指导性案例规则应该以公众可以感知的方式明示适用，清楚地表明所适用海事指导性案例的编号以及裁判要点等，使得海事指导性案例规则的司法价值得以彰显。

海事司法实践中还应注意到：在形式海商法或海事司法解释有规定的情况下，不宜援引一般法领域中的指导性案例替代形式海商法或海事司法解释的适用。非海事指导性案例规则无法提供海商法规范，其适用无法体现"用尽海商法"，反而规避了本应适用的形式海商法或海事司法解释等的适用。例如，在一起海上货物运输合同纠纷案中，当事人就是否应该适用最高人民法院颁布的第四批指导性案例中的指导案例 25 号产生不同意见。一方当事人认为，本案应该参照适用指导案例 25 号，即保险人行使代位求偿权的应该根据被保险人与第三人之间的法律关系确定管辖法院。另一方当事人认为，指导案例 25 号对应的是一般侵权责任纠纷，保险人代位求偿权问题适用的是《保险法》，而本案是海上货物运输纠纷，保险人代位求偿权问题适用的是《海商法》，因此两案的纠纷性质和适用的法律不同。即，指导案例 25 号仅限于一般民事纠纷案件，对本案不具有参照适用效力。法院没有对指导案例 25 号的适用作出肯

定或否定的评价，而是直接适用《海事诉讼法》第 93 条等明确管辖问题。[1]法院的这一做法违背了《〈关于案例指导工作的规定〉实施细则》第 11 条第 2 款的规定，即当事人引述指导性案例作为控（辩）理由的，案件承办人员应该就是否参照适用指导性案例作出回应并说明理由。但法院直接适用《海事诉讼法》的相关规定，遵循了制定法与指导性案例的适用顺序规则，不以指导性案例，特别是一般法中的指导性案例任意取代形式海商法的适用，就这一点而言，没有背离"用尽海商法"。

此外，理论上常有关于指导性案例是否应该扩充的争论。就海事指导案例而言，这方面的问题更为突出。海事实践中，除海事指导性案例外，还充斥着最高人民法院公报案例、不同名目的典型案例、各海事法院发布的参考案例以及海事审判白皮书等。这些案例是否有必要被赋予如同海事指导性案例一样的规范效力，以充分实现案例作为规范载体的司法价值？本书认为，对此应持谨慎态度。上述案例虽然也是按照一定的标准筛选出的，但筛选的主体和标准毕竟不如海事指导性案例权威。而且，一些典型案例的集结主要是基于特定政策目的而成就，体现的更多是促进相关政策的落实，没有太多的规范填补作用。即便一些公报案例、典型案例等具有规范填补作用，也有机会在将来演化为海事指导性案例。在此之前，这些案例对海事司法审判主要起到说服和启迪审判思路的作用。[2]

---

[1]　广东省高级人民法院［2015］粤高法立民终字第 602 号民事裁定书。
[2]　张骐："再论指导性案例效力的性质与保证"，载《法制与社会发展》2013 年第 1 期，第 93 页；马燕："论我国一元多层级案例指导制度的构建——基于指导性案例司法应用困境的反思"，载《法学》2019 年第 1 期，第 191 页。

第三节　海事国际惯例的"用尽海商法"

相比于其他领域中国际惯例的司法作用，海事国际惯例对于海事司法的影响更为深远，从海事司法起源至今都可见海事国际惯例的"影子"。海事国际惯例"用尽海商法"的意义不只是停留于特定的历史阶段，更强调其现实意义。在现有立法规定和现实司法需求下，海事国际惯例作为海商法规范适用具有司法价值和意义。

海事国际惯例是指从事国际海商活动的人们经过长期、反复的使用，在实践中逐渐形成的能够约束他们的一种规则。[1] "长期反复实践"与"约束力"是构成海事国际惯例的要件，其中"约束力"包括了当事人自身内心的信服，以及特定社会期望此惯例能约束社会成员。海事国际惯例的两个构成要件分别对应客观因素与主观因素，二者缺一不可，[2]缺乏心理因素只有简单的重复实践，不能形成惯例的行为规范，只有心理因素而没有客观实践，则惯例就与道德规范无甚差别。海事国际惯例作为最早的国际惯例，其本身与早期的海商法规范及海事司法存在紧密的关系。随着实践的发展，海事国际惯例一方面延续其历史性影响，另一方面也面临着一定的挑战。现今意义上的海事国际惯例呈现出了更为多样的表现形式，不同形式下的海事国际惯例在司法适用方式和效力上不尽相同，所体现的"用尽海商法"也存在区别。

---

〔1〕　陈宪民：《海商法理论与司法实践》，北京大学出版社 2006 年版，第 17 页。

〔2〕　Martti Koskenniemi, "Normative Force of Habit: International Custom and Social Theory", 1 *Finnish Yearbook of International Law*, 77, 90~94 (1990).

一、海事国际惯例与海事司法的历史渊源

自民族主权国家诞生以来，经过一系列的法典化运动，制定法往往作为各法系或法域内有效法律规范的代名词，是法官"找法"的主要场域甚至是唯一场域，而国际惯例之类的非制定法规范则经常面临规范合法性的质疑。然而，在此之前，以习惯法为主的非制定法规范相较于制定法规范在法律适用中占据着主导地位。

就海商法规范的发展史而言，最早的海商法规范是以海商习惯和惯例形式存在的。[1]不同于陆上经济交易对诸侯或城市领域的依附，海上经济交易借助水的联通作用得以脱离陆地的地域主权管辖，进而联结各地诸侯及市民的海上经济活动。[2]海上惯例正是在这一过程中得到发展，并具有天然的国际性和自治性。彼时，海上商人的共同习惯就是海事法则。[3]中世纪的三大海法——《奥列隆海法》（Rolse D'Oleron）、《康索拉度海法》（Consolate del mare）以及《威斯比海法》（Laws of Wisby）——即是最佳例证，这三大海法均属对海事惯例的汇编。当时的海事司法为商人职业自治司法体制，由商人组成法庭通

---

〔1〕 关于惯例与习惯，理论中有不同看法，有的明确区分二者，有的则不加以区分。在相关的英文概念中，customary、usage、practice 也曾有过区分，现在则常交叉使用或互相解释——See Juana Coetzee, "The Role and Function of Trade Usage in Modern International Sales Law", 20 *Uniform Law Review*, 243, 255 (2015). 本书认为，惯例和习惯不同于制定法，其发展和形成是一个逐渐的过程，此过程中的不同阶段可能有不同的形态，但不同形态之间又并非截然分离的，因此，对惯例与习惯的认识不宜过于机械。

〔2〕 何勤华、李求轶："海事法系的形成与生长"，载《中国律师和法学家》2005 年第 5 期，第 364 页。

〔3〕 ［美］约翰·威格摩尔：《世界法系概览》，何勤华等译，上海人民出版社2004 年版，第 750 页。

过适用海事惯例解决海商纠纷,且商人之间的这种纠纷处理被视为是商事经济交易活动的组成部分。因此,在这一领域内,我们能清楚地看到商事经济交易活动是如何转化为法律关系的。[1]具体而言,商人法院通过利用习惯处理商人间的海商纠纷,形成了一系列"判例",而"判例"通过城市国家系统化的汇编和广泛传播后,发展成为惯例,并可为后续的同类诉讼所直接适用而无需举证。[2]当惯例发展到一定程度时,经过进一步的系统化和逻辑化处理后即成为习惯法。因此,国际惯例是当时海事司法裁判依据的必要组成部分,且占据着海事司法法律适用的主导地位。

进入17世纪以后,国家主权概念开始深化,国家主导的立法逐渐取代跨越国界的习惯法。[3]这主要是因为,社会化的大生产需求,催生了公司企业等新的商事主体,[4]商事活动的环境进一步复杂化,并刺激着商事法律规范不断提升自身的复杂性以实现自我维持。[5]显然,在当时的法律环境下,提升商事法律规范系统的复杂性的最佳途径是追随国家制定法的浪潮,借助自罗马法延续下来的法律形式理性形成商法典,以提高商事法律规范的确定性和可预测性,降低外部复杂的环境对商事法律规范的不利影响。但值得注意的是,同样是借鉴罗马法的形式理性,相较于民法典,由于商法典在当时得以参鉴的模式很

---

〔1〕 张力:"商法的法源分析",载《浙江社会科学》2014年第3期,第50页。

〔2〕 朱慈蕴、毛健铭:"商法探源——论中世纪的商人法",载《法制与社会发展》2003年第4期,第131~132页。

〔3〕 司玉琢:"保障海洋发展战略 改革完善中国特色的海事司法管辖制度",载《中国海商法研究》2015年第2期,第29页。

〔4〕 王瑞:"商法本质的变迁",载《政法论坛》2002年第6期,第59页。

〔5〕 鲁楠:"匿名的商人法——全球化时代法律移植的新动向",载《清华法治论衡》2011年第1期,第191页。

少甚至没有，因此商法典的质量远不如民法典。[1]商法典沦为了那些尚未为民法典所覆盖的法律规范的体系化和逻辑化成果，形成民事法律规范与商事法律规范分立的局面，商事法律规范由此演变为民事法律规范的特殊法律规范。海商法规范作为商事法律规范的分支，[2]同样遭受着民商分立和商事特殊化对传统海商法规范的自治性和统一性的肢解。现当代的海商法规范体系和海事司法在很大程度上忽略了海商法规范的习惯起源性，[3]倾向于严格遵从形式海商法，对海事国际惯例的司法适用作出了较多限制，在海事国际惯例与一般民事法律规范之间，常选择适用一般民事法律规范，这被称为海事司法向一般法律规范"逃匿"的现象，[4]背离了"用尽海商法"。

二、海事国际惯例在当下司法中的主要表现形式

国际惯例的"国际"并不一定是全球性的实践，可以是特定领域、特定行业或特定区域内的普遍实践。[5]在海事司法实践中常以"惯例""航运惯例""行业惯例""国际航运惯例""航运实务惯例""航运实务操作惯例""国际海运惯例"等指称海事国际惯例。在类别上，大致可以将这些海事国际惯例分

---

〔1〕　李永军："论商法的传统与理性基础——历史传统与形式理性对民商分立的影响"，载《法制与社会发展》2002年第6期，第84页。

〔2〕　"中世纪后期西欧国家曾分别编纂过'商法典'和'海商法典'，而近代各国编纂法典时多把海商法作为商法典的一编，所以习惯上有时把内陆商法和海商法统称为商法。"何勤华等：《大陆法系》（上卷），商务印书馆2015年版，第35页。

〔3〕　王彦："康索拉度海法评述"，载《中国海商法研究》2017年第2期，第107页。

〔4〕　曹兴国："自发秩序视角下海商法的渊源流变及中国进路"，载《河北法学》2016年第12期，第153页。

〔5〕　Atefeh Roohi Kargar and Rasoul Parvin, "Genesis of Non-Codified Custom", 6 *Ius Humani*, *Revista de Derecho*, 231, 234 (2017).

为行业惯例、标准合同、统一惯例。

行业惯例的内容较为零碎和多样，包括"一旦滞期，永远滞期"；超期使用集装箱应支付超期使用费；货运代理人代收代付海运费不足以影响其身份认定；无船承运人可以自己的名字向船公司订舱并实际控制货物海运过程；集装箱整箱交接的由托运人完成集装箱的装箱和铅封；承运人可在其网站上公布滞箱费费率；运费到付的货物在目的港会产生相关的目的港杂费；整箱货物的交接方式为堆场到堆场的，承运人应在目的港堆场整箱交付货物；无船承运人可以要求实际承运人在海运单证上载明无船承运人为托运人，并将其指定的代理人载明为收货人及/或通知人；凭正本提单交付货物；海运费包括了包干费；信用证结汇需要单证相符；光船租赁期间，由承租人对船舶实施占有、使用和营运，光船出租人对船舶不具有控制权；在"同城托收 30 天"的结算模式下，除非另有特别约定，否则结算时间应以船舶开航之日为准，同城托收的宽限期为 30 天，即自开航之日起 30 天后，应起算逾期付款违约金；承运人在接收货物后，应托运人的要求，有义务向其签发提单；船长代表船东对外签订运输合同；在连环航次租船合同和当事人没有特别约定的情况下，连环航次租船合同中每一个租约都是独立存在的，不能以连环航次租船合同的某一租约环节没有签约为由否定已经签订航次租船合同的效力；承运人及其代理人签发正本提单时应收回收货单暨大副收据原件；信用证的独立性原则并不保护欺诈行为；"一船一结、一船一清"是指船清、场清、交接清、费用清；工程船可装在半潜船的舱面；大宗散货在运输交接过程中的合理计量允差可确定为 5‰；集装箱应该清洁、干燥、无残留物以及前批货物留下的持久性气味；计重一般允许

一定的误差存在等。〔1〕

标准合同较为常见的有：关于航次租船的金康格式（GEN-CON Form）；关于定期租船的纽约土产格式（New York Produce Exchange Form）、波尔的姆格式（BALTIME Form）；关于光船租船的贝尔康格式（BARECON Form）等。

统一惯例较为常见的有：国际商会（ICC）制定的《跟单信用证统一惯例》《国际贸易术语解释通则》；国际海事委员会制定的《约克-安特卫普规则》《海运单统一规则》《电子提单规则》；英国伦敦保险协会制定的《伦敦保险协会货物保险条款》等。

---

〔1〕 浙江省高级人民法院［2015］浙海终字第78号民事判决书；天津海事法院［2002］海商重字第1号民事判决书；上海市高级人民法院［2015］沪高民四（海）终字第13号民事判决书；上海市高级人民法院［2014］沪高民四（海）终字第70号民事判决书；上海海事法院［2012］沪海法商初字第557号民事判决书；上海海事法院［2013］沪海法商初字第1721号民事判决书；上海海事法院［2009］沪海法商初字第672号民事判决书；浙江省高级人民法院［2010］浙海终字第191号民事判决书；宁波海事法院［2015］甬海法商初字第47号民事判决书；浙江省高级人民法院［2010］浙海终字第11号民事判决书；上海海事法院［2010］沪海法商初字第1215号、［2010］沪海法商初字第235号民事判决书；宁波海事法院［2009］甬海法商初字第285号民事判决书；上海市高级人民法院［2009］沪高民四（海）终字第165号民事判决书；宁波海事法院［2008］甬海法台商初字第90号、［2008］甬海法台商初字第69号民事判决书；宁波海事法院［2009］甬海法商初字第226号民事判决书；上海市高级人民法院［2010］沪高民四（海）再终字第1号民事判决书；上海海事法院［2003］沪海法商初字第113号民事判决书；上海海事法院［2014］沪海法商初字第318号民事判决书；宁波海事法院［2009］甬海法商初字第70号民事判决书；北海海事法院［2005］海商初字第1号民事判决书；上海市高级人民法院［2008］沪高民四（海）终字第236号民事判决书；上海海事法院［2011］沪海法商初字第1188号民事判决书；青岛海事法院［2003］青海法海商初字第73号民事判决书；上海市高级人民法院［2015］沪高民四（海）终字第8号民事判决书；上海市高级人民法院［2004］沪高民四（海）终字第159号民事判决书；上海海事法院［2009］沪海法商初字第710号民事判决书；"中国人民保险公司浙江省分公司与广州远洋运输公司和中国对外贸易运输总公司上海分公司海上货物运输合同及代理纠纷案"，载《最高人民法院公报》1994年第1期；广州海事法院［2003］广海法初字第266号民事判决书。

标准合同虽然是海事国际惯例的主要表现形式之一，但并不是所有的标准合同都是海事国际惯例。标准合同可能由国际组织、行业协会或个别企业制定。国际组织制定的标准合同通常可直接作为国际惯例，而行业协会或个别企业制定的标准合同，则要视其实践的普遍性和影响性而确定是否构成国际惯例。[1]

标准合同与统一惯例的更新速度较快，一些新版本的标准合同或统一惯例中的一些规定，其本质是由制定者创制的，不一定具有传统国际惯例反复实践的特性，这些规定乃至于标准合同或统一惯例还能否被视为国际惯例？有观点认为，此类规定虽是标准合同或统一惯例的制定者创制出来的，但也只是制定者对商业实践做法的一种标准化而非预测，即制定者不是简单地形成一个理想的解决方法，而是对国际主流商业做法的反映，这些规定或许不构成传统意义上的国际惯例，但不能因此整体地否定标准合同或统一惯例的国际惯例地位。[2]换言之，此观点较为赞同对国际惯例内的不同规定进行区分看待，那些新创制而未得到普遍遵循的规定，可以不被视为国际惯例适用，但除此之外的其他规定仍应该被视为国际惯例适用。本书认为此观点较为可取。

除上述三类海事国际惯例外，尚未对一国生效的海事国际条约以及当事人之间的交易习惯也常被视为海事国际惯例。这两种海事国际惯例的认定存在较大的争议。否定海事国际条约作为海事国际惯例适用的观点认为，海事国际条约通常是由一

---

[1] 陈亚芹："论海事国际惯例在中国法中的地位——以中国的立法与司法实践为视角"，复旦大学2008年博士学位论文，第16页。

[2] Juana Coetzee, "Incoterms 2010: Codified Mercantile Custom or Standard Contract Terms", 23 *Stellenbosch Law Review*, 564, 578-580 (2012).

定的成熟的海事国际惯例发展而来，因此海事国际条约不可能退回海事国际惯例的状态，而且海事国际条约是成套的规则而海事国际惯例往往只是单一规则。[1]事实上，海事国际条约与海事国际惯例既有区别又有联系。就海事国际条约与海事国际惯例的联系而言，成文的海事国际条约规定可以在很大程度上佐证特定不成文海事国际惯例的存在，而在海事国际条约缺漏的地方，海事国际惯例也可以起到补充作用。[2]然而，海事国际条约与海事国际惯例毕竟是两个不同的事物，在具体的情境下，海事国际条约的规定能否被视为海事国际惯例适用还需要以海事国际惯例的要件进行评判。只有那些满足海事国际惯例要件（即长期、反复实践并对当事人的海商实践产生约束）的条约规定才能被视为海事国际惯例适用。

就当事人之间的交易习惯而言，有观点认为交易习惯也应该被纳入海事国际惯例的范畴；[3]也有观点认为广义上的交易习惯包括了海事国际惯例。[4]还有一种观点认为，由于交易习惯只存在于当事人之间，不具备海事国际惯例应该具有的普遍性或广泛性影响，因此交易习惯应该区分于海事国际惯例。[5]而且，交易习惯的适用必须由当事人举证证明交易习惯的存在及其内容，法院不能主动适用。本书认为，既然国际惯例并不

---

[1] 郭瑜：《海商法的精神——中国的实践和理论》，北京大学出版社 2005 年版，第 36 页。

[2] Roy Goode, "Usage and Its Reception in Transnational Commercial Law", 46 *International and Comparative Law Quarterly*, 1, 18~19 (1997).

[3] 沈木珠："国际贸易合同适用国际贸易惯例的实证分析"，载《国际贸易问题》2009 年第 5 期，第 114 页。

[4] 陈亚芹："论海事国际惯例在中国法中的地位——以中国的立法与司法实践为视角"，复旦大学 2008 年博士学位论文，第 99 页。

[5] 谢文哲："国际惯例若干基本理论问题探讨"，载《学海》2009 年第 3 期，第 182 页。

一定要求是全球性的普遍实践，则认定是否具有国际性就可以从相关的法律纠纷是否具有涉外性的角度分析，即当事人之间经常践行的交易做法，如果纠纷存在涉外性也可以使其满足"国际性"。至于交易习惯适用时的举证责任问题，其与海事国际惯例的区别并不是绝对的，而只存在程度上的差异，海事国际惯例在海事司法过程中的适用，没有完全排除要求当事人举证的可能。简言之，海事案件当事人之间的交易习惯可以被视为海事国际惯例的一种特殊表现形式。

综合上述海事国际惯例的表现形式可见，成文与不成文不是界定海事国际惯例的决定性因素。海事国际惯例中的行业惯例以及海事当事人之间的交易习惯多为不成文惯例，而标准合同、统一惯例以及尚未生效海事国际条约则多属于成文惯例。规则的单一性也不再是海事国际惯例的绝对性质。行业惯例或许多表现为单一规则，但以标准合同和统一惯例为代表的海事国际惯例则具有一定的体系性。例如，《约克－安特卫普规则》下的字母规则与数字规则之间就具有很强的关联性。

三、海事国际惯例"用尽海商法"的法律基础

海事国际惯例不是制定法，不具有制定法那样的权威性，其内容也相对不确定，对应的约束力并不完全是法律意义上的约束力，但这些都不足以完全否定海事国际惯例可能具有的规范性。海事国际惯例的规范性体现于其对当事人权利义务的规定。[1]海事国际惯例形成于民间，其权利义务规定背后的利益分配仅在当事人之间的关系上进行考量，反映的主要是商业团体的利益追求，在公私利益的协调和保障上有所欠缺，不能像

---

〔1〕 Frederick Schauer, "The Jurisprudence of Custom", 48 *Texas International Law Journal*, 523, 524 (2013).

制定法那样担负全面的调整义务,海事国际惯例因此被认为不能单独作为"准据法"适用。[1]海事国际惯例缺乏对公私利益的协调和保障固然会影响其司法适用,但现实中不是所有的海事纠纷都涉及公共利益和第三人利益,在仅涉及当事人利益的问题上,海事国际惯例的规范地位不应该被彻底否决。

《海商法》第268条第2款规定,我国法律和我国缔结或参加的国际条约没有规定的,可以适用国际惯例。此条款的规定对海事国际惯例作为裁判依据或理由的法律适用作出了一般性的肯定。《最高人民法院关于审理信用证纠纷案件若干问题的规定》(2020年修正)第2条规定,法院审理信用证纠纷时,当事人约定适用国际惯例的从其约定,当事人没有约定的适用《跟单信用证统一惯例》或其他国际惯例。此条款也就国际惯例的法律适用作出规定。即便有这些规定,理论上关于海事国际惯例能否以及如何作为裁判依据或理由适用于海事司法过程,仍存在争议。

否定论者认为,海事国际惯例不是制定法,不能形成法律秩序,因此无法作为司法审判的依据。中间论者认为,海事国际惯例获得裁判依据的地位需要由国内法加以认可,且只有在海事司法过程中被实际适用时,才具有作为裁判依据的法律地位。[2]肯定论者将海事国际惯例视同商人法,主张海事国际惯例具有商人法的自治性,只需经当事人的意思表示即可直接适用。[3]

---

〔1〕 贺万忠:"国际商事惯例合意选择条款的思考——兼评我国《民法(草案)》有关条款",载《外交学院学报》2005年第2期,第99页。

〔2〕 陈亚芹:"论海事国际惯例在中国法中的地位——以中国的立法与司法实践为视角",复旦大学2008年博士学位论文,第96页。

〔3〕 Friedrich K. Juenger, "The Lex Mercatoria and Private International Law", 60 *Louisiana Law Review*, 1133 (2000).

否定论仅以海事国际惯例的外在表现形式，排斥海事国际惯例作为司法裁判依据，忽略了制定法对海事国际惯例的肯认。前述法律规定即是例证。肯定论高估了商人法在现代社会的作用。早期的商人法确实具有较高的自治性，且国际惯例是当时商人法的主要表现形式，彼时的司法审判因而大多数是以国际惯例为裁判依据的。在现代社会，制定法在一国法律体系中的"龙头"地位几乎不可撼动，商人法往往需要依附于制定法的特别规定方能取得法律地位。虽然现代意义上的制定法普遍肯定当事人的意思自治，但也都明确规定意思自治不是无限的，当事人的自治行为不能违背制定法的强制性规定，也不能任意悖反制定法意在确立的法律秩序。在现代社会主张商人法的完全自治被认为是理想而不现实的。[1]因此，商人法理论只能佐证和巩固海事国际惯例的规范性地位，但不能直接决定海事国际惯例的司法裁判依据地位。

本书较为认同中间论，即海事国际惯例可以作为海事司法审判的依据或理由但应该受到一定的条件限制。这些限制性的条件存在于制定法的相关规定中，也隐藏于不同形式的海事国际惯例的内在特性中。

《海商法》第 268 条的规定将海事国际惯例的适用限定于法律和条约没有规定的情况，且将最终是否适用的决定权交给法院。海事国际惯例似乎只具有替代性的法律地位。海事司法实践中有案例按照这一规定，在没有法律和条约规定可适用的情况下，直接以海事国际惯例为裁判依据进行司法审判。[2]

海事国际惯例不是制定法，在规范形式上不如一般法"正

---

〔1〕 Christopher R. Drahozal, "Contracting out of National Law: An Empirical Look at the New Law Merchant", 80 *Notre Dame Law Review*, 523, 528 (2005).

〔2〕 武汉海事法院［2003］武海法通商字 98 号民事判决书。

式",但作为实质海商法,海事国际惯例相较于一般法而言又具有一定的特殊性,在海事司法法律适用中不免面临海事国际惯例与一般法适用的顺序问题。这类问题常体现在关于《海商法》第 268 条中"法律"的解读上,即此处的"法律"是指国内现行所有的制定法,还是仅限于特定部分的制定法?如果此处的法律指向的是国内所有制定法,则海事国际惯例的适用必须在一般民商法之后,而如果此处的法律仅指向《海商法》则海事国际惯例就可能先于一般民商法而适用。本书认为,这一条款中的法律应指包括《海商法》在内的形式海商法典,且国际条约应指海事国际条约,即在形式海商法典和海事国际条约都没有规定的情况下,海事国际惯例可以适用,且依据特别法优先于一般法的原则,海事国际惯例得以优先于一般民商法的规定适用。如此解释和适用海事国际惯例满足海事司法"用尽海商法"整体性和效益性的要求,能够促进"用尽海商法"的实现。因为,"相比于一般法律,海事国际惯例直接来源于长期反复的海商实践,是由航运主体基于航运活动的客观实际调试形成的,因而其更能体现航运当事方之间的利益平衡,更符合航运主体对海上特殊风险的认识和对海商传统的传承,更适应航运领域对调整规范所应具有的价值取向和制度特性的期待"。[1]换言之,海事国际惯例作为实质海商法蕴含着一般民商法所不具有的海商法规范价值,在一般民商法的法律规范之前适用海事国际惯例能够更加契合海商实践,有利于准确和有效地解决当事人之间的纠纷,从而更好地保护当事各方的利益。

---

〔1〕　司玉琢:《海商法专论》(第 4 版),中国人民大学出版社 2018 年版,第 468 页。

四、海事国际惯例在补充和解释合同下的"用尽海商法"

合同的补充和解释对合同争议的解决至关重要。当事人所签订的合同有时并不完备，海事司法者在审理相关的合同纠纷时，需要先对合同缺漏和规定不清的地方进行补充和解释，此后才能更准确地判断合同纠纷的法律适用。常用来补充和解释合同的海事国际惯例是金康格式合同之类的标准合同、未生效海事国际条约以及《约克-安特卫普规则》之类的统一惯例中的相关规定。根据强制性惯例和任意性惯例的分类，这些海事国际惯例主要为任意性惯例，只有在当事人援引时才对他们产生约束力。[1]

以金康格式合同之类的标准合同为例，海事当事人经常在相关的合同中约定该合同未尽事宜适用金康格式合同的规定。对于此类约定应该将其视为法律适用的选择还是合同内容的补充?

在海事司法实践中，有法院将金康格式合同的规定视为当事人的另类约定，属于合同内容的一部分，需要受到合同"准据法"的约束。[2]实际上，海事国际惯例在以补充和解释合同的方式适用时，又可以细化为具体条款的适用和抽象意义上的适用。所谓具体适用，是指当事人明确将海事国际惯例中的特定规定纳入合同作为合同的内容适用。抽象适用，是指概括地约定合同的相关部分适用海事国际惯例，如未尽事宜或其他条款适用标准合同等。具体适用明确了并入合同的海事国际惯例的特定规定，所体现的意思表示的针对性较强，使得此规定如同当事人亲自拟定一样，因而应与其他合同条款共同组成合同内容，并受合同"准据法"的约束。海事司法中也将此种方式

---

〔1〕 司玉琢主编:《海商法》(第 4 版)，法律出版社 2018 年版，第 5 页。

〔2〕 上海海事法院［2006］沪海法商初字第 613 号民事判决书。

下的海事国际惯例适用，认定为是作为合同内容组成部分的适用。在一起海上货物运输保险纠纷案中，涉案保险单约定所保风险和时间适用英国“1982 年 1 月 1 日协会货物（a）保险条款”。法院认为此条款是海事国际惯例，在当事人约定适用后即成为保险合同的组成部分，对当事人具有约束力。[1] 相比之下，未尽事宜适用标准合同之类的概括约定是一种抽象意义上的海事国际惯例补充合同适用，在争议发生前，难以预知标准合同的哪些规定应该被适用。此时的标准合同不是简单的兜底性规定，而更像是制定法任意性规范对合同内容的补充。任意性规范作为法律规范同样具有抽象性，不是为特定当事人的特定交易而制定，其对合同内容的补充也具有一定的偶然性。以任意性规范补充合同应属于合同解释的一类。换言之，未尽事宜适用标准合同的情形，海事国际惯例的适用属于合同解释适用。

　　从合同解释的角度看，合同解释本身存在事实与法律之争。法律适用最常见的是三段论，即先确定小前提（事实），再根据小前提寻找相关的大前提（规范），最后将小前提涵摄于大前提之下得出裁判结论。在确定法律适用的小前提和大前提的过程中常涉及合同解释和法律解释问题。合同解释与法律解释的最终目的都是法律适用，只不过通常认为合同解释的对象是合同，而法律解释的对象是法律规范，二者分别对应法律适用的事实小前提和规范大前提。从相对意义上看，事实与规范的区分既是必要的也是可能的。[2] 当案件相对简易时，案件纠纷事实与所应适用规范较为明确，只要确定案件纠纷事实就能确定相应的规范。当案件事实较为复杂时，事实与规范之间的界限就可能模糊不清。此时的事实不大可能是绝对客观的事实，其实质

---

[1]　上海海事法院［2001］沪海法商初字第 445 号民事判决书。
[2]　杨建军：“论法律事实”，山东大学 2006 年博士学位论文，第 7 页。

是法律意义上的事实，即司法者在证据可证明的基础上结合自身的主观判断和价值评价确定的法律事实。规范的确定需要与事实相联结，当事实变动时与之匹配的规范也可能随之变动，因而在确定事实与规范时，司法者的目光需要在事实与规范之间反复往返，事实与规范不再是完全割裂的，存在一定的中间地带。合同解释的基础是厘清合同内容、确定合同事实。据此，合同解释应该为事实问题，属于法律适用的小前提。但合同解释是由司法者在司法过程中完成的，且解释往往有所依据，当这些依据是制定法任意性规范时，合同解释就成了法律解释的特别样态，[1]接近于法律适用的大前提。合同解释的这种双重特性是引起其性质之争的诱因。

同理，当当事人之间的合同出现缺漏或模糊不清，需要以海事国际惯例填补解释时，合同解释不仅是合同事实的确定，也是海事国际惯例的规范解释适用。此过程融合了事实与规范，是海事国际惯例一种特殊的司法适用方式。从法律适用的角度看，海事国际惯例对当事人之间合同的补充和解释最终促成了法律的适用和判决的作出，即便审判过程可能还有其他"准据法"作为依据，海事国际惯例不是唯一的依据，但海事国际惯例所体现的海商法规范性却在其中起着实质性作用，应该被视为海事司法"用尽海商法"的体现。

五、海事国际惯例"用尽海商法"的举证证明和查明问题

海事国际惯例的适用可能面临举证证明或查明的问题。行业惯例和交易习惯通常是不成文的，没有实体的外在表现形式，对其内容的认识和把握有赖于当事人的主观信念。在海事司法

---

[1] 周艳："合同解释论"，吉林大学 2006 年博士学位论文，第 51 页。

过程中，一方当事人常依凭特定的行业惯例或其与另一方当事人之间以往的交易习惯主张相关权利，而另一方当事人或法院则主张或要求权利主张者对相关海事国际惯例的存在及内容进行举证证明，举证不能或不足就无法将海事国际惯例作为裁判依据或理由适用。例如，实践中通常认为，国际海上货物运输过程中出现5‰以内的货物短量或损耗是合理且不可避免的，承运人无需对此承担责任。对于此项行业惯例，有些海事法院在没有要求当事人举证证明的情况下，直接将其作为裁判依据和理由判定涉案货物是否存在不合理短量及不合理短量的数额。[1]然而，也有海事法院认为："没有法律规定承运人可以在货物数量短少5‰的范围内免除赔偿责任，被告也没有证据证明存在相关的航运实务惯例。"因此，被告主张5‰的免赔额缺乏事实和法律依据，不予支持。[2]此外，还有海事法院认为，国际惯例应有文字表现形式，5‰的合理损耗只有经双方当事人在合同中明确约定才能作为免赔的理由，否则因缺乏文字表示形式将使其无法作为海事国际惯例，也不能作为案件审理的依据。[3]

上述各案审理法院对举证证明或查明态度的不同，本质上是各法院对海事国际惯例认识的不同。以当事人的举证证明作为海事国际惯例适用的前提，似乎是将海事国际惯例界定为事实，否决了海事国际惯例的法律规范地位。在此认识下，当事人未尽举证证明义务成了海事法院躲避适用海事国际惯例的理由。此外，海事法院对海事国际惯例的认识和查明限定于成文形式，忽视了实践中存在且被普遍适用的不成文海事国际惯例的现实。本书认为，海事国际惯例本身具有的海商法规范性不

---

〔1〕 上海海事法院〔2009〕沪海法商初字第 710 号民事判决书。

〔2〕 广州海事法院（2011）广海法初字第 457 号民事判决书。

〔3〕 大连海事法院〔2003〕大海商外初字第 11 号民事判决书。

应被轻易忽视，且现行立法也对海事国际惯例的法律规范地位作出了一定的肯认，海事法院以消极态度对待海事国际惯例是对"用尽海商法"的背离。

海事国际惯例的高度灵活性和实践性是其区别于制定法和海事国际条约的特征，以一定的外在形式固化海事国际惯例的法律适用有违海事国际惯例的这一特征。海事国际惯例的灵活性得以使其在海事司法中的适用近乎隐形，但却对当事人之间的权利义务关系和最终判决的形成产生了重要影响。例如，在一起海上保险合同纠纷案件中，收货人凭提单向实际承运人船东提货时被船东拒绝，船东同时行使了货物留置权，理由是无船承运人没有向船东支付运费，而且也没有获得其授权签发提单，但表示如果收货人愿意与其协商代付运费则可以交还货物。收货人没有接受与船东协商，向目的港法院申请扣押了与其没有租约关系和提单关系的船东的另一艘船舶。收货人最终没有实现船舶扣押，也失去了与船东协商取回货物的机会。对此，海事法院认为，在货物留置权已经宣布，且明知无船承运人不会支付运费的情况下，船东愿意与收货人协商，在收货人代为支付运费或滞期费等相关费用之后交付涉案货物，属于航运实务中的通行做法。按照此通行做法，收货人可以尽早取回货物，且提货后收货人可以向保险公司就其代付的运费要求保险赔偿，是一种有效的减损方法。然而，此案收货人错失了按照此通行做法与船东协商代付运费以取回货物的机会，未尽到其减损义务，对与之对应的损失主张不予支持。[1]

举证证明和成文形式都不是海事国际惯例的必然前提，但这并不否定一些海事国际惯例在作为裁判依据或理由适用时需要进一步的查明和确证。近年来，海事国际惯例逐渐趋于成文

---

[1] 上海市高级人民法院 [2013] 沪高民四（海）终字第108号民事判决书。

化，但以行业惯例为代表的海事国际惯例仍主要以不成文的形式呈现，当双方当事人对此类海事国际惯例的存在及其具体内容产生争议时，需要有人对此进行查明和确证。查明和确证特定海事国际惯例的存在及其内容，不应该完全由当事人来完成，否则将完全废弃《海商法》第 268 条赋予海事国际惯例的法律地位。换言之，当涉及能否将某海事国际惯例作为司法裁判的依据或理由时，海事法院不能简单地以当事人没有提供证据证明此海事国际惯例的存在及其内容为由拒绝适用海事国际惯例，海事法院可以在当事人之外对海事国际惯例进行补充确证，以较为积极的态度践行立法赋予的"可以适用"海事国际惯例的法律适用裁量权，实现海事国际惯例作为海商法规范的司法用尽。例如，在一起集装箱超期使用费纠纷案件中，法院认为："虽然原、被告对是否及如何支付集装箱超期使用费没有特别的书面约定，但被告提箱时向原告交付空白压箱支票的行为，既可以证明被告对这一行业惯例是明知的，也可以证明被告已向原告作出了，如超期使用集装箱将按行业惯例支付集装箱超期使用费的承诺。"[1]在此案中，法院没有以当事人之间的文字约定为限，从当事人的行为推断当事人知悉此行业惯例的存在，且愿意接受其约束，在没有要求当事人举证的情况下，确证行业惯例的存在，进而适用此行业惯例。

六、海事国际惯例"用尽海商法"的顺位问题

海事国际惯例被认为仅具有任意性，因为任何时候当事人都可以通过协商一致的方式，拒绝适用海事国际惯例，[2]而且

---

〔1〕　天津海事法院［2002］海商重字第 1 号民事判决书。
〔2〕　周新军："关于国际贸易惯例与公共秩序保留的思考"，载《当代经济》2006 年第 2S 期，第 66 页。

海事国际惯例不能与制定法的强制性规定相抵触，否则海事国际惯例将不能被适用。[1]与此不同，海事国际惯例的新旧规定之间，以及海事国际惯例与制定法任意性规范之间的适用顺序问题要复杂得多，理论和实践中尚缺乏统一的见解和做法。

（一）新旧海事国际惯例之间的适用顺序

在实践中，当事人可能约定了适用海事国际惯例，如果海事国际惯例存在新旧两个不同版本，且当事人对此没有进一步明确，则应该优先适用新的海事国际惯例还是旧的海事国际惯例？标准合同类和统一惯例类海事国际惯例常有不同的版本，新旧版本之间既有重合之处，也有不一致的地方。如果当事人之间的纠纷对应的规定正好是新旧版本重合的地方，无论适用新版本还是旧版本的海事国际惯例都没有实质性影响。如果纠纷对应的规定是新旧版本不一致的地方，则确定适用哪一个版本将影响当事人的权利义务。理论上有观点认为，可以借鉴制定法中的"新法优于旧法"原则来解决新旧海事国际惯例之间的冲突，因为新版本比旧版本更能反映现实，且也更为合理。[2]

海事国际惯例不是制定法，同一制定法的新旧版本之间往往是新版本淘汰旧版本，海事国际惯例的新旧版本之间通常是同时存在，当事人可以在新版本问世之后仍然选择适用旧版本的海事国际惯例。当当事人没有就新旧版本的海事国际惯例作出选择时，能否径直推定当事人按照"新法优于旧法"的原则默示选择了新版本海事国际惯例？这种默示推定不甚合理。新版本的海事国际惯例不一定由旧版本的海事国际惯例在实践中

---

〔1〕 武汉海事法院［2005］武海法商字第 183 号民事判决书；上海市高级人民法院［2015］沪高民四（海）终字第 6 号民事判决书。

〔2〕 王建新："论海事国际惯例的适用"，武汉大学 2004 年硕士学位论文，第 26 页。

自然演化后再经国际组织等编撰而成,新旧版本之间不一致的地方,多数时候是由编撰海事国际惯例的组织以"制定"的方式有意更改,即新版本海事国际惯例的诞生,并非"物竞天择"的结果,而更多的是人为干预的结果。有干预就难免有利益的持方选择和较量。例如,在共同海损问题上就有"共同利益派"与"共同安全派"之分。2004 年《约克-安特卫普规则》在1994 年《约克-安特维普规则》的基础上,将船舶在避难港额外停留期间的船员工资、给养排除在共同海损之外,这被认为是"共同安全派"经过与"共同利益派"较量后获得的一个胜利,因为此派所持的观点是船舶进入避难港,船货已获得共同安全,其后所产生的费用,应该由各方自行承担,不宜列入共同海损。[1] 又如,2004 年《约克-安特卫普规则》将救助报酬排除在共同海损之外,而 2016 年《约克-安特卫普规则》则将救助报酬重新视为共同海损。如此完全相反的两个修改方向可以说明,在海事国际惯例新旧版本的变动中,存在着不可忽视的利益持方之间的较量。新旧版本海事国际惯例之间的不一致正是利益冲突最集中的地方,而标准合同和统一惯例类海事国际惯例主要是提供给当事人选择适用的,默示推定新版本的海事国际惯例优先于旧版本的海事国际惯例适用,很可能违背当事人的真实意愿,且缺乏对当事人之间利益的充分协调和平衡。

在涉及新旧海事国际惯例不一致的问题,且当事双方实在无法达成一致意见时,海事法院应该从海事国际惯例适用结果的合理性与妥当性出发,客观衡量并确定应该适用的海事国际惯例版本。不论是适用新的海事国际惯例,还是旧的海事国际

---

〔1〕 司玉琢:《海商法专论》(第 4 版),中国人民大学出版社 2018 年版,第339 页。

惯例,本质上都是在践行海事国际惯例蕴含的海商法规范价值。在新旧版本存在不一致的地方,相比于以默示推定的方式固化新旧海事国际惯例之间的适用顺序,海事法院结合当事人的意愿、新旧版本海事国际惯例各自的规定以及海事司法可能的结果,以海事司法效益性为价值指引,确定应该适用的海事国际惯例具体版本,更能体现"用尽海商法"。

(二) 海事国际惯例与任意性规范之间的适用顺序

关于任意性规范与海事国际惯例的适用顺序,理论上存在不同的认识。一种观点认为,任意性规范是为弥补当事人意思表示不足而设定,本身应该服务于私法自治,但任意性规范面向的是社会一般情况,在有海事国际惯例可以适用的情况下,弃海事国际惯例而适用任意性规范有损私法自治,因为海事国际惯例比任意性规范更接近于当事人的意思表示。[1]还有观点认为,如果当事人将海事国际惯例明确纳入合同,则除非海事国际惯例与制定法的强制性规范相抵触,海事国际惯例的效力高于制定法的任意性规范。如果海事国际惯例没有被纳入合同中,则无论是制定法强制性规范还是制定法任意性规范都能当然地取得优先适用的地位。[2]另有观点认为,海事国际惯例能否优先于任意性规范适用要视制定法本身的规定而定,如果制定法无意对当事人之间的合同作出特别的干预,则海事国际惯例取得优先适用地位,而如果制定法有意作出不同于一般通行做法的规定,则任意性规范应该被优先适用。[3]

---

[1] 许中缘:"论任意性规范———一种比较法的视角",载《政治与法律》2008年第11期,第68页。

[2] 陶凯元、郑创豪:"关于与国际惯例接轨的法律思考",载《暨南学报(哲学社会科学版)》2002年第2期,第107页。

[3] 陈亚芹:"论海事国际惯例在中国法中的地位——以中国的立法与司法实践为视角",复旦大学2008年博士学位论文,第150页。

　　上述三种观点分别从不同的角度辨析海事国际惯例与任意性规范之间的适用顺序。第一种观点从规范的抽象性与具体性角度出发，认为海事国际惯例相比于任意性规范更具有针对性，应该被优先适用；第二种观点从海事国际惯例适用的明示与默示角度出发，认为只有那些被明确纳入合同中的海事国际惯例才能优先于任意性规范适用；第三种观点从制定法规范目的出发，认为如果任意性规范与海事国际惯例的不同是基于制定法的特定目的而有意设置的，则任意性规范应该被优先适用，否则海事国际惯例优先适用。

　　本书认为，上述三种观点都具有一定的合理性但都不宜过于绝对。首先，海事国际惯例的规定相较于任意性规范的规定不一定是更为具体，成文化的海事国际惯例往往是一套体系性的规则，规则的内容也可能存在一定的抽象性，在适用过程中需要对其进行细化解释。其次，以合同条文明示海事国际惯例的适用是最为保守的海事国际惯例适用方式，肯定此方式下的海事国际惯例具有优先于任意性规范适用的地位是合理的，但完全否定其他适用方式下海事国际惯例的优先适用性则有些武断。《联合国国际货物销售合同公约》第9条第2款规定，除非当事人明确排除国际惯例的适用，否则便意味着当事人默示同意国际惯例的适用。换言之，国际惯例的默示适用方式已经得到一定的发展，在这种适用方式下，国际惯例的规范地位已被提升，任意性规范并不必然能够优先于国际惯例适用。最后，制定法目的的判断难以简单化一，不同的司法者基于其本身的价值观念及职业素养等对制定法规范目的的解读可能并不一致，单以制定法目的衡量国际惯例与任意性规范之间的适用顺序，存在一定的不确定性。因此，在考虑海事国际惯例与任意性规范的先后适用顺序时，应该综合考虑上述几点。

例如,关于航次租船合同下的货物留置权问题,当事人通常在合同中约定适用金康格式合同。1994年金康格式合同第8条规定船舶所有人可以就未收取的运费、滞期费等留置货物,船舶所有人常以此条款的规定行使货物留置权。对此,有的海事法院认为,留置权属于法定担保物权,具有法定性,当事人不能自由设定留置权。金康合同格式只是示范合同,其本质仍然属于当事人之间的约定,当事人是否享有货物留置权只能依据《海商法》第87条的规定,而不能依据金康格式合同的规定。[1]也有海事法院认为,《海商法》第94条规定只有该法第47条和第49条确立的适航和不得绕航义务强制适用于航次租船合同,该法第四章其余有关当事人权利义务的规定,仅在航次租船合同没有其他约定或没有不同约定时才适用。如果当事人约定适用金康格式合同,则金康格式合同中关于货物留置权的规定就应该优先于《海商法》的规定适用。[2]同类案件相似的纠纷,上述两案的处置却不一致。前一个案件的法院认为,金康格式合同的规定违背了《海商法》中货物留置权的法定性规定,不能被适用,而后一个案件的法院则认为,《海商法》关于货物留置权的规定,对于航次租船合同当事人而言只是任意性规定而非强制性规定,当事人约定适用的金康格式合同规定,应该优先于《海商法》的任意性规定适用。

留置权是否具有法定性应该视其具体类型而定。物权性留置权因物权法定性而具有法定性,通常不允许当事人自行设定,但债权性留置权则不做此限制。[3]《海商法》第87条规定船舶

---

[1] 上海海事法院[2006]沪海法商初字第613号民事判决书。

[2] 山东省高级人民法院[2007]鲁民四终字第40号民事判决书。

[3] 李志文:"论我国海上货物运输中货物留置权的性质及其影响",载《中国海商法年刊》1995年第0期,第161页。

所有人可以留置的是债务人的货物（"其货物"），本质上是一种债权债务关系，不足以说明货物留置权的绝对法定性。[1]法院将留置权简单地认定为法定担保物权，进而排除金康格式合同的适用，稍显草率且缺乏充足理据。更重要的是，《海商法》第 94 条的规定也已经明确了《海商法》第四章除适航和不得绕航以外，关于出租人和承租人权利义务的规定都只是任意性规定，仅在当事人没有约定或没有不同约定时适用，金康格式合同关于货物留置权的规定即属于不同约定，应该优先于《海商法》的任意性规定适用。

由此可见，在当事人已约定适用海事国际惯例且法律明确允许此约定的情况下，海事法院不宜以制定法已有规定（任意性规定）为由，忽视当事人的意思表示，以任意性规范替代海事国际惯例的适用。

在当事人没有明示约定适用海事国际惯例，且也没有一致排除海事国际惯例适用的情况下，海事国际惯例也并非只能在任意性规范之后适用。任意性规范包括一般民商法任意性规范与形式海商法任意性规范。就海事国际惯例与一般民商法任意性规范而言，海事国际惯例应该优先于一般民商法任意性规范适用，因为海事国际惯例作为实质海商法规范具有更高的纠纷针对性，其适用更符合海事司法的效益性，是海事司法"用尽海商法"的要求。

在同样的情况下，海事国际惯例是否优先于形式海商法任意性规范适用，需要区分以下两种情形：第一，海事国际惯例与形式海商法任意性规范不相冲突的，应该优先适用形式海商法任意性规范；第二，海事国际惯例与形式海商法任意性规范

---

〔1〕 施文、伍载阳："论海运货物留置权"，载《现代法学》1996 年第 2 期，第 39 页。

相冲突的，海事法院应先就当事人的行为和可能意志进行分析，再决定何者优先适用。①如果一方当事人主张适用海事国际惯例，且另一方当事人的行为有很强的迹象表明其知道特定海事国际惯例的存在，且为海事国际惯例的适用采取了先期行为，则海事国际惯例应该优先于形式海商法任意性规范适用；②如果一方当事人主张适用海事国际惯例，但另一方当事人的行为没有任何迹象表明其愿意适用海事国际惯例，则除非主张适用海事国际惯例的一方当事人另外提出更强的理由，否则海事法院应该优先适用形式海商法任意性规范；③如果双方当事人既没有主张，也没有迹象表明要适用海事国际惯例，海事法院应该优先适用形式海商法任意性规范。

从海事司法"用尽海商法"的角度看，上述第二种情形中的①体现了"用尽海商法"的整体性。从当事人的行为迹象判断其意思表示会比直接适用形式海商法任意性规范减少对当事人意思自治的干预。此时是当事人默示下的海事国际惯例适用，相对于将海事国际惯例限定于明示意义上的适用，从一个更高的程度上肯认海事国际惯例作为海商法规范的地位，拓宽了海事司法法律适用的选择；上述第一种情况和第二种情况的②③体现了"用尽海商法"的融贯性，因为形式海商法任意性规范主要是制定法，具有制定法权威性，在同等情况下，除非有更强的理由，否则优先适用形式海商法任意性规范更能保障海商法规范体系的和谐。

七、海事国际惯例"用尽海商法"的公共秩序限制

现行《海商法》第 276 条规定，按照该法规定适用的外国法或国际惯例不得违背我国的社会公共利益。2018 年《海商法（修订征求意见稿）》则参考《涉外法律适用法》的规定，仅

将公共秩序保留制度适用于外国法而不包括国际惯例。对此，理论上有不同的看法。一类观点认为，国际惯例的适用无需以公共秩序加以限制。因为，国际惯例属于任意法，现行立法都只是规定法院"可以"适用国际惯例，如果有任何损害本国公共利益的可能，法院均可以选择不适用国际惯例，不必动用公共秩序。[1]另一类观点认为，公共秩序是国际惯例适用的必要"刹车"。[2]因为国际惯例不尽然都是合理的，不合理的国际惯例的适用不仅无法定分止争，反而会进一步扰乱社会秩序，公共秩序可以作为法院拒绝适用特定海事国际惯例的理由。

外国法是境外国家根据其国家主权和本国利益需求而制定的符合其本国国情的国内法，因此外国法对特定利益关系的调整不一定符合我国的公共利益要求，以公共秩序保留限制外国法的适用是必要的。国际惯例并非外国制定法，其内容也不是由单一主权国家的国家意志所决定的，而主要是经过长期反复的实践所形成的。也正因为国际惯例没有一个强制力对其内容加以指引，商事主体中的强势者容易以其市场经济强势地位迫使弱势者与其发展和践行利益不平衡的国际惯例，此类国际惯例如果不加限制地适用的话，极可能进一步扰乱市场秩序。例如，在航运贸易中，传统海运运费的计算期间不包括堆场到船边，承运人因此常向 FOB 下的外贸企业收取包括 THC（码头作业费，Terminal Handling Charge）在内的海运附加费，并被视为是行业内普遍实行的惯例，但由于以 THC 为代表的海运附加费

---

〔1〕　周新军："关于国际贸易惯例与公共秩序保留的思考"，载《当代经济》2006 年第 2S 期，第 67 页。

〔2〕　G. Tedeschi, "Custom and Modern Law", 15 *University of Western Ontario Law Review*, 1, 11 (1976).

缺乏足够的透明性，且容易受有市场影响力的堆场经营者的控制和垄断，因而外贸企业往往是这项惯例适用下的弱势方和利益被攫取方，THC 也成了外贸企业经营中的一大风险。[1]

在海运纠纷中，海运欺诈问题不时地出现，并常常引起《跟单信用证统一惯例》（UCP）能否作为国际惯例适用的争议。例如，在一起海运欺诈纠纷案中，法院确认 UCP500 号是国际惯例，且根据 UCP500 号第 3 条和第 4 条的规定，信用证与可能作为其依据的销售合同或其他合同之间是相互独立的，在信用证业务中，各方当事人处理的是单据而不是单据所涉及的货物、服务或其他行为。即依据此国际惯例的规定，信用证应实行"独立性原则"。法院同时指出，此惯例还存在一个普遍接受的例外，即信用证"独立性原则"不保护欺诈行为。对此，法院认为，为避免"信用证欺诈例外原则"被滥用，基于我国法律，只有在构成实质欺诈或严重欺诈的情况下，才能认定开证申请人或开证人作出的承诺无效。本案的案件事实属于提供了虚假提单，构成了实质欺诈，因此 UCP500 号不适用于本案。[2]此案中法院虽然没有明示以《海商法》第 276 条规定的公共秩序保留否定 UCP500 号的适用，但其认定了海运欺诈的事实，实际上也是出于保护公共秩序的目的而否定 UCP500 号作为国际惯例在此案中的适用。

综上所述，本书认为，从司法效益性的角度看，在海事司法中保留以公共秩序限制海事国际惯例的适用是必要的，因为不合理的海事国际惯例的适用，通常无法满足海事司法对公正、效率及更高价值目标的追求。对于此类海事国际惯例，法院可

---

〔1〕　陈琳琳："外贸企业如何规避航运 THC 风险"，载《对外经贸实务》2018年第 10 期，第 47~48 页。

〔2〕　青岛海事法院［2003］青海法海商初字第 73 号民事判决书。

以以公共秩序为由而拒绝适用。当然，公共秩序保留不应该被滥用，尤其是不能以公共秩序为由，有意规避海事国际惯例的适用，因为公共秩序保留的目的是维护公共利益，而不是不当挤压和限制海事国际惯例的司法适用空间。海事国际惯例在作为裁判依据或理由适用于海事司法过程时，应该首先尊重其实质海商法规范的本质，其次从公共秩序的角度考量海事国际惯例的合理性，后一步骤不能越过或轻易否弃前一步骤，以此兼顾海事司法"用尽海商法"的整体性与效益性。

八、海事国际惯例"用尽海商法"的完善

从"用尽海商法"的角度看，海事国际惯例在海事司法中的适用还有待进一步的完善。具体体现在以下几个方面。

首先，海事司法者对海事国际惯例的规范性认识不统一。有些海事法院较为认同海事国际惯例的规范性，能够在《海商法》等形式海商法典和海事国际条约没有规定的情况下，将海事国际惯例作为裁判依据适用。而有些海事法院则对海事国际惯例的规范性持较为保守的态度，甚至于任意以一般法的规定替代海事国际惯例。规范性是海事国际惯例能够被适用于海事司法过程的基础，也是其实现"用尽海商法"的基点。因此，海事司法者对海事国际惯例的规范性应该有一个相对统一的认识。海事司法者对海商法规范体系的习惯起源性应有所认识，并在此基础上结合现有立法规定充分肯定海事国际惯例的海商法规范地位。当然，海事司法不宜提倡将海事国际惯例等同为商人法，并以商人法完全自治的理论适用海事国际惯例。此理论确实在很大程度上提升了海事国际惯例在海事司法适用中的地位，但其理论本身与现实脱节，不具有可行性。此外，还应认识到，海事国际惯例始终不是制定法，其所具有的海商法规

范性不能脱离《海商法》等形式海商法典的规定而独立作用，但这并不意味着海事国际惯例不能作为单独的裁判依据适用，因为形式海商法赋予当事人的意思自治权可以为此提供可能。

其次，海事司法者对海事国际惯例表现形式的认识不宜局限于特定的种类。海事国际惯例具有不同的形式，可以是成文的或不成文的，可以是单一规则，也可以是体系性规则，可以由国际组织制定，也可以由行业协会、个别企业制定，海事司法者不应简单地以是否具有上述某一项标准而界定和评判海事国际惯例。不同形式的海事国际惯例在适用方式上不尽相同，所体现的"用尽海商法"也有别。有些海事国际惯例常用于补充和解释合同，而有些海事国际惯例则常作为裁判依据或理由适用。以海事国际惯例补充和解释合同的，不宜单一地视为是合同内容层面的适用，应该就当事人的约定区分此类适用是具体适用还是抽象适用。如果是未尽事宜适用金康格式合同之类的概括式约定，则海事国际惯例对合同的补充和解释是一个融合了合同解释与法律规范解释的复杂过程，其中起实质作用的是海事国际惯例的规范性，是一种特殊的"用尽海商法"。

再次，关于海事国际惯例的适用顺序问题应该区分不同的情况。针对不同的情况，着重就"用尽海商法"的效益性和融贯性分析海事国际惯例适用的顺位问题。第一，关于新旧海事国际惯例的适用顺序，不宜完全照搬"新法优先于旧法"的原则处理，而应该从司法效益的角度综合考量当事人的意愿、新旧海事国际惯例各自的规定，以及可能的司法结果和社会影响以确定最终应该适用的海事国际惯例的具体版本。第二，关于海事国际惯例与任意性规范的适用顺序问题，应先区分是一般民商法的任意性规范还是形式海商法的任意性规范，对于前者海事国际惯例应该优先适用，以提高海事司法解决纠纷的针对性和效益性，而对于后者还需考虑当事人是否明示约定了海事国际惯例的适用。如果当事人已经明示约定了海事国际惯例的适用，且此约定符合现行立法的规定，则海事国际惯例应优先于形式海商法任意性规范适用。如果当事人没有就海事国际惯例的适用进行约定，则海事国际惯例能否优先于任意性规范适用，应该进一步区分二者之间是否相互冲突。不相冲突的优先适用形式海商法任意性规范。相冲突的不宜直接适用形式海商法任意性规范，应该对当事双方的行为加以考察。如果当事人的行为有很强的迹象表明其知悉国际惯例的存在，且不拒绝此国际惯例的适用，则应优先适用海事国际惯例以尽量减少对当事人意思自治的干预，否则应优先适用形式海商法任意性规范以尊重其制定法权威性，维持海事司法的融贯性。

最后，海事司法者可以运用公共秩序保留适当限制不合理的海事国际惯例的适用，但不宜滥用。海事司法实践中在处理海运欺诈纠纷时，常以存在欺诈事实作为《跟单信用证统一惯例》适用的例外，但似乎很少将此直接定位为国际惯例公共秩序保留的适用，对此海事司法者不妨加以明确。同时应该注意，公共秩序保留不宜被滥用以规避海事国际惯例的司法适用。总而言之，对于海事国际惯例的适用，海事司法者应合理、恰当地运用公共秩序保留，以协调"用尽海商法"的整体性与效益性，即为了确保海事国际惯例的适用符合我国海事司法的效益性，应该对不合理的海事国际惯例以公共秩序保留加以规制，但不能滥用公共秩序保留不当挤压海事国际惯例的司法适用空间，影响海事司法"用尽海商法"的整体性。

Chapter 4
第四章

海事司法在法律方法层面的"用尽海商法"

本章就海事司法在法律方法上的"用尽海商法"问题进行分析。形式海商法的"用尽海商法"强调基于规范本身的适用，实质海商法的"用尽海商法"主要强调在形式海商法基础上的填补适用，法律方法层面的海事司法"用尽海商法"则强调通过法律解释、类推适用、制度自由裁量权行使以及法律原则权衡适用，对形式海商法和实质海商法规范内容进行表达、修正、充实、延伸，进而保障海商法规范的妥当适用。

第一节　海事司法基于法律解释的"用尽海商法"

"制定法解释居于法律方法的核心",〔1〕因为法律适用的过程就是法律解释的过程，只要有法律适用则必然涉及法律解释，妥当的法律适用需要有妥当的法律解释。〔2〕法律解释可以被分为广义法律解释和狭义法律解释。狭义法律解释是指确定法律规范意义内容的作业。〔3〕广义法律解释是从法律规范的探寻即找法

---

〔1〕　[瑞典]亚历山大·佩岑尼克：《法律科学：作为法律知识和法律渊源的法律学说》，桂晓伟译，武汉大学出版社 2009 年版，第 29 页。

〔2〕　孔祥俊：《法律解释与适用方法》，中国法制出版社 2017 年版，第 364 页。

〔3〕　梁慧星：《民法解释学》（第 4 版），法律出版社 2015 年版，第 195 页。

开始，直到可依涵摄进行三段论推演之前的整个活动过程。[1]可以说，广义法律解释是寻找和确定一个司法过程可适用的法律规范，而狭义法律解释是揭示和呈现相关法律规范的意涵。本节涉及的法律解释为狭义法律解释。相比于广义法律解释，狭义法律解释的主要功能是注疏性的而非创造性的。当然，解释本身是带有价值性的，它可能通过上下文进行体系解释，或结合一定立法目的和政策进行扩张或限缩解释等，而不仅仅是条文文义的复述。

　　法律解释的正当性是依靠适当的法律解释方式支持的。这些解释方式又可以区分为多种类型，例如依据法律解释的手段和角度可以分为文理解释、法意解释和论理解释，而依据字面意思是否与结果相符可以分为字面解释、扩充解释与限制解释。[2]不同的解释方式之间可能相互印证，也可能相互抵触。因此在选择具体的法律解释方式时不是任意和随意的，需要凭借适当的理由。事实上，每种法律解释方式都有其适用条件，这些条件是决定适用此法律解释方式而非彼法律解释方式的依据。[3]

　　法律解释是由具体案件引起的，必须在针对个案事实的情况下作出判断，这种判断并非单纯的逻辑推理，而是带有价值评价特性的，且此价值评价或许与一定的历史脉络相联结，或许以一定的外来期许为指引，但不能脱离法律内在基础的价值判断。[4]所以，在海事司法中，针对具体案件探寻适合于个案的法律解释方式，并依凭此法律解释方式的适用条件，正确揭示和充分表达海商法的规范评价是海事司法"用尽海商法"的必要途径。

---

〔1〕　梁慧星：《民法解释学》（第4版），法律出版社2015年版，第195页。

〔2〕　孔祥俊：《法律解释与适用方法》，中国法制出版社2017年版，第194~195页。

〔3〕　孔祥俊：《法律解释与适用方法》，中国法制出版社2017年版，第207页。

〔4〕　梁慧星：《民法解释学》（第4版），法律出版社2015年版，第204~205页。

在海事司法中，常用的海商法法律解释方式包括文义解释、比较解释、法意解释、体系解释、扩张解释和限缩解释。

一、文义解释的"用尽海商法"

法律语言并非符号语言，达不到后者所具有的精确度，因此其通常是需要解释的。[1]文义解释又被称为文理解释、字面解释，是指按照法律条文用语的文义及通常使用方式解释以确定法律之意义。[2]文义解释之所以可行是因为文本文义具有范围性，得以将解释结果限定在可能的文义范围内。[3]文义解释因此是法律解释的起点和终点。也即文义解释通常具有优先性，只要法律条文的语义清晰明白，且不会产生荒谬、不适当的结果，就应当按照法律条文语义进行解释，[4]而即便在单独的文义解释不足以揭示法律规范的意义时，以其他法律解释方式解释的结果也应该在文义的可预测范围之内。[5]可以说，文义解释是维护法律权威性的"盾牌"。

文义解释的主要功能是区分界内与界外，并以此厘定海商法规范的意义，匡正海商法的适用范围，进而实现"用尽海商法"。法律语言包括了核心部分与边缘地带，核心部分通常较为容易确认，但边缘地带则不易辨认。当具体案件是与特定法律语言的边缘地带关联时，文义解释就需要判断和辨认具体行为是否归属于法律语言的界内。例如，有关《海商法》第46条中

---

〔1〕 〔德〕卡尔·拉伦茨：《法学方法论》，陈爱娥译，商务印书馆2003年版，第201页。

〔2〕 杨仁寿：《法学方法论》，中国政法大学出版社1999年版，第139页。

〔3〕 黄茂荣：《法学方法与现代民法》，中国政法大学出版社2001年版，第259~260页。

〔4〕 孔祥俊：《法律解释与适用方法》，中国法制出版社2017年版，第269页。

〔5〕 杨仁寿：《法学方法论》，中国政法大学出版社1999年版，第142页。

"掌管"一词的理解就曾发生过争议。涉案当事人认为"掌管"应该是指承运人本人实际掌管，而法院对此并不赞同，认为"'掌管'一词在没有限定语时，不但指实际掌管，而且指拟制的或法律上的掌管，即根据承运人的意思，由第三人代为履行掌管职责"。[1]可见，当事人主张将"掌管"一词局限于该词的核心部分，而法院则更认同该词应该包含一定的边缘地带，并对此边缘地带作出界定。

在海事司法实践中最为典型的文义解释是关于《海商法》第71条的解读，即记名提单是否需要凭单交付货物。按照文义解释的方式来解读《海商法》第71条可以发现，此条文以"提单"一词做表述，没有特别指明是否排除记名提单，则记名提单显然也包含于此条文的文义之内。也即，在记名提单的情况下，承运人也需要凭单交付货物。曾有海事法院在审理相关海事案件时认为只要托运人没有在承运人交付货物之前变更收货人，则承运人将货物交给记名提单下的收货人时，即便没有收回提单也无需承担无单放货的责任。[2]法院对《海商法》第71条规定的提单是"据以交付货物的单证"作了狭义解释，认为这里的提单不包括记名提单。法院的这一做法对应这样一种理论，即记名提单仅是形式意义上的提单，其实质是不可流转的收据，因为记名提单明确了收货人，承运人只需对交付对象信息进行识别，并核对收货人的身份即可交付货物，是否凭单不会有太大区别，因此也没有必要追究承运人无单放货的责任。[3]此理论或许有一定的合理性，但正如前文所述，在众多

---

〔1〕　宁波海事法院［2000］甬海商初字第218号民事判决书。

〔2〕　广州海事法院［2002］广海法初字第337号民事判决书。

〔3〕　何丽新等："中国各级法院153个无单放货案件之分析"，载廖益新主编：《厦门大学法律评论》（第9辑），厦门大学出版社2005年版，第237页。

的法律解释方式中，文义解释具有优先性，背离文义解释方式而另择其他法律解释方式需要恰当的理由。《海商法》第71条的条文文义解释并非荒诞或不恰当，其背后隐含的理论或许稍显保守，但只要其结果是合理的，就不应该轻易违背。换言之，《海商法》第71条的文义解释应该被海事司法实践所遵循。

二、比较解释的"用尽海商法"

比较解释是指比较参考外国立法及判例以诠释本国法律，进而实现法律规范目的的解释方法。[1]除经海事冲突规范指引而适用外国法外，比较解释是外国法在本国海事司法中适用的另一途径。相比于前一种途径，后一种途径的外国法适用仅仅是一种参考而非司法裁判的直接依据，且不需要以涉外因素为前提条件。虽然每个国家的立法都有其特定的历史传统，但某一领域的经济活动仍可以表现出一定的区域或全球共性，而这样的区域性或全球性影响奠定了比较法适用的现实基础。[2]比较解释实际上是在海事法院对海商法解释的基础上，以外国法的相关规定进行补强说明，强化法官自身的信心和对当事人的说服力。从国家主权的角度看，比较解释只是一种说服性权威，此解释方式起作用的关键是解释过程而非外国法本身的效力。[3]比较解释作为一种法律解释方法不具有强制性，[4]但在有些情形下却似乎不得不适用。例如，在本国法的相关规定是移植自外国

---

〔1〕 杨仁寿：《法学方法论》，中国政法大学出版社1999年版，第166页。

〔2〕 H. Patrick Glenn, "Comparative Law and Legal Practice: On Removing the Borders", 75 *Tulane Law Review*, 977, 985 (2001).

〔3〕 Daphne Barak-Erez, "The Institutional Aspects of Comparative Law", 15 *Columbia Journal of European Law*, 477, 486 (2009).

〔4〕 K. Zweigert, "Methodological Problems in Comparative Law", 7 *Israel Law Review*, 465 (1972).

法的情况下，对这些规定的正确理解离不开其母国法律的解释，也即只有将相关规定同原有的外国法规定相比较时，方能发现规定原有的结构性联系，进而作出更为周全的解释。[1]当然，比较解释的结果应该始终落在法律规定文义可预测的范围内。而且，如果本国法的规定足够清晰明白，自然也无需以外国法为参考进行比较解释。换言之，比较解释的主要目的是在比较外国法的基础上解释本国法相关概念或规定的规范意义，进而维护本国法律规定的完整性和周延性。从海事司法法律适用的角度看，海商法经比较解释而呈现的完整性和周延性即"用尽海商法"。

《海商法》是移植特性较为明显的本国制定法，因此在海事司法法律适用过程中常通过比较解释方式确定《海商法》的相关规定，只是由于我国相关立法尚未对外国法的比较适用进行明确规定，所以海事司法实践中的比较解释往往体现于法院判决书的法官评析部分。例如，在一起海上货物运输纠纷案件的判决书中，法官在分析航次租船合同下承租人以提单（船长签发）法律关系起诉的承运人识别问题时，先后就英国法、德国法关于承运人的识别规则进行梳理，得出国际主流做法是将船舶所有人认定为提单下的承运人的结论，再比较我国《海商法》第72条第2款的规定，即提单由船长签发的视为代表承运人签发，认为此规定系我国《海商法》对"船长被视为承运人的当然代理人"这一航运习惯的尊重和承继，不能作为识别承运人的依据。而"在本案无证据显示装港代理系根据期租承租人指示签发提单的情形下，借鉴国际主流做法与我国司法实践，将

---

〔1〕　郑智航："外国法与案例在本国司法中的运用"，载《环球法律评论》2014年第2期，第108页。

船舶所有人外迪爱慕公司认定为提单下的承运人,较为合理"。[1]

尽管海商法在很多地方具有外国法移植的痕迹,但也必须根据我国特殊的法律语境作相应的本土化变通。因此,海事司法实践中比较解释还可以以反向解释的作用体现,也即在比较外国法规定的基础上,明确我国海商法的相关规定之所以不同是受我国特殊法律语境的影响,该不同规定应该被付诸实践。例如,在一起海上货物运输保险合同纠纷案中,法院认为虽然"提货不着险"条款来源于英国海上保险的"non‐delivery"("交货不能"或"没有交货")条款,但中文文义的"提货不着"已经溢出了"non-delivery"中因承运人"交货不能"所导致的"提货不着",还可以包括其他原因的"提货不着",如因货物形体的绝对灭失或损坏而导致的提货不着等。本案保险合同中规定的是"偷窃、提货不着",在没有其他特别解释和附加说明的情况下,应该按照中文文义理解和解释"提货不着"。[2]

三、法意解释的"用尽海商法"

法意解释,"又称为历史解释或沿革解释,系指探求立法者于制定法律时所作价值判断及其所欲实践的目的,以推知立法者之意思,而为解释之方法"。[3]法意解释常与目的解释相比较,前者是主观解释论,强调立法者制定法律时意在确立的法律目的,常诉诸历史资料来确定,而后者是客观解释论,更强调顺应现实需求来赋予规范一定的目的和意义。德国学者认为,

---

〔1〕 天津市高级人民法院〔2013〕津高民四终字第84号民事判决书。

〔2〕 中国抽纱公司上海进出口公司诉中国太平洋保险公司上海分公司海上货物运输保险合同纠纷案,法宝引证码 CLI. C. 66949。

〔3〕 杨仁寿:《法学方法论》,中国政法大学出版社1999年版,第162页。

主观解释论与客观解释论涉及的是法律解释与法律续造的区分难题，主观解释论赋予立法者的调整意志以决定性作用，而客观解释论的出发点是，法律由立法者颁布之后就脱离出来，并从此独立于立法者的意志，此时的法律被相信比创造它的人更聪明。[1]因此，"所谓的客观解释事实上背离了立法最初的规范目的，而助长法律适用者的主观调整意志。法律并不比立法者聪明；它没有智力。倒是法官偶尔也必须比立法者睿智，例如当法律颁布后其调整范围发生了根本变化的时候"。[2]国内有学者认为，法意解释与目的解释并非截然不同，当法律所调整的社会关系没有发生根本性变化时，法意解释和目的解释具有一致性，都重在维护法律的安定性，而在社会关系发生根本变化并引起新的社会需求时，目的解释就会顺应现实需求而抛弃历史解释。[3]换言之，按照此观点，客观解释论与主观解释论既可能重合也可能分离，关键在于社会关系是否发生根本性变化。本书更倾向于认同后一种观点，即目的解释可能表现为一种法律原初含义的解释（法意解释），也可能表现为顺应时代需求的适应性解释。由于适应性的目的解释已经超出了狭义解释的范畴，而本节探讨的是狭义法律解释，所以这里主要就法意解释进行分析。

法意解释通过判断立法者的立法目的和精神来揭示法律规范的意义。在海事司法中，如果具体案件的情况在法意解释的规范意义范围内，则海商法可被作为司法裁判的依据，而如果具体案件的情况与法意解释的规范意义无涉，则不宜适用海商

---

〔1〕 ［德］伯恩·魏德士：《法理学》，丁晓春、吴越译，法律出版社 2013 年版，第 332 页。

〔2〕 ［德］伯恩·魏德士：《法理学》，丁晓春、吴越译，法律出版社 2013 年版，第 333 页。

〔3〕 孔祥俊：《法律解释与适用方法》，中国法制出版社 2017 年版，第 321 页。

法。因此，法意解释是确保海商法正确适用的一个标准，以此方式实现的海商法规范适用，自然也是"用尽海商法"的体现。立法精神和目的通常与一定的政治、经济因素相关联，以法意解释方式确立海商法规范的目的和意义，并在海事司法中适用，不仅有利于达致一定的法律效果，也有助于维护特定的社会经济秩序。例如，在一起海事赔偿责任限制纠纷案件中，一艘可以从事国际远洋运输的船舶从事了国内港口之间的运输，在此期间发生事故并引发海事赔偿责任限制的计算争议。在此种情况下的海事赔偿责任限制是以船舶的航行能力为标准，适用《海商法》第十一章的海事赔偿责任限额规定，还是以船舶事发时的航次为标准，适用交通运输部有关沿海运输船舶海事赔偿责任限额的规定。对于此问题，法院认为应该诉诸《海商法》的法意解释。《海商法》既然对国内运输和国际运输的海事赔偿责任限制采取区别对待的原则，其价值取向显然是保护和扶持国内航运业的发展。因此，以事发航次为标准计算赔偿责任限额符合立法的本意和价值取向。进一步而言，适航区域较大的船舶在技术规范和安全性能方面也更为先进，如果以船舶的航行能力为标准，则此类船舶在航行于国内港口时，将比那些适航区域较小的船舶承担更大的责任，这将挫败船舶所有人提高船舶技术水平和安全水准的积极性，进而阻碍我国航运技术进步和影响国内沿海航行安全，而如此效果显然不是立法者所乐见的。[1]

四、体系解释的"用尽海商法"

所谓体系解释，是指按照法律规定所处的语境或法律规定之间的相互关系确定法律规定意义的解释方法。[2]法律条文总

---

〔1〕 上海市高级人民法院［2009］沪高民四（海）限字第 1 号民事裁定书。
〔2〕 孔祥俊：《法律解释与适用方法》，中国法制出版社 2017 年版，第 291 页。

是处于一定的关系网中，其所隶属的篇、章、节、条款都是关系网的体现。因此，在通常情况下，一个周延的法律条文解释是联系条文的上下文、回溯条文所处的关系网去判断法律条文应该具有的意义，如此方能避免断章取义。体系解释的价值不仅在于明晰法律规范的含义，"还可以通过体系性适用消除法律规范的冲突，以及在不同解释方法导致的不同解释结论之间进行选定"。[1]可以说，海商法的体系解释本身就是海事司法融贯性的一种体现，即强调不同海商法规范之间的尽可能的相互支持和联结，而非孤立和对抗。因此，通过体系解释方式实现的海商法规范适用是"用尽海商法"的体现。

　　海事司法实践中关于体系解释的适用并不少见。例如，关于船舶抵押权与船舶留置权之间的关系，有案件当事人认为在先成立的船舶抵押权可以对抗之后的船舶留置权的成立，主张船舶抵押权是独立请求权。法院对此表示反对，并认为纵观《海商法》第二章第二节和第三节等的规定，在船舶抵押权行使之前已经成立的船舶修造合同不受船舶抵押权的排斥和影响。尤其是根据《海商法》第11条的规定，船舶抵押权的权能仅赋予权利人在依法拍卖的船舶价款中优先于一般债权人受偿，其不具有使其他债权在法律上无效的权能。即使与船舶留置权竞合，船舶抵押权也只是在一般债权之前受偿，不影响船舶留置权的优先性，二者之间不具有否定对方的权能。[2]换言之，如果仅仅依据《海商法》第11条中的船舶抵押权"优先受偿"规定，认定船舶抵押权具有排斥一切其他债权的效力，实际上是孤立适用海商法规范的体现，其结果不仅会引起条文之间的相互冲突，也必然是违反立法本意的。因此，对于此条文的理解

---

〔1〕　孔祥俊：《法律解释与适用方法》，中国法制出版社2017年版，第292页。

〔2〕　宁波海事法院［2012］甬海法商初字第208号民事判决书。

还应该结合船舶留置权的相关规定进行体系上的解释，进而客观、全面地判断船舶抵押权的效力，以此保证海商法相关规范的正确适用。

又如，关于《海商法》第215条规定的"先抵销后限制"应该如何抵销的理解，海事法院认为应该结合《海商法》第210条关于人身伤亡和非人身伤亡赔偿责任限制的规定分析。《海商法》第210条对人身伤亡的赔偿责任限制与非人身伤亡的赔偿责任限制分别作出规定，且前者的限额远高于后者，由此可见《海商法》对人身伤亡赔偿和非人身伤亡赔偿的保护力度不同。因此，如果海事赔偿责任限制请求人提出反请求，应该将反请求区分为人身伤亡类和非人身伤亡类，并分别与同类性质的海事赔偿请求相抵销，而不能将所有反请求直接进行总量上的抵销，否则将有悖于《海商法》立法本意。质言之，从体系解释的角度看，《海商法》第215条"先抵销后限制"的意涵是"两类赔偿请求只能分别抵销，分别适用不同的海事赔偿责任限额"。[1]

五、扩张解释的"用尽海商法"

扩张解释是指法律规定的文义过于狭隘，不足以表达立法的真正意义，因此通过扩展其含义，使其适用于其文义不能包括而又符合立法意图的事项。[2]扩张解释常与目的性扩张相区分，二者的不同在于是否超出文义的"可能预测范围"，超出文义可能预测范围的为目的性扩张，没有超出文义可能预测范围的为扩张解释。[3]前者是法律漏洞补充，后者是狭义的法律解释。扩张解释通过充实海商法条文规定的含义而适当扩张海商

---

〔1〕 上海市高级人民法院［2009］沪高民四（海）终字第239号民事判决书。
〔2〕 孔祥俊：《法律解释与适用方法》，中国法制出版社2017年版，第337页。
〔3〕 杨仁寿：《法学方法论》，中国政法大学出版社1999年版，第204页。

法的适用范围，因而以此解释方式实现的海商法适用是"用尽海商法"的体现。

《海商法》第 42 条对实际承运人作出定义，即实际承运人是接受承运人委托或转委托而从事货物运输的人，但这一定义似乎不足以应对现实情况。海事法院在一起海上货物运输合同纠纷案件中指出，上述条文中的"转委托"应该做扩张解释，包括定期租船或航次租船情况下实际负责船舶运营的船舶所有人或光租人。在此案中，虽然原告（收货人）没有提供证据证明承运人与船舶所有人、定期承租人、航次承租人之间的委托或转委托关系，但法院认为，从原告凭承运人签发的提单向船舶所有人提取货物的事实，可以推断出承运人与船舶所有人之间存在转委托关系，因此船舶所有人是本案的实际承运人。[1]《海商法》引入实际承运人这一概念的目的是扩大承担货物运输的责任主体范围，从而有利于保护货方的合法权益，同时也使得实际承运人得以享有《海商法》下承运人的权利。[2]上述案件通过扩张"转委托"的含义将定期租船和航次租船下的船舶所有人纳入实际承运人的范畴，切实地维护了收货人的权益，符合《海商法》的立法意图。

六、限缩解释的"用尽海商法"

限缩解释是指"按照法律规定的文义进行解释，其适用的范围过于宽泛，遂限缩其文义的范围，使其局限于核心部分，以此达到立法的本来意图"。[3]限缩解释常与目的性限缩相区

---

〔1〕　上海市高级人民法院［2010］沪高民四（海）终字第 57 号文书。

〔2〕　司玉琢、张永坚、蒋跃川编著：《中国海商法注释》，北京大学出版社 2019 年版，第 72 页。

〔3〕　孔祥俊：《法律解释与适用方法》，中国法制出版社 2017 年版，第 333 页。

分。目的性限缩是将原来为法律文义所涵盖的类型，剔除其不合规范意旨的部分，使之不在法律适用范围之列，在性质上属于漏洞补充。[1]相比于目的性限缩，限缩解释是消极地将文义局限于其核心部分。从二者的适用来看，如果法律规定文义能够分割或分类的话，则多采取限缩解释，而如果法律规定的文义不能分割或分类，则多采取目的性限缩。[2]同理，因本节探讨的是狭义法律解释，所以主要就限缩解释进行分析。

限缩解释同扩张解释一样，都是在一定的文义基础上进行适当的文义修正，法律规范文义范围的限缩或扩张必然会影响规范的适用范围。如果说扩张解释是通过合理扩大海商法的适用范围而体现"用尽海商法"，那么限缩解释对海商法适用范围的限制是否意味着背离"用尽海商法"？其实不然，因为与其说扩张解释的"用尽海商法"是通过扩张海商法规范的文义范围实现的，不如说是海商法规范意图的有效落实促进这一目标的实现。同样，限缩解释虽然限制了海商法规范的文义范围，但这一限制是落实海商法规范意图的必要手段。相比于放任不恰当海商法的适用，这种限缩适用是一种必要的司法修复，而这正契合了"用尽海商法"的内在要求，即"用尽海商法"本身是立基于正确、适度而非盲目的海商法规范适用。

举例来说，对《海商法》第214条规定的，在海事赔偿责任限制基金设立后"向责任人提出请求的任何人"不得对责任人的财产行使任何权利的理解，就需要借助限缩解释这一方式。《海商法》下的海事赔偿请求区分为限制性与非限制性，能够在海事赔偿责任限制基金中受偿的是限制性海事赔偿请求，非限

---

〔1〕 杨仁寿：《法学方法论》，中国政法大学出版社1999年版，第200页。

〔2〕 孔祥俊：《法律解释与适用方法》，中国法制出版社2017年版，第333~334页。

制性海事赔偿请求需要在基金之外另寻途径获得赔偿。上述条文中的"任何人"应该限缩于向海事赔偿责任限制基金提出请求的人,即基于同一事故向责任人提出限制性海事赔偿请求的人。只有这些请求人在基金设立后不得对责任人的任何财产行使任何权利,而非限制性海事赔偿请求人和非基于同一事故的请求人则仍有权依法对责任人的船舶或其他财产采取财产保全措施等。之所以设立上述规定,是因为设立基金相当于责任人为债权人提供了相应的担保,如果再允许债权人对责任人的财产行使权利,对责任人显然不公。[1]但如果允许将非限制性海事赔偿请求人也纳入"任何人"的文义,不仅超出了对责任人的必要保护,且是以牺牲非限制性海事赔偿请求人的合法权益为代价,如此必然不符合《海商法》第214条设立的初衷。

第二节 海事司法基于类推适用的"用尽海商法"

类推适用不是简单的法律条文适用,而是方法论意义上的法律适用,通过案件之间相似性的判断和评价,扩展既有制定法规则的意义辐射范围,以填补漏洞的方式,实现海商法更为完整的海事司法法律适用。

一、类推适用是形式海商法填补漏洞的有效方法

类推适用,是指就法律没有规定的事项比附援引与其性质相类似的规定而适用。[2]此概念包含了类推适用的前提和结构,即何时运用以及如何运用类推适用。类推适用的前提是存在制

---

[1] 司玉琢、张永坚、蒋跃川编著:《中国海商法注释》,北京大学出版社2019年版,第343页。

[2] 杨仁寿:《法学方法论》,中国政法大学出版社1999年版,第210页。

定法漏洞，即就相关的事项法律没有规定。关于制定法是否存在漏洞，制定法实证主义者持否定观，认为制定法是一个封闭自足的完整体系，不存在漏洞的可能。但就现代主流法律方法论而言，由于受有限立法理性以及模糊法律语言等的影响，制定法存在漏洞是不可否认的，而且正是基于制定法漏洞的存在，法律秩序的包容性和自我更新才有可能。承认制定法的漏洞，即肯定在制定法文本之外存在着法律能够辐射的意义空间。[1] 换言之，如果待决的案件处于制定法直接调整和法外空间之间的范围便说明存在制定法漏洞。[2]类推适用以制定法漏洞为前提，也使得其区别于法律解释。类推适用是比附援引相类似的法律规则而非具体的法条，[3]法律解释则必须以法条为基础，其对应的法律适用是具体法条的适用。法律解释的目的是揭示和呈现法律规定的规范意义，因此必然受到法律规定文本的文义限制，法律解释的边界是法律规定文本的文义可能预测范围，超过这一范围就不再是法律解释。类推适用恰恰是在法律规定文本的文义可预测范围之外的规范延伸适用，因此不属于法律解释范畴，不能与扩张解释等法律解释方法相等同。以制定法漏洞为前提，也决定类推适用不同于一般的类比推理思维方式。作为一种思维方式，类比推理没有适用的领域限制，而类推适用作为一种法律适用方式受到了一定的领域限制。[4]以刑法领域为例，"罪刑法定"常被认为是对类推适用的禁止，但这不意

〔1〕 雷磊：《类比法律论证——以德国学说为出发点》，中国政法大学出版社2011年版，第71页。

〔2〕 这里的法外空间是指法秩序之外的空间，即不宜由法律调整的事项。

〔3〕 屈茂辉、张彪："论类推适用的概念——以两大法系类推适用之比较为基础"，载《河北法学》2007年第11期，第36页。

〔4〕 屈茂辉："类推适用的私法价值与司法运用"，载《法学研究》2005年第1期，第8~9页。

味着刑法领域排斥类比推理思维的运用。事实上，只要类比推理思维不是运用于论证和加重刑罚，其便仍有可能被运用于刑法领域。[1]最后，制定法漏洞的存在只是类推适用的必要而非充分条件，因为并非所有的制定法漏洞都需要被填补。类推适用针对的漏洞必须是需要填补的，如果制定法的漏洞是基于立法者的有意沉默而形成，便没有填补的必要，也自然不需要运用类推适用。

类推适用的结构是通过比较案件与既定制定法规则规制的案件之间的相似性，将既定制定法规则适用于案件。案件相似性并非仅仅指案件事实外在表征的相似，而主要指案件事实指向的法律评价意义的相似。[2]例如，如果制定法规则规制的典型案件事实具有 A1、A2、A3、A4、A5 的特征，待决案件的事实具有 A2、A3、A4、A5、A6 的特征，而且 A2、A3、A4、A5 对法律评价具有决定性作用，同时 A1 和 A6 不影响此法律评价的形成，则待决案件事实与制定法规则规制的典型案件事实具有相似性，制定法规则可以被适用于待决案件事实以获得相同的法律结果。上述过程看似简单实则涉及设证、归纳和演绎等论证过程。设证是以一定的结论为出发点的，其主要作用是引出一定的假设再就此假设进行证成。[3]设证是类推的必经过程，即司法者在对待决案件事实进行分析的基础上，根据其自身的背景知识推测待决案件应该具有的法律后果，再就此寻找相似

---

〔1〕　雷磊：《类比法律论证——以德国学说为出发点》，中国政法大学出版社 2011 年版，第 301 页。

〔2〕　陈林林："裁判上之类比推论辨析"，载《法制与社会发展》2007 年第 4 期，第 6 页；钱炜江："论民事司法中的类推适用"，载《法制与社会发展》2016 年第 5 期，第 71 页。

〔3〕　杨晓娜：《法律类推适用新探》，中国政法大学出版社 2013 年版，第 106 页。

的案件及其应适用的制定法规则的过程。相似性判断是设证过程的关键，相似蕴含着既有相同的一面又有不同的一面，相同一面是否具有决定性意义以及不同一面是否形成反向证成，都不只是简单的逻辑推理，还关涉价值的选择和判断。换言之，"同样案件同样判决"是类推适用遵循的一项形式正义原则，但这一原则也意味着如果在某些情况下不同点更为重要，则不同的案件应该有不同的判决。[1] 因此，案件事实之间的相似性类比能否导向相关制定法规则的适用，需要一定的介质和衡量标准。按照阿图尔·考夫曼（Arthur Kaufmann）的观点，此介质或标准应为"事务本质"。在考夫曼看来，事实与规范是经由"事务本质"结合在一起的，事实经过抽象化具有价值关联性，而规范经过具体化具有事实关联性，[2] 当两者不断接近时就完成了事实与规范的对应，即事实与规范具有法律评价相似性，规范得以适用于事实。此过程既涉及归纳（事实的抽象化）也涉及演绎（规范的具体化）。可以说，待决案件的出现提出了一定的问题，设证为此问题的解决提供了一定的方向，归纳、演绎是此方向上寻找具体答案的方法。因此，归纳和演绎的结果会反过来影响并修正设证。同时，基于修正后的设证，新的归纳和演绎又会被开启，如此流转往复以达致最终的有效答案。[3]

类推适用作为制定法漏洞的填补方法会否违反立法与司法的权责划分规定？即类推适用会否僭越立法权？事实上，漏洞

---

〔1〕 [美] 史蒂文·J. 伯顿：《法律和法律推理导论》，张志铭、解兴权译，中国政法大学出版社 1998 年版，第 35 页。

〔2〕 雷磊：《类比法律论证——以德国学说为出发点》，中国政法大学出版社 2011 年版，第 37 页。

〔3〕 杨晓娜：《法律类推适用新探》，中国政法大学出版社 2013 年版，第 117 页。

填补与法律续造不同，因为漏洞填补的结果是制定法规则的相应适用，即便认为漏洞填补存在续造的成分，这种续造也只是制定法内的续造，即将制定法规则扩展适用于其未规定的部分。"法官在此并没有抛弃制定法的考量而单独在法的层面上从事法律续造活动。"〔1〕类推适用之所以是漏洞填补而非纯粹的法律续造是因为类推适用是针对个案的，是通过具体案件事实的相似性判断和评价共享制定法规则中的法律后果。具体而言，案件事实之间的相似性类推不具有传递性，案件 C1 类似于案件 C2，案件 C2 又类似于案件 C3，但这并不能说明或决定案件 C1 类似于案件 C3。案件之间的相似性类推必然存在着间距，间距的存在能够使得 C1 与 C2 相似，同时也能割断 C1 与 C3 之间的相似性传递。〔2〕因此，类推适用导向的制定法规则适用不是抽象立法权的行使，而只是紧密联系个案的有限司法能动，是司法面对纷繁复杂的社会现实时所应有的职能。

综合上述论述可见，类推适用是一项有效的制定法漏洞填补方法，且是司法中可资适用的法律适用方法。具体到海事司法中，海事司法者可以通过类推适用填补海商法的漏洞进而为海事司法法律适用提供有效的法律依据。

二、类推适用的"用尽海商法"体现

《海商法》等形式海商法典存在漏洞是难免的，在海事司法中，如果因此而轻易地放弃《海商法》等形式海商法典的适用，很可能会背离"用尽海商法"，因为海商法漏洞有可能通过类推

---

〔1〕 雷磊：《类比法律论证——以德国学说为出发点》，中国政法大学出版社 2011 年版，第 192 页。

〔2〕 ［瑞典］亚历山大·佩岑尼克：《法律科学：作为法律知识和法律渊源的法律学说》，桂晓伟译，武汉大学出版社 2009 年版，第 34 页。

适用被填补。

《海商法》第2条将沿海运输和内河运输排除在该法的适用范围之外，沿海运输以及内河运输中的相关法律问题或是适用海事行政法规，或是适用《民法典》等。同样是涉水运输却区分为不同的法律适用情况，是立法者基于一定的社会经济政策而决定的结果。但完全割断内河、沿海运输与远洋运输的法律适用显得过于机械，且随着内河、沿海运输的不断发展，当初的立法政策考量是否仍应被完全遵循值得深思。

以国内水路货物运输纠纷为例，能否适用承运人与实际承运人的连带责任规定存在不少争议。《海商法》第63条对海上运输承运人与实际承运人连带责任进行了明确规定，即承运人与实际承运人都负有赔偿责任的，二者在责任范围内承担连带责任。已失效的《国内水路货物运输规则》针对国内水路货物运输情况作出了同样的规定。2012年《最高人民法院关于国内水路货物运输纠纷案件法律问题的指导意见》第6条肯定了国内水路货物运输的承运人和实际承运人法律地位，并允许参照《国内水路货物运输规则》的规定，判定承运人与实际承运人的赔偿责任。在《国内水路货物运输规则》尚未失效前，此部门规章是海事法院审理国内水路货物运输合同纠纷中承运人、实际承运人赔偿责任问题的主要法律依据，但此部门规章因立法权限问题已于2016年被废止。此后，海事法院再审理类似案件纠纷时面临着无法可依的困境。例如，在国内水路货物运输合同纠纷中，货主与A公司签订运输合同委托A公司运输货物，此后A公司又将货物运输委托给B公司履行，在B公司运输期间货物发生了灭失、损坏。在此情况下，A公司与货主之间存在货物运输合同关系，A公司应该就货物的灭失、损坏承担违约责任并无太大争议。问题是B公司的法律地位如何确定及其是否应该承担连带责任？一种观点认为，《国内水路货物运输规则》既已失效，国内水路货物运输合同关系就应该适用原《合同法》的相关规定，原《合同法》中并没有实际承运人的概念，自然无法就承运人与实际承运人之间的连带责任进行判定。因此，根据合同相对性原则，货主只能依据其与 A 公司之间的运输合同向 A 公司索赔，A 公司赔偿后再依据其与 B 公司之间的合同向 B 公司追偿。另一种观点认为，《国内水路货物运输规则》属于部门规章，自始至终都不是牢固的裁判依据，海事司法法律适用仍应该以原《合同法》等为法律依据，但是实际承运人的概念在实践中已经根深蒂固，甚至成了司法实践的法理和规则。而且，《最高人民法院关于国内水路货物运输纠纷案件法律问题的指导意见》第 6 条的规定也仍然有效，因此实际承运人的概念应被允许继续适用。[1]

上述两种观点都有一定的合理性，但也都不足以正确解决实际问题。因为按照第一种观点进行海事司法审判容易造成诉累，而第二种观点在理论和法律论证上稍显牵强和缺乏说服力。本书认为，关于国内水路货物运输中的实际承运人问题，可以考虑从类推适用的角度分析和解决。类推适用的前提是存在需要填补的制定法漏洞。上述设例无法可依的困境初步说明了海商法漏洞的存在，即海商法对国内水路货物运输中是否存在实际承运人及实际承运人是否承担连带责任没有规定。但如前所述，《海商法》第 2 条将国内水路运输排除出其法律适用范围是基于一定的立法政策考量的，此条文规定是否构成对前述海商

---

〔1〕"上海海事法院海事审判情况通报（2016）——涉船员权益保护海事审判情况通报"，载上海海事法院官网：https://shhsfy.gov.cn/ hsfyytwx/ hsfyytwx/spdy1358/hsspbps1434/web/viewer.html? file=../2016.pdf，最后访问日期：2020 年 3 月 9 日。

法漏洞的有意沉默？

制定法漏洞是否属于有意沉默，应该基于当下的情况进行分析，而非诉诸立法当时的情况，即"有意"沉默应该是有意义的沉默，固守无意义的沉默容易走向制定法实证主义的窠臼中。从《海商法》第 2 条的规定来看，《海商法》似乎在整体上将国内货物运输排除出了该制定法的适用范围。这在很大程度上是受当时立法技术的限制而只能就类别上进行机械式划分。即在当时的立法条件和情势下，大多数的国内水路货物运输纠纷问题不宜适用《海商法》。此种基于"多数代表整体"的粗放型立法政策考量，在法律制定之初或许尚具有合理性，但在当下如果仍不加区分地将其作为有意沉默的立法表达就容易与现实脱节。此外，2018 年《海商法（修订征求意见稿）》将国内水路货物运输合同作为新增章节进行规定，其中也包含了实际承运人的法律地位和连带责任问题，由此也可以说明国内水路货物运输的实际承运人问题应该在立法的计划范围内。因而，现行海商法在此问题上确实存在漏洞，且需要被填补。最后，从海事司法实践角度来看，在《国内水路货物运输规则》失效以后，当事人通过约定适用《国内水路货物运输规则》，或者选择将《国内水路货物运输规则》的相关规定并入合同，法院依此延续《国内水路货物运输规则》的效用，并据以判定国内水路货物运输中有关实际承运人的连带责任问题。[1]且不论此种将已失效部门规章"起死回生"的做法是否足够妥当和合法，其间所体现的当事人意思自治，在很大程度上说明当前海商法

---

〔1〕　大连海事法院［2017］辽 72 民初 558 号民事判决书；湖北省高级人民法院［2016］鄂民终 1567 号、［2017］鄂民终 2780 号民事判决书；武汉海事法院［2018］鄂 72 民初 134 号民事判决书；广州海事法院［2018］粤 72 民初 471 号民事判决书。

存在相应的漏洞需要填补。就海事法院而言，有法院以案件纠纷事实发生时《国内水路货物运输规则》尚未失效为由，认为即便在诉讼时此部门规章已失效，也不影响其适用。[1]可见，无论是当事人还是法院，对于国内水路货物运输的实际承运人连带责任都倾向于支持，对照之下，海商法在这方面的缺漏也更为凸显。

关于连带责任常有"法定"一说，即认为连带责任不能由司法者随意创设而需要根据立法的明确规定来适用。事实上，连带责任的类型具有多样性，不同的连带责任对应不同的法定程度，而不同的法定程度对类推禁止的要求也不同。一种基本分类是基于连带责任产生的方式，将其分为自然连带责任和建构性连带责任。前者是指由于数个行为在事实上具有整体性，进而导向责任的连带性，后者是指基于特殊的政策考量而拟制行为之间的整体性，并赋予其责任的连带性。[2]自然连带责任由于是建基在自然事实之上，因此其对应的法定程度相对较低，只要存在行为之间的整体性事实就可以认定连带责任的存在。而建构性连带责任本身是由立法建构而成，因此对应着相对较高的法定程度。建构性连带责任的法定要求主要是排斥整体的类推适用，即原则上不允许在法定类型之外创设新类型的连带责任，但允许对既有连带责任的内容进行补充。[3]显然，承运人与实际承运人的连带责任是建构性连带责任，在国内水路货物运输中类推适用《海商法》下的实际承运人连带责任，是一种个别类推适用而非整体类推适用，类推的结果是补充《海商

[1]　上海市高级人民法院［2017］沪民终143号民事判决书。
[2]　张平华："连带责任的弹性不足及其克服"，载《中国法学》2015年第5期，第128、130页。
[3]　张平华："连带责任的弹性不足及其克服"，载《中国法学》2015年第5期，第135页。

法》下实际承运人连带责任的内容，没有创设出新类型的连带责任，因此不违反连带责任的"法定"要求。

　　以类推适用的方式填补海商法关于国内水路货物运输中实际承运人连带责任的法律漏洞，其设证的出发点是通过比较国内水路货物运输合同纠纷案件与《海商法》规制的海上货物运输合同纠纷案件，将《海商法》中的实际承运人制度适用于国内水路货物运输合同纠纷。在关于实际承运人连带责任问题的案件事实外在表征上，国内水路货物运输与《海商法》规制的海上货物运输相同的有以下几方面：都属于以船舶为交通运输工具的货物运输；当事人之间签订有一定的货物运输合同；货物交由没有与货主签订合同的一方实际运输；货物发生灭失、损坏，货主主张与其签订合同一方以及实际运输货物的一方承担连带责任等。不同的是二者发生的水域，即一个发生于内河、沿海，另一个发生于海上。以"事物本质"来判断和评价国内水路货物运输合同纠纷与《海商法》规制的海上货物运输合同纠纷，可以发现，案件事实都指向越过合同相对性以扩大货主可以直接索赔的对象。《海商法》第四章设立的实际承运人制度的立法目的，是扩大承担货物运输责任的主体，加大对货主合法利益的保护，同时给予实际承运人《海商法》下承运人的权利，而关于承运人与实际承运人的连带责任规定就是落实和体现这一立法目的的具体规定。因此，在"事物本质"上，国内水路货物运输合同纠纷中的实际承运人连带责任问题与《海商法》规制的海上货物运输合同纠纷中的实际承运人连带责任问题具备有效的相似性，此相似性可以导向《海商法》中实际承运人的连带责任规定适用于国内水路货物运输合同纠纷。简言之，海事法院可以通过类推适用的方式，将《海商法》中的实际承运人法律地位规定以及实际承运人的连带责任规定适用于国内水路货物运输合同纠纷案件。

海事司法实践中已有法院如此践行。例如，在一起海上、通海水域货物运输合同纠纷案中，武汉海事法院认为："我国海商法规定了承运人与实际承运人对造成托运人货损承担连带责任的制度，海上货物运输中两者承担连带责任的制度与沿海、内河运输中相关民事责任的法律原理并无本质区别，为减少当事人讼累，充分保护国内水路货物运输合同托运人的合法权益，参照《最高人民法院关于国内水路货物运输纠纷案件法律问题的指导意见》，在本案中也可类推适用连带责任制度。"[1]

除了国内水路货物运输合同纠纷，实际承运人问题还经常在拖航合同纠纷、多式联运合同纠纷中出现，对这些纠纷的解决似乎也可以考虑类推适用的可能，只不过在具体运用过程中应该始终按照类推适用的前提和结构要求进行。例如，在一起拖航合同纠纷案件中，一审法院通过类推适用海上运输的实际承运人制度创设"实际承托方"这一概念，认定两份拖航合同中存在承托方与实际承托方，且承托方与实际承托方就拖航合同下的损害承担连带赔偿责任。对此，二审法院指出，本案中两份拖航合同的主体、起拖地、目的地各不相同，对拖航费用和违约责任的约定也不同，因此两份拖航合同是完全独立的，不存在一个拖航合同是为履行另一个拖航合同而签订的情况，也自然不存在承托方和实际承托方的现实可能。因此本案与《海商法》规制的海上运输实际承运人情况截然不同，不能类推适用实际承运人制度。[2]

《海商法》的实际承运人规定在海上、通航水域的联运合同纠纷中的类推适用，还需要考虑此规定是否为足够类似的规定。

---

[1]　武汉海事法院［2018］鄂 72 民初 1529 号民事判决书。

[2]　湖北省高级人民法院［2014］鄂民四终字第 00026 号民事判决书。

联运包括单式联运和多式联运。由于多式联运的发展在很大程度上是受传统单式运输方式所适用的法律制度的多样性带来的法律冲突的影响,因此多式联运的"多式"不仅可以指使用两种以上的交通运输工具的运输,也可以指受两种以上不同法律规制的运输。[1]虽然《海商法》与《民法典》都有涉及多式联运的规定,但却都没有明确多式联运下的连带责任。而且,《海商法》下的多式联运是必须包括海运区段的多式联运。《民法典》第834条(原《合同法》第313条)虽规定了如果货损发生在某一区段,与托运人订立合同的承运人和该区段承运人承担连带责任,但该条文明确仅适用于两个以上承运人以同一运输方式联运的情况,即单式联运。[2]由此试想下,如果发生了海上、通航水域的单式或多式联运合同纠纷,法院应适用《民法典》第834条,还是类推适用《海商法》中的实际承运人规定?就海事司法实践中已有案例而言,如果是海上、通航水域的单式联运合同纠纷,法院似乎倾向于依据原《合同法》第313条的规定确定承运人与区段承运人的连带责任,[3]而如果是海上、通航水域的多式联运(其中包括海运区段)合同纠纷,法院似乎倾向于类推适用《海商法》中的实际承运人连带责任规定。[4]

综上,《海商法》建构实际承运人制度是为了适应海上运输中重重委托运输的现实状况,以连带责任的方式减少当事人之间的诉累,保护货方的合法权益。但《海商法》将此立法目的的实现局限于其规制的海上运输,且由于其他海商法规范对此

〔1〕 郭萍:《货物多式联运法律制度比较研究》,大连海事大学出版社2012年版,第32页。
〔2〕 崔建远:《合同法学》,法律出版社2015年版,第435~436页。
〔3〕 上海市高级人民法院〔2017〕沪民终215号民事判决书。
〔4〕 上海海事法院〔2016〕沪72民初1462号民事判决书。

没有有效的补充规定，内河、沿海运输中类似的法律目的需求因此难以得到满足，海事司法实践面临许多法律适用困境。据此，类推适用以其填补漏洞的功能适当扩展了《海商法》中实际承运人连带责任的法律意义辐射范围，为相关案件提供可资适用的法律依据，充实了海商法的法律适用，是海事司法"用尽海商法"的体现。

第三节　海事司法基于制度效益的"用尽海商法"

制度是海商法的组成单位，制度的运行是以一定目的为指引的有意义和价值的法律适用，即特定法律制度的适用应该体现其制度效益。制度效益是于具体个案中实现的，而具体个案的个体性与制度规定的抽象性之间并不总是一一对应的，制度效益因此需要依凭一定的制度裁量来落实。严格、机械的自由裁量权行使容易异化制度运行的目的，制度效益难以保障，只有合理及适度的自由裁量行使才能充分发挥制度效益。

一、制度效益是海商法司法效益的重要体现

每个制度背后都有一定的目的，[1]制度目的的实现及实现方式体现着制度效益。换言之，制度只是反对一种自我利益的明确定义，并不是完全目的中立，制度可作为达到较高价值目的的手段之一。[2]如本书第一章所述，效益是独立于并高于公正和效率的价值，因为效益是最优化的公正与效率的组合。因

---

〔1〕［英］尼尔·麦考密克：《法律制度：对法律理论的一种解说》，陈锐、王琳译，法律出版社 2019 年版，第 46 页。

〔2〕［德］奥特弗利德·赫费：《政治的正义性——法和国家的批判哲学之基础》，庞学铨、李张林译，上海译文出版社 2005 年版，第 262 页。

此，制度目的的最佳实现是制度效益的体现。制度由一定的制定法规则所组成，制度的目的常通过制定法规则的规范目的表达。《海商法》等形式海商法典以条文规定的方式确立了一系列海商法制度，这些海商法制度的存在及运行贯彻着海商法的特有价值并型构海商法的秩序。就此而言，以最符合制度效益的方式践行海商法制度是海事司法"用尽海商法"的体现。

从形式正义的角度看，严格践行海商法制度下的条文规定是形式正义的要求，而从实质正义的角度看，以制度目的为指引的海商法制度践行才能实现实质正义。形式正义与实质正义并不必然冲突，关键在于制定法条文文义是否有足够的包容性。有些法律制度在其具体的条文规定中明确给予司法者自由裁量的空间，此类规定相比于其他语词含义较为严格限定的规定，更有利于实现形式正义与实质正义的整合。然而，此类规定能否被正当、合理地适用有赖于司法者对自由裁量权的把握。司法者正当及合理的自由裁量权行使是司法职能之必然要求，也能实现法律制度的目的以最具效益的方式落实，体现司法效益。而司法者不正当、不合理的自由裁量权行使，即便是符合形式正义的要求，也容易以背离实质正义为代价，法律制度践行的目的及效益都难以保证。

二、以扣船反担保和错误扣船为例的制度效益"用尽海商法"分析

船舶扣押制度是海商法极其重要的制度，扣船反担保和错误扣船又是船舶扣押制度的重要内容。因此，本书将以扣船反担保和错误扣船为例，进一步分析海事司法基于制度效益的"用尽海商法"。

（一）扣船反担保和错误扣船的制度规定

扣押船舶是海事请求保全的方式之一，根据《海事诉讼法》

第16条的规定，海事请求人在向海事法院提出扣押船舶的申请时，海事法院可以责令其提供担保，不提供担保的，驳回其申请。其间的担保在理论和实践中也被称为扣船反担保。[1]即反担保是指由扣船申请人提供，旨在赔偿因其扣船申请错误或不当给被申请人造成的损失。[2]《海事诉讼法》第16条"可以"二字明确授予了海事司法者就扣船反担保提供与否以及如何提供行使自由裁量权。然而，对于此自由裁量权的行使存在不少争议。如果说扣押船舶是海事请求人的权利，则要求请求人在行使其权利时以提供一定的担保为条件，自然会抑制此权利的行使，并可能与设立此权利的初衷相背离。尤其是，就《海商法》中的船舶优先权而言，《海商法》规定船舶优先权必须经由海事法院扣押产生船舶优先权的船舶来行使，而按照《海事诉讼法》的规定，船舶优先权人如果无力提供扣船反担保可能会影响其船舶优先权的行使。此外，申请扣押船舶多是针对紧急情况，如果要求提供反担保会在很大程度上影响扣船的及时性，因为担保的数额确定及提供都需要一定的时间。从被申请人和

---

[1]　向明华：《经济全球化背景下的船舶扣押法律制度比较研究》，法律出版社2013年版，第47页；张丽英：《船舶扣押及相关法律问题研究》，法律出版社2009年版，第90页；陈宪民：《海商法理论与司法实践》，北京大学出版社2006年版，第392页；杨良宜：《海事法》，大连海事大学出版社1999年版，第70页；李海：《船舶物权之研究》，法律出版社2001年版，第258页；李守芹：《海事诉讼与海事（商）法》，人民法院出版社2007年版，第322页。[有观点认为，这里的反担保称谓值得商榷，因为根据原《担保法》中所谓反担保之"反"是相对于第三人之担保，即反担保是为担保人的担保，然而，扣船申请人担保不是为被申请人的担保，也不是为被申请人提供的担保而担保，同被申请人提供的担保是完全独立的两个担保，没有反担保中"反"的含义。（关正义：《扣押船舶法律制度研究》，法律出版社2007年版，第105页。）对此，本书认为，概念的含义具有流变性，会随着不同领域的不同实践而变动，以同一语词呈现的概念不一定具有相同的概念含义，因此概念含义的解读需要结合具体的领域及其实践情况而定。由于海事实践中已普遍接受以反担保称谓扣船申请人担保，本书也暂且如此称之。]

[2]　金正佳主编：《海事诉讼法论》，大连海事大学出版社2001年版，第245页。

第三人的角度看，不以扣船反担保为前提的船舶扣押权利又容易为申请人所滥用。船舶的价值在于流动，且因租约、运输合同等的存在而关涉第三人利益。特别是在诉前扣船的情况下，法院准许诉前扣船，主要是根据申请人提供的信息进行判断，如果不对扣船权利的行使进行必要的限制，可能损及被申请人和第三人的合法权益。

根据《海事诉讼法》第 20 条的规定，海事请求人申请海事请求保全错误的，应该赔偿被请求人及利害关系人因此所遭受的损失。可见，如果扣船申请人扣押船舶的行为存在错误，扣船申请人需要就其错误的扣船行为承担责任。然而，《海事诉讼法》虽然就错误扣船的赔偿责任进行规定，但没有明确何为错误扣船，错误扣船的认定缺乏法定标准。实践中，中国法下错误扣船的认定标准被认为实行的是客观归责原则，[1] 即如果扣船申请人的诉请得到法院的支持则不成立错误扣船，而如果扣船申请人的诉请没有得到法院的支持则构成错误扣船。客观归责原则经常被诟病：首先，这一原则的实行是一种倒果为因的体现。诉讼过程是一个判断过程，其中涉及价值评价问题，不是一个纯粹的事实发现过程。诉讼结果的成败与当事双方的诉讼实力相关，但与扣船行为本身的性质没有直接的关联。以诉讼结果倒推错误扣船与否，容易忽视行为本身的违法性要求。[2] 其次，这一原则的适用容易不当扩大错误扣船的范围。由于错误扣船是以最终的审判结果论断的，这就意味着申请人在扣船对象、扣船主体、扣船程序以及索赔额高低等方面存在任何出入，都可能引发错误扣船的索赔。如此做法对于扣船申请人而言过

---

〔1〕 向明华："错误扣船归责比较研究"，载《现代法学》2009 年第 1 期，第 121 页。

〔2〕 何江海："论错误扣船"，载《中国海商法年刊》1997 年第 8 卷，第 149 页。

于严苛。最后，在客观归责原则下，实质结果的独断性将否定程序价值的独立性，而缺乏程序独立的司法裁判，其司法正当性往往难以令人信服。

从自由裁量的角度看，排除主观因素的客观归责原则，实际上排斥了司法者的自由裁量权。客观归责取决于既定的裁判结果，而既定的裁判结果无法为司法者的主观意识所改变，司法者没有自由裁量的空间。值得注意的是，这里的司法裁量否定并非基于立法的明文规定，而是基于司法既往实践的推论。可见，同为扣船制度下的具体规定，扣船反担保规定与错误扣船规定的司法适用，在自由裁量权上存在反差。前者常通过自由裁量权的行使要求扣船申请人提供担保，后者则往往拒绝自由裁量权的行使，径直以客观裁判结果论断错误扣船。这一反差的合理与否关涉扣船制度施行的效益，影响着海事司法"用尽海商法"。

（二）扣船反担保和错误扣船的"用尽海商法"情况

国际各国关于扣船反担保与错误扣船的规定和做法不相一致，[1] 在分析中国法下扣船反担保与错误扣船的"用尽海商法"之前，有必要从比较法的角度进一步掌握扣船反担保与错误扣船背后的制度目的。

---

〔1〕 国际海事委员会在 2016 年时做过一个调查，此调查以 38 个国家或地区的海事法律协会提供的相关信息为基础，分别就扣押船舶是否需要提供担保问题、错误扣船的认定标准问题等进行调查分析，发现其中有 11 个国家或地区要求扣船申请人提供扣押船舶的担保，13 个国家或地区不要求提供此担保，而剩余 13 个国家或地区则给予法官自由裁量权以决定是否需要提供此担保；有 9 个国家或地区采取客观归责原则认定错误扣船的赔偿责任（这些国家或地区中没有一个是实行英美法系的），10 个国家或地区要求以侵权规则为标准证明申请人扣押船舶过失的存在，14 个国家或地区要求证明申请人是出于重大过失、恶意或故意而申请扣船（多为实行英美法系的国家或地区）。"Liability for Wrongful Arrest of Ships-Summary of Answers of 38 Countries of Main CMI Question"，载 CMI 官网：https://comitemaritime.org/work/liability-for-wrongful-arrest，最后访问时间：2022 年 6 月 20 日。

2018 年，英国法院审理了一起扣船纠纷案件，并再次引发了对扣船是否需要以提供担保为前提的热议。此案中，船东为借款事宜将船舶抵押给银行作担保，后因担保额不足，银行催促船东加保否则将扣押船舶。由于借款事项不属于船东互保协会的承保范围，船东无法获得船东互保协会的保函，且由于该船舶是船东唯一的财产并已抵押给银行，船东没能从别处筹措资金完成加保，船舶最终被法院扣押。船东认为银行的做法将给自己带来重大损失，因为船舶是其唯一的运营工具，因此向法院提起诉讼，请求法院行使自由裁量权，要求银行就其扣船行为提供担保，否则便应该释放船舶。

本案初审大法官泰雷（Teare）强调扣船是一项权利，无需以提供担保为前提。[1]至于法院自由裁量权的行使，法官认为，释放被扣押的船舶，通常是因为被申请人提供了释船担保或者法院发现扣船存在滥用权利的情况，而当前案件中的情况不属于上述所列情况。最重要的是，在传统的海事诉讼中，扣押船舶从未被要求提供担保，且当前的案件也不足以改变这一历史久远的条件，因此法官无法就本案行使船东所谓的自由裁量权。[2]法官明确本案应该着重考虑以下两点：首先，船舶是进行贸易的财产，扣押船舶必然会造成损失，但要求扣船申请人提供担保，即使是资金雄厚的扣船申请人对此也是不乐意的。其次，当前的船东互保协会和船舶保险人基本都会为船东提供担保，避免船舶被扣押或者释放被扣押的船舶。他们的这一做法使得海事诉讼中的对物诉讼权利的行使相对没有那么多争议，而且

----

〔1〕 NatWest Markets plc（formerly known as The Royal Bank of Scotland PLC）v. Stallion Eight Shipping Co. S. A. ［2018］EWHC 2033（Admlty），at para16~17.

〔2〕 NatWest Markets plc（formerly known as The Royal Bank of Scotland PLC）v. Stallion Eight Shipping Co. S. A. ［2018］EWHC 2033（Admlty），at para 20~38.

实践中的船舶扣押和拍卖也是极少出现的，这对航运业和海上保险业而言是有益的。如果法院经常要求扣押船舶必须以提供担保为前提的话，扣押船舶的权利就具有不确定性，而且船东互保协会和船舶保险人很可能不会像过去和现在这样为船东提供担保。当然，这些问题或许在经过若干年后也能被解决，但航运业和海上保险业已经如此运行了这么多年，期间并没有出现过对此的抱怨。[1]最后，法官也警示道，本案中或许存在不公平之处，且也可以通过要求申请人提供扣押船舶的担保来避免这样的不公平，但这应该是立法者需要考虑的事情。[2]

简言之，初审大法官从扣船的权利性质、英国历来的扣船实践以及立法与司法的权限方面考量，认为本案中其不具备行使自由裁量权的条件，即要求扣船申请人（银行）提供继续扣押船舶的担保。

在上诉审中，上诉人代表从扣船和英国法院的管辖权角度分析，认为一旦扣船与获得管辖权分离，扣船的目的就是获得担保。就此而言，扣船类似于其他临时救济，尤其是冻结令。英国法院的诉讼不会因为释放船舶而受到影响，要求申请人提供担保以继续扣留船舶不会背离先例，且船东的这一请求也不会颠覆扣押船舶的权利。因此，法院应该行使自由裁量权，要求银行提供扣押船舶的担保，如此既可以避免给船东带来不公平，也不影响银行权利的行使。另外，这一自由裁量权的行使并不会产生立法规定意义上的效力，不需要议会等立法机构的介入。因为，本案并不意在颠覆海事实践，而仅仅是追求个案

---

〔1〕　NatWest Markets plc（formerly known as The Royal Bank of Scotland PLC）v. Stallion Eight Shipping Co. S. A. ［2018］EWHC 2033（Admlty），at para 52.

〔2〕　NatWest Markets plc（formerly known as The Royal Bank of Scotland PLC）v. Stallion Eight Shipping Co. S. A. ［2018］EWHC 2033（Admlty），at para 53.

正义,整个行业不会因此受到影响。[1]

被上诉人代表辩称:既有的海事实践做法在 21 世纪的实行确实存在很大的问题,但这个案件并不是做彻底改变的合适开端。因为,无论是扣押船舶的权利性质,还是先例确立的规则,在这个案件中都没有被击败,而且船东也并没有很好地证明他确实无法提供担保以释放船舶。据此,如果本案法官行使自由裁量权进行干预,那将是非常奇怪的。至于扣船与管辖分离的问题,早在 1883 年就已经存在,因此任何背离海事惯常做法的改变都应该是议会等立法机构的事情。初审法官的推理是无可挑剔的,且其判决也是公正的,上诉应该被驳回。[2]

在上诉审判决书中有相当篇幅是关于错误扣船的分析,这主要是因为在英国法下错误扣押的判定标准与申请人扣船是否需要提供担保紧密相关。上诉审强调先例已经确立了除非是恶意或重大过失下的扣船,否则被申请方将无法请求错误扣船的赔偿。[3]可见,英国法对错误扣船的认定,强调的是扣船申请人的主观动机,被申请人只有证明申请人的扣船是出于恶意或重大过失,方有可能获得错误扣船的赔偿,而这一点事实上很难实现,因此扣船担保也就没有必要。对此,上诉审判决书指出,虽然这些规则看起来对船东极为不利,而且如果扣船被证实是不公正的话,船东的损失将难以救济,但这就是规则。[4]

---

〔1〕 Stallion Eight Shipping Co. S. A. v. NatWest Markets Plc (formerly known as The Royal Bank of Scotland PLC) [2018] EWCA Civ 2760, at para 39.

〔2〕 Stallion Eight Shipping Co. S. A. v. NatWest Markets Plc (formerly known as The Royal Bank of Scotland PLC) [2018] EWCA Civ 2760, at para 41.

〔3〕 The Evangelismos (1858) 12 Moo PC 352; 14 ER 945; The Kommunar (No. 3) [1997] 1 Lloyd's Rep. 22; Willers v. Joyce [2016] UKSC 43; [2016] 3 WLR 477.

〔4〕 Stallion Eight Shipping Co. S. A. v. NatWest Markets Plc (formerly known as The Royal Bank of Scotland PLC) [2018] EWCA Civ 2760, at para 44.

上诉法院最终驳回上诉。

综合初审以及上诉审的情况可见，英国法十分遵从既有的海事实践做法，即扣押船舶不以申请人提供担保为前提。这一实践做法已经持续了 150 年，甚至更久的时间，变更这一实践做法等同于改变与之相关的市场运行方式，并且会牵连错误扣船赔偿的规则变动。这被认为不是英国法院可以决定的。因此，在英国法下，请求法院行使自由裁量权以要求申请人提供扣押船舶的担保，基本上很难实现。

在此案之前，"扣船是一项权利，不以提供担保为前提"，以及错误扣船以主观恶意和重大过失为判定标准的做法，是否应该被坚定不移地在英美法系实行，已存在不同声音。例如，有观点从禁令与扣船的比较角度分析，认为现如今的扣船没有必要与禁令相区分，尤其是关于担保的提供问题，主张扣船应该同禁令一样要求申请人以提供担保为前提条件。[1]关于英国先例 The Evangelismos 确立的以主观恶意为标准确定错误扣船的做法，虽有观点认为应该坚持这一做法以继续彰显海事法的特殊性，[2]但更多的观点认为此做法应该被适当地修正以适应当下的实践。[3]甚至有观点认为，错误扣船不宜再适用主观标准，真正意义上的错误扣船应该是申请人的请求最终被法院所拒绝或申请人自己放弃此请求，即以裁判的客观结果论断是否存在错

〔1〕　Stewart Boyd, "Shipping Lawyers: Land Rats or Water Rats", 4 *Lloyd's Maritime and Commercial Law Quarterly*, 317, 328 (1993).

〔2〕　D. J. Cremean, "Mala Fides or Crassa Negligentia", 1 *Lloyd's Maritime and Commercial Law Quarterly*, 9, 10 (1998).

〔3〕　Shane Nossal, "Damages for the wrongful arrest of a vessel", 3 *Lloyd's Maritime and Commercial Law Quarterly*, 368, 372 (1996); Michael Woodford, "Damages for Wrongful Arrest: Section 24, Admiralty Act 1988", 19 *Australian and New Zealand Maritime Law Journal*, 115 (2005).

误扣船。[1]对于此主观转客观的错误扣船认定标准,反对者认为,以裁判结果论错误扣船与否,容易使得海事对物诉讼变成风险性极大的赌博,即要么赢,要么面临巨大的损失赔偿请求。而且,如此做法会打破扣船申请人与被申请人之间的利益平衡,并严重倾向于被申请人一方的利益,即只有针对那些极其清晰明确的请求,申请人才能放心地提起对物诉讼。此外,实践中,很少有船舶会被真的扣押且扣押很长的时间,即便是出现这样的情况也是因为船东即将破产(无力提供担保),而这种情况正好是扣船申请人的利益最需要被保护的时候。因此,除非有人可以在主观错误扣船(以主观恶意为标准)和客观错误扣船(以判决结果为标准)之间画出合理的界限,否则错误扣船的前景便将是令人感到扫兴的。[2]对此的回应观点认为,要求提供担保作为扣押船舶的前提,正好是上述观点中所称的合理的界限。[3]

从英美法系下其他国家或地区的司法实践来看,英国法的上述规定也多被严格遵循,[4]虽然在个别案件中有过质疑,[5]最终也几乎都回归到传统做法上。较为特别的应属澳大利亚,

---

〔1〕 Bernard Eder, "Wrongful Arrest of Ships: A Time for Change", 38 *Tulane Maritime Law Journal*, 115, 118 (2013).

〔2〕 Martin Davies, "Wrongful Arrest of Ships: A Time for Change-A Reply to Sir Bernard Eder", 38 *Tulane Maritime Law Journal*, 137, 137~138, 142 (2013).

〔3〕 Bernard Eder, "Wrongful Arrest of Ships: Rejoinder by the Honourable Mr. Justice Eder", 38 *Tulane Maritime Law Journal*, 143 (2013).

〔4〕 参见香港案例 Banque Worms v. The Owners of the Ship or Vessel "Maule" (Cyprus Flag) (formerly known as "Amer Deep") CACV000187A/1994;新加坡案例 The "King Darwin" [2019] SGHC 177; The "Xin Chang Shu" [2015] SGHC 308; The Vasiliy Golovnin [2006] SGHC 247; The Kiku Pacific [1999] 2 SLR 595;美国案例 Incas and Monterey Printing and Packaging, Ltd. v. M/V Sang Jin, 747 F. 2d 958 (1984); Frontera Fruit Co. v. Dowling, 91 F. 2d 293 (1937).

〔5〕 Armada Lines ltd v. Chaleur Fertilizers Ltd. [1997] 2 SCR 617.

澳大利亚在其 1988 年的海事法中明确规定，被申请人可以因申请人不当或缺乏合理理由的扣船而要求损失赔偿。[1]

2018 年英国法院审理的这起扣船纠纷案件，其初审和上诉审为英美法系下船舶扣押的传统做法能否继续施行的论辩定下了一个重要的基调，即传统仍需被遵循，即便其存在不完善之处。从中不难看出，英美法系下虽然仍遵从和践行着不以提供担保为前提的船舶扣押做法，但这并不能否定扣船反担保的必要性。因此，中国法下的扣船反担保与英美法系的做法并非格格不入，二者的分歧点主要在于既有历史传统的不同影响，而相同点是都认为扣船权利的行使必须要有一定的限制。对于这一限制中国法已经在《海事诉讼法》中作了明文规定，而英美法系主要作为一种理论上的探讨，并寄希望于立法的革新。但在错误扣船的认定标准上，中国法与英美法系的做法差异迥然。二者之间的差异主要表现于所采取的错误扣船的主客观归责原则的不同，英国法下为主观归责原则，中国法下为客观归责原则。另外，就规定与规定之间的联结而言，英国法系下错误扣船的严格认定标准削减了扣船反担保的必要性。而在中国法下扣船反担保的存在反而有可能加大错误扣船的概率，因为实务中海事法院为减轻其裁量职责，往往以扣船反担保的提供弱化其对扣船行为的审查标准，即只要申请人能够提供相应的担保，扣船申请一般就能获得准许。[2]

制度背后对应一定的利益冲突和利益平衡，不同的利益平衡结果体现的制度利益倾向性往往也不同，即制度目的的表达。制度目的受制于制度价值取向，不同国家的法律制度价值取向

---

〔1〕　ADMIRALTY ACT 1988, SECT 34, Damages for unjustified arrest etc.

〔2〕　向明华："错误扣船归责比较研究"，载《现代法学》2009 年第 1 期，第 128 页。

不尽相同，制度的利益倾向性也会因此不同。经上述对照比较可以发现，英美法下的历史传统肯定扣押船舶是一项权利，扣船申请人可以自动获得，司法者对此没有自由裁量权，即便是错误扣船，也实行严格的主观认定标准。因此，英美法系对扣船申请人的利益倾向更为明显，这与其过去及现在的航运和保险市场情况相契合，即便其中可能存在不公平的质疑，也尚不能改变既有制度运行的惯性。然而，作为后起之秀，中国法没有英美法系那样的历史传统约束。中国法下船舶扣押法律制度的运行主要受制定法规制，制定法给予司法者自由裁量权，并要求司法者行使此自由裁量权以中立化制度的过度利益倾向性。例如，这种过度的利益倾向性可以表现为以提供反担保替代海事法院的部分审查职责，或者毫无例外地要求申请人提供扣船反担保。前者容易滋生"富人"们更易利用船舶扣押制度的弊端，后者容易限制"穷人"们接触司法救济的机会，皆有违"法律面前人人平等"的原则。制定法没有明确错误扣船的认定标准，实际上也默示着给予司法者自由裁量权，并同样要求司法者行使此自由裁量权来中立化错误扣船认定中可能存在的过度利益倾向性现象。例如，当客观归责原则的结果不符扣船行为违法性的基本要求时，不应再坚持客观归责原则，而应回归到行为违法性之上。又如，当申请人的索赔额与其实际损失不符时，不宜直接按照客观归责原则认定错误扣船，而应以诚信原则相辅之。如此，无论是扣船反担保还是错误扣船，都是在遵循海商法的基础上，以法定的自由裁量权保证司法裁判结果的实质公正，因此司法裁判过程体现的是形式正义与实质正义相整合的过程。同时，合理和适度的自由裁量权行使又是司法公正与司法效率相协调的结果，船舶扣押制度在此过程中以最能体现制度效益价值的方式践行其制度目的，海事司法的效益性也因此得到体现，并促进"用尽海商法"的实现。

（三）扣船反担保和错误扣船的"用尽海商法"完善

从上面的分析中可以看出，制度与其是从属地为预先给予的集体或分配性共同利益提供利益的稳定化，毋宁是防止单方面的、非正义的利益倾向化。[1]海商法所确定的制度在运行中难免会出现过度的利益倾向性情况，此时，需要合理及适度的司法自由裁量权的干预，避免海商法的适用沦为特定利益诉求的工具，使制度的运行朝着最能实现制度效益价值的方向不断调试，进而实现"用尽海商法"。当前海事司法实践中有关制度自由裁量权的行使还有待完善。

就船舶扣押制度而言，如果严格要求所有的扣船申请都必须以提供扣船反担保为前提，则不利于船舶扣押制度效益的实现。在以往的实践中，海事法院都要求申请人提供担保，但现今已经开始趋于折中，[2]即扣船反担保在实践中呈现出以提供反担保为原则，以不提供反担保为例外。[3]不提供反担保的例外情况主要是申请人为弱势群体，且案件事实较为明了。例如，在大连海事法院审理的一起扣船案件中，船员因船东长期拖欠工资而申请扣押船舶，对此法院允许在没有反担保的情况下扣押并拍卖船舶，并以拍卖价款偿还船东拖欠的工资。[4]此外，反担保的提供还涉及担保数额的确定问题，对此海事法院不宜一律以债权数额或可能的损失额为标准而忽视个案，否则其自

〔1〕 〔德〕奥特弗利德·赫费：《政治的正义性——法和国家的批判哲学之基础》，庞学铨、李张林译，上海译文出版社 2005 年版，第 264 页。

〔2〕 张丽英：《船舶扣押及相关法律问题研究》，法律出版社 2009 年版，第105~106 页。

〔3〕 向明华：《经济全球化背景下的船舶扣押法律制度比较研究》，法律出版社 2013 年版，第 49 页。

〔4〕 关正义：《扣押船舶法律制度研究》，法律出版社 2007 年版，第 109 页。

由裁量权的行使也将偏离船舶扣押的制度效益。尤其是在船员工资之类海事请求引起的船舶扣押案件中，其反担保可以是象征性的，而不一定是海事请求保全的数额或扣船可能造成的损失。[1]例如，在一起诉前海事请求保全申请案中，扣船申请人向海事法院申请扣押被申请人的船舶以要求被申请人就其拖欠的 2.2 万美元船员工资进行偿还，但其提供的反担保数额只有人民币 54 780 元。显然，此反担保数额既低于海事请求保全的数额，也低于扣船可能造成的损失。[2]上述两个案例中海事司法者通过自由裁量权的行使，或是允许不提供反担保，或是允许提供象征性的反担保，都在个案的基础上平衡了当事各方的利益，避免因机械的海商法适用而剥夺弱势一方司法救济的权利。此司法完善趋势值得被提倡。

多数时候，中国法下错误扣船的认定标准仍被认为是客观归责原则。但如前所述，此原则的适用并不能有效发挥船舶扣押制度的效益。加之，受英美法系下主观归责原则的影响，实践中虽仍有案例采用客观归责原则，但也有不少案例开始将扣船申请人的主观过错纳入错误扣船认定的标准。例如，关于申请人索要的担保过高是否构成错误扣船，广州海事法院于 2002 年审理的一起扣押船舶损害赔偿纠纷案中，认为被告申请扣船时请求原告提供担保 50 万元，高出实际应赔偿金额 391 177. 12 元，请求担保的数额过高，按照《海事诉讼法》第 78 条的规定，被告应赔偿原告因担保数额过高所遭受的损失。[3]显然，此案的审理是以客观的应赔偿数额倒推扣船申请人索赔额合理与否，

---

〔1〕 张丽英：《船舶扣押及相关法律问题研究》，法律出版社 2009 年版，第 110 页。

〔2〕 上海海事法院 ［2005］沪海法商保字第 22 号民事裁定书。

〔3〕 广州海事法院 ［2002］广海法初字第 15 号民事判决书。

并依此决定扣船申请人是否需要就此承担责任，整个过程没有涉及对扣船申请人主观动机的考量。同样是一起扣押船舶损害赔偿纠纷案，海南省高级人民法院在此案中认为，《海事诉讼法》规定海事请求人要求被请求人就海事请求保全提供担保的数额应当与其债权数额相当，"其债权数额"应被理解为请求人要求提供担保是合理、善意确定的，并有初步证据支持的债权数额。除非请求人要求提供过高担保具有明显恶意，否则不应认定由其承担索要担保过高的赔偿责任。[1]可见，此案中，法院不再适用客观归责原则，而是采用主客观相结合的方式，即综合考量申请人申请扣船时的初步证据和申请人的主观动机，判断是否构成错误扣船及申请人的赔偿责任能否成立。类似的以主客观相结合的方式（如不能因扣船申请人撤回起诉而简单认定为错误扣船等）替代客观归责原则也在其他错误扣船案件中适用，[2]这应该是值得被推崇的司法完善。因为相较于客观归责原则，以主客观相结合方式认定错误扣船与否能够避免机械式司法，可以规避过度的利益倾向性，使得海事司法围绕着船舶扣押制度效益运行，在合理及适度的司法制度裁量中实现"用尽海商法"。

第四节　海事司法基于海事法律原则权衡适用的"用尽海商法"

规则与原则都是法律的重要表现形式。一个完整的法律体系应该兼容法律规则和法律原则。当前海事司法中适用较多的仍然是规则，原则的适用较为零星，但从法律方法的角度看，原则与

---

[1]　海口海事法院［2006］海事初字第 009 号民事判决书；海南省高级人民法院［2007］琼民二终字第 21 号民事判决书。

[2]　浙江省高级人民法院［2015］浙海终字第 57 号民事判决书；广州海事法院［2010］广海法初字第 7 号民事判决书。

规则相对应，在规则适用的不完善之处，海事法律原则的权衡适用是必要的，且有利于促进海事司法"用尽海商法"的实现。

一、海事法律原则的存在及识别

海商法规范中存在法律原则吗？要回答此问题首先需要对法律原则进行解读。法律原则尚无普适定义，不同角度下法律原则的内涵并非完全一致。从道德层面上看，法律原则是"法律人共同体的至上美德"；[1]从语义上考察，法律原则是指根本规则；[2]从功能上看，法律原则是用来论证、整合以及说明法律规则和法律适用的规范。[3]此外，法律原则常被定义为是为法律规则提供某种基础或根源的综合性、指导性价值准则或规范，[4]且在效力上是贯彻始终的。这一常规定义存在一定的合理性问题，不能用来指代所有的法律原则。法律原则具有层次性，最为常见的是区分为基本法律原则和具体法律原则，其中基本法律原则是统领某个法律领域的基本准则，而具体法律原则是针对某一方面问题确立的指导性价值准则。有观点认为真正意义上的基本法律原则只能是一般法律思想，否则难以满足效力贯彻整个法律领域的要求。而且，就规范功能而言，基本法律原则不具有裁判功能，不能作为裁判依据。[5]当前学术理

---

〔1〕［美］罗纳德·德沃金：《原则问题》，张国清译，江苏人民出版社 2012年版，第 14 页。

〔2〕徐国栋：《民法基本原则解释——诚信原则的历史、实务和法理研究》（再造版），北京大学出版社 2013 年版，第 10 页。

〔3〕梁迎修："法律原则的适用——基于方法论视角的分析"，载《华中师范大学学报（人文社会科学版）》2007 年第 6 期，第 23 页。

〔4〕舒国滢："法律原则适用的困境——方法论视角的四个追问"，载《苏州大学学报（哲学社会科学版）》2005 年第 1 期，第 27 页。

〔5〕于飞："民法基本原则：理论反思与法典表达"，载《法学研究》2016 年第 3 期，第 96~98 页。

论对海商法领域中法律原则的研究既包括基本法律原则也包括具体法律原则。前者主要有最大诚信原则、不完全过失原则、衡平与平等原则、法律适用开放原则、效率原则、维护海事活动安全原则以及船货利益平衡原则等;[1]后者有海事赔偿责任优先适用原则、船舶碰撞损害赔偿恢复原状原则等。[2]由于本书研究的是海事审判过程中的法律适用问题,因此本书的海事法律原则主要指海商法领域中的具体法律原则。

对法律原则是否存在的论辩还关涉对法律的认识。纯粹的规则主义者坚称规则是法律的唯一形式,由规则构成的法律在体系上完备且自足。法律规则具有一定的形式,针对的是特定的法律事实并预设了相应的法律后果。[3]然而,社会事实毕竟广于法律事实,当规则难以涵盖的社会事实进入司法过程,唯规则为法律的司法法律适用难免相形见绌。法律原则不同于法律规则,不针对任何确定的事实预设明确的法律后果,仅对不特定事实作出一定的价值评价或指示。[4]法律原则所表征的柔性价值体系是法律规则难以替代的,也是一个相对整全的法律体系所必不可少的部分。[5]至少就规则之间的"缝隙"而言,

---

〔1〕 吴煦:"论海商法基本原则及其成因分析",上海海运学院 2002 年硕士学位论文,第 35~54 页;郑曦:"各国海商法基础理论的比较研究",大连海事大学 2001 年硕士学位论文,第 61~62 页;李天生:"初论海商法的基本原则",载《河北学刊》2012 年第 6 期,第 154 页。

〔2〕 司玉琢:"海事赔偿责任限制优先适用原则研究——兼论海事赔偿责任限制权利之属性",载《环球法律评论》2011 年第 3 期,第 5 页;郑曦:"各国海商法基础理论的比较研究",大连海事大学 2001 年硕士学位论文,第 60 页。

〔3〕 舒国滢:"法律原则适用的困境——方法论视角的四个追问",载《苏州大学学报(哲学社会科学版)》2005 年第 1 期,第 27 页。

〔4〕 梁迎修:"法律原则的适用——基于方法论视角的分析",载《华中师范大学学报(人文社会科学版)》2007 年第 6 期,第 23 页。

〔5〕 雷磊:《法律体系、法律方法与法治》,中国政法大学出版社 2016 年版,第 67~68 页。

法律原则具有填补作用。如果说法律规范是法律规则的上位概念，那么法律规范就应该包括法律规则和法律原则。

法律原则必须与既定制定法存在关联并获得制度性支持，[1]即在现有的立法和司法框架下能获得其存在支持。法律原则对价值的强调和表达与道德不同，不是纯粹的社会道德。法律原则追求和维护的是客观价值，此类价值需要且能够在全社会范围内普遍推行。因此，其对应的道德标准往往是最低限度的客观道德，而非高尚品德。[2]

法律原则也不同于惯例或习惯，二者虽然都经历了一定的时间积淀，但后者对应的是规则实践理论，对实践一致性的要求较高，而前者对应客观道德理论，追寻的是行为背后的价值，可以涵盖偶合性规则。[3]

法律原则并非政策，政策以解决一定的社会、经济或政治问题为目标，而法律原则促进的是公平、正义等价值的实现。[4]

综合上述几个方面的比较分析，可以认为，法律原则是指经长期积淀后形成的为人们所普遍接受的合理价值的法律表达。[5]海事法律原则，即指海商实践中经长期积淀后形成的、为海商活动主体所普遍接受的合理价值的法律表达。

---

[1] ［美］罗纳德·德沃金：《认真对待权利》，信春鹰、吴玉章译，上海三联书店2008年版，第65、97~102页。

[2] 秦策："法律原则裁判功能之限定"，载《江海学刊》2011年第6期，第152页。

[3] 刘叶深："法律规则与法律原则：质的差别？"，载《法学家》2009年第5期，第130~132页。

[4] ［美］罗纳德·德沃金：《认真对待权利》，信春鹰、吴玉章译，上海三联书店2008年版，第41~42页。

[5] 彭诚信："从法律原则到个案规范——阿列克西原则理论的民法应用"，载《法学研究》2014年第4期，第103页。

之所以称为"海事"法律原则，强调的是法律原则主要是在海事司法法律适用过程中为审理案件的海事司法者所发现和适用。法律原则的存在形式较多样，可以是由制定法明文规定的，也可以是制定法没有明文规定但从制定法的相关规定中可以归总出特定法律原则的存在，或者基于法律正义、法律理念应该具有的法律原则。基于此，法律原则被区分为实定法律原则与非实定法律原则。这一区分体现的更多是法律原则在形态上的不同呈现，不是法律原则裁判性功能的决定因素。即，实定法律原则不一定都具有裁判功能（如制定法明文规定的宣示性原则），非实定法律原则也可以通过司法者的裁判过程获得实定形式。[1]实际上，制定法明文规定法律原则的情况较少，实定法律原则不占多数，非实定法律原则在数量上和司法实效上并不亚于实定法律原则。法律原则的适用与法律规则的适用不同，法律原则往往需经过识别才能适用。[2]法律原则的识别是个司法判断过程，个案事实对法律原则的识别至关重要，司法者不能脱离个案事实预判特定法律原则的存在与否。海事法律原则的识别，即海事司法者在面对个案事实时，结合既有制定法的相关规定，识别出的与之紧密相关的法律原则。

二、海事法律原则的适用模式分析

不论是从事物的性质还是从人类的认识论或逻辑规律而看，一般越是具体的规范越具有适用的优先性。[3]法律规则相较于

---

〔1〕 秦策："法律原则裁判功能之限定"，载《江海学刊》2011年第6期，第153~154页。

〔2〕 庞正、杨建："法律原则核心问题论辩"，载《南京师大学报（社会科学版）》2010年第1期，第35页。

〔3〕 舒国滢："法律原则适用中的难题何在"，载《苏州大学学报（哲学社会科学版）》2004年第6期，第18页。

法律原则更为具体，只要特定事实与规则内含的法律事实相符，往往即能引发规则的适用。法律原则不针对具体法律事实的特点，使其适用缺失优先性。因此，法律原则通常是在法律规则适用不能，即法律规则模糊不清、法律规则存在漏洞、法律规则悖反、法律规则冲突时，方能适用。[1]在法律规则模糊不清时，法律原则可以在价值层面上指引和补强规则的适用；在法律规则存在漏洞时，法律原则经具体化后作为裁判依据填补法律规则的适用；在法律规则因悖反而引发个案的极度不公平和不公正时，法律原则作为更强的理由矫正法律规则的适用；在法律规则相互冲突时，法律原则作为法律规则的根源或基础，在不同的价值间经权衡后确定法律适用。由此可见，法律原则本身难以决定其适用，需受到法律规则适用的牵制。如果说法律规则的适用模式主要是涵摄，那么法律原则的适用模式便主要是权衡。法律原则的适用是实现"最佳化命令"，即在权衡过程中于事实和法律上最大限度地实现不同法律原则所内含的法益。[2]

从某种程度上说，规则的适用也涉及权衡。规则之所以在一般情况下能够优先于原则适用，除了规范内容更为具体外，还因为在理由层面，规则所提供的法律理由是经立法者权衡后的权威性选择，这些选择在通常意义上相较于个人判断和选择是"正确"的选择，能够压倒原则所提供的法律理由，因为后者作为实质理由其合法性主要取决于内容的正当性，欠缺形式上的权威。然而，如果规则背后的权衡错误或严重失准，则以

---

〔1〕 秦策："法律原则裁判功能之限定"，载《江海学刊》2011年第6期，第155页。

〔2〕 [德]罗伯特·阿列克西：《法：作为理性的制度化》，雷磊编译，中国法制出版社2012年版，第139页。

法律原则为依据重新开启权衡是可能的也是必要的。

法律价值之间不存在明确的优劣顺位，不同的法律原则所表达的法律价值往往不同。因此，法律原则之间也不存在明确的高低顺位。[1]当存在不同的法律原则皆可以适用于案件事实时，如果法律原则之间相互冲突，就需要对相冲突的法律原则进行衡量。法律原则之间的冲突可以表现为规则缺漏时，作为填补性规范的可适用法律原则之间的冲突，也可以表现为法律规则与法律原则相冲突时，法律原则与法律规则背后的法律原则之间的冲突。

根据德国学者阿列克西的观点，要在相互冲突的法律原则间确定何者最终适用于个案，应该适用竞争法则。所谓竞争法则，是指根据具体个案的情况建立起相互冲突法律原则之间的"条件式优先关系"。[2]具体个案情况型构出的条件 C 是法律原则 P1 优先适用于法律原则 P2 的决定因素，一旦条件 C 遭遇反转或变更，先前确立的法律原则之间的优先关系也可能随之改变。换言之，条件 C 表征的是法律原则之间的相对重要性而不是绝对重要性，法律原则 P2 在条件 C 下不被优先适用，不意味着法律原则 P2 永远滞后于法律原则 P1 适用。从法律原则的规范内容来看，如果 P1 在条件 C 下优先于 P2 适用，即（P1 P P2）C，[3]并且能够引起法律后果 R，则条件 C 同时也是法律原则具体化为规范时的事实构成要件，即由行为事实 C 和法律

---

〔1〕 舒国滢："法律原则适用中的难题何在"，载《苏州大学学报（哲学社会科学版）》2004 年第 6 期，第 20 页。

〔2〕 彭诚信："从法律原则到个案规范——阿列克西原则理论的民法应用"，载《法学研究》2014 年第 4 期，第 100 页。

〔3〕 这里的 P 表示 Prior，即优先。

后果 R 构成的规范 C→R，就是适用于个案的有效规范。[1]

在法律原则 P 与规则 R 冲突的情况下，P 要取代规则 R 适用于个案，则 P 要构成比支持 R 的实质原则 PS（正当性，反映原则的实质理由）和形式原则 Pf（合法性，说明原则如何形成）加总的重要性更为重要的理由，即 P>（PS+ Pf）。[2]在法律原则 P1 与法律原则 P2 相冲突的情况下，还需要以适当性原则和必要性原则来规制可能的相关措施。首先，如果一项措施 M 的实施本欲促进与法律原则 P2 相关的目的的实现，但事实上这一目的不但没有实现且侵害了法律原则 P1，则措施 M 就是不适当的措施，违背了适当性原则。其次，如果同时存在措施 M1 与措施 M2，二者在促进法律原则 P2 实现的程度上相近，但 M1 较 M2 对法律原则 P1 的侵害更小，则采取措施 M2 就违背了必要性原则。简言之，适当性原则要求所选择的手段，不能在未增加某一法律原则实现程度的情况下，损害其他法律原则的实现。而必要性原则要求在众多的手段中选取某一手段，既能促进特定法律原则的实现，同时对其他法律原则的侵害又可降至最低。[3]

法律原则适用的权衡模式带有一定的不确定性。法律原则适用的不确定性似乎赋予了司法者极大的自由裁量权，存在司法专制的风险和隐患。实际上，在权衡模式下法律原则被赋予了司法适用的可能性，但特定法律原则能否适用于个案，还需要取决于案件的具体情况，法院不可能任意解释。这一方面是因为法律原则是社会公认的价值的反映，另一方面是因为不同

---

〔1〕 彭诚信："从法律原则到个案规范——阿列克西原则理论的民法应用"，载《法学研究》2014 年第 4 期，第 101 页。

〔2〕 彭诚信："从法律原则到个案规范——阿列克西原则理论的民法应用"，载《法学研究》2014 年第 4 期，第 98~99 页。

〔3〕 梁迎修："法律原则的适用——基于方法论视角的分析"，载《华中师范大学学报（人文社会科学版）》2007 年第 6 期，第 26~27 页。

当事人在诉讼过程中可以就利己的法律原则的适用分别提出主张，而法院需要对这些法律原则的适用与否一一作出解释。换言之，相比于没有法律原则及其适用模式规制的司法法律适用，法律原则的权衡适用能够在很大程度上限制法院对司法权的滥用。此外，法律原则适用的不确定性赋予了法律原则一定的完全性，即法律原则能够作为元规则或元理论，[1] 在条件适宜的情况下推导出构成全部法律内容的最一般的法律命题。因此，法律原则的适用被认为应该在规则类推适用以及习惯、判例等的适用之后再适用，[2] 即法律原则的适用具有一定的规范适用兜底性。

海事法律原则的权衡适用，最终表现为海事法律原则具体化为海商法规范适用于海事司法过程。在此过程中，海事法律原则可以作为裁判理由补强其他海商法规范的司法适用，也可以作为裁判依据单独适用，二者皆是海事法律原则"用尽海商法"的体现。

海事司法中海事法律原则的适用尚未形成体系，或是将本质上为法律规则的规范冠之以法律原则之名适用，或是在法律原则适用的权衡上失当，轻易以法律原则替代法律规则的适用，或是以极为隐秘的方式适用法律原则，或是混用相关法律原则，等等。

三、将具体法律规则视为海事法律原则适用无法体现"用尽海商法"

规则与规则之间也有具体与概要之分，即规则之中也可能

---

〔1〕　元规则即规则的规则。

〔2〕　庞凌："法律原则的识别和适用"，载《法学》2004 年第 10 期，第 43 页；郑曦："各国海商法基础理论的比较研究"，大连海事大学 2001 年硕士学位论文，第 37 页。

存在着一些较为概要的规定，这些规定常被简化为了较为通俗的短语，如"无效果，无报酬""共同海损理算和分摊分开进行""先抵消，后受偿""一旦滞期，永远滞期""重箱在下，轻箱在上"等。此类规定或是有具体的制定法条文支撑，或是已形成了具有约束力的惯例，指向的事实行为和法律后果相对明确，在本质上更适宜视为规则，但海事司法实践往往冠之以"原则"之名适用，而在适用模式上又按照一般规则的适用模式适用。[1]本书认为，仅冠之以"原则"之名而没有海事法律原则适用之实的法律适用，一方面混淆了法律规则与法律原则，另一方面又使得海事法律原则的适用变得杂乱，不利于凸显真正意义上海事法律原则司法适用的价值和意义，无法体现海事法律原则的"用尽海商法"。

四、海事法律原则与一般法律原则碰撞后实现"用尽海商法"

法律原则的识别和适用极其依赖于具体案件情况，因此不意外的是一些典型判例同时也是法律原则适用中较为重要的案件。换言之，典型案件可以是法律原则适用的例证。例如，在"江苏炜伦航运股份有限公司诉米拉达玫瑰公司船舶碰撞损害赔偿纠纷案"（指导案例31号）中，[2]法院确立了当事人合意违反航行规则的，在发生碰撞事故后，作为当事人之间责任认定依据的是彼时有效的航行规则，而非当事人合意的航行规则的裁判规则。本案实际上涉及合同自由原则与航行安全原则的碰

〔1〕 最高人民法院［2016］最高法民再61号民事判决书；广州海事法院［2010］广海法初字第106号民事判决书；广东省高级人民法院［2011］粤高法民四终第90号民事判决书；天津市高级人民法院［2013］津高民四终字第13号民事判决书；上海海事法院［2012］沪海法商初字第1261号民事判决书。
〔2〕 上海海事法院［2010］沪海法海初字第24号民事判决书。

撞，虽然在判决书中并没有提及原则二字。依据合同自由原则，当事人有权就航行规则进行约定。依据航行安全原则，船舶在海上航行时应遵循既定的航行规则以确保航行安全。在一般情况下，双方当事人遵循约定，且约定的履行不会而且事实上也没有危害航行安全，则合同自由原则优先于航行安全原则适用。然而，在本案中，当事人虽然就航行规则达成合意，但没有遵循双方之间的约定且造成了船舶碰撞危害到航行安全，合同自由原则缺失了在本案中优先适用的条件。加之，双方当事人没有就碰撞事故发生后的责任认定和承担达成一致意见，因此既定的航行安全规则应该被适用于认定双方间的责任。根据竞争法则，本案中航行安全原则优先于合同自由原则适用的条件 C 为：当事人没有遵循约定的航行规则，造成船舶碰撞事故的发生，危害航行安全，且未能就双方之间的责任认定达成一致意见。在优先条件 C 下，航行安全原则适用的法律结果 R 为：按照既定航行安全规则（而非当事人约定的航行规则）认定双方当事人之间的责任。作为指导案例，其裁判规则正是上述优先条件 C 与法律后果 R 的结合，即 C→R。简言之，指导案例 31 号确立的裁判规则，实际上是航行安全原则这一海事法律原则与合同自由原则碰撞后，经法院权衡取得优先适用地位所形成的原则具体化后的规则，此指导案例本身是海事法律原则"用尽海商法"的体现。

实践中，也有海事法律原则为一般法律原则"压倒"的情况。这类情况主要是因为海事法律原则所对应的相关规则的适用引起了不公平、不公正的现象，以致需要以公平原则等一般法律原则加以矫正。

如在一起海上、通海水域货物运输合同纠纷案中，托运人要求承运人在货物到港前改港或退运。对此，承运人明确告知托运人货物距离到港不足 2 天，无法安排改港或退运。之后，货物到港，托运人（也是正本提单持有人）没有前往目的港及时提货，最终导致货物被海关拍卖。事后，托运人主张承运人未按照其指示改港或退运，侵害了其合法权利，应该就相关的损失承担赔偿责任。一审法院认为托运人的主张缺乏依据，驳回其诉讼请求。二审法院依据原《合同法》第 308 条（现《民法典》第 829 条）和《最高人民法院关于审理无正本提单交付货物案件适用法律若干问题的规定》第 9 条，认定托运人在承运人将货物交付给收货人之前享有要求承运人改港或退运的权利。承运人采取措施配合托运人的指示改港或退运的，可以向托运人主张相关损失。再审时，最高人民法院认为，《海商法》并未对航程中托运人变更运输合同的权利进行规定，因此本案应该适用原《合同法》的相关规定。根据原《合同法》第 308 条的规定，托运人享有一定的变更运输合同的权利，但此权利的行使应该受到公平原则的限制。本案中的运输方式为国际班轮运输，船上所载货物除了托运人的四个集装箱外，还有其他货主的众多货物，这种情况下托运人要求承运人变更运输合同，将严重影响承运人的正常营运，因此承运人有权拒绝改港或退运。[1]

　　《最高人民法院关于审理无正本提单交付货物案件适用法律若干问题的规定》虽然不是制定法，但作为海事司法解释，其第 9 条似乎肯定了托运人在一定条件下享有要求承运人改港或退运的权利。最高人民法院在案件审理中没有适用《最高人民法院关于审理无正本提单交付货物案件适用法律若干问题的规定》的规定，而认为应该适用原《合同法》的规定，同时又以公平原则限制原《合同法》赋予托运人的权利的行使，实际上是以公平原则对抗原《合同法》的规定。《最高人民法院关于审

----

〔1〕　最高人民法院［2017］最高法民再 412 号民事判决书。

理无正本提单交付货物案件适用法律若干问题的规定》第9条规定托运人享有中止运输以及变更到达地等的权利，事实上根源于船货利益平衡原则。公平原则下的公平不等同于船货利益平衡原则下的平衡，后者是结合航海贸易业的发展需求而采取的具有利益倾斜性的平衡原则，而前者更接近于一般意义上的利益均衡。由于在本案中，货物距离到港不足两天，且船舶上又有其他货主的货物，如果放任托运人变更运输合同，不以公平原则加以限制，则对承运人及其他货主而言相当不公平。

五、混用最大诚信原则与诚信原则背离"用尽海商法"

最大诚信原则被认为是海上保险的基本原则，但这一原则具有外源性。最大诚信原则最早源自于英国案例"Carter v. Boehm 案"。[1]在此案例中，法院并没有明文提及最大诚信原则，但表达了这一原则的核心内涵。自此案后，最大诚信原则的内容得到了不断的巩固和践行，最终被纳入 1906 年《英国海上保险法》，实现了从非实定法原则到实定法原则的转变。由于英国海上保险法在海商法领域具有"标杆性"作用，最大诚信原则因此为其他国家所效仿。我国海上保险理论研究和实践中也常提及这一原则。我国是大陆法系国家，深受大陆法系理论的影响，诚信原则作为大陆法系下私法的"帝王条款"，在我国民商事领域中被尊崇为基本法律原则。诚信原则与最大诚信原则对诚信要求的关联性常引人混淆。诚信原则是诚实信用的简称，源于罗马法中的善意和平衡观念，在内容上常要求人们诚信地行使其权利和履行其义务，以及不得滥用权利等。[2]诚信原则具有

---

〔1〕　Carter v. Boehm（1766）3 Burr 1905.
〔2〕　刘小牛、储育明："诚信原则的价值与意义：从实体法到程序法"，载《安徽大学学报（哲学社会科学版）》2011 年第 2 期，第 114 页。

高度的概括性,在不同的法律领域中,其可能表达为不同的内容。不同于诚信原则广泛的适用领域,最大诚信原则主要适用于海上保险领域。最大诚信原则根源于保险合同信息高度不对称的现实,在内容上常表现为对告知、保证、说明、弃权以及禁止反言等义务的诚信要求,[1]并以合同无效的法律后果对背离最大诚信原则的行为加以惩戒。

最大诚信原则与诚信原则在语词层面的区别是最大诚信原则对"最大"的强调。对此,理论上有截然相反的认识。一种观点认为,既然最大诚信原则以"最大"标识其与诚信原则的区别,则最大诚信原则对诚信信用的要求程度自然高于诚信原则,最大诚信原则是诚信原则在海上保险领域中的强化。另一种观点认为,在诚信问题上只有诚信与不诚信,不存在程度之分,最大诚信原则与诚信原则在本质上没有区别,与其使用最大诚信原则这一缺乏历史根源和法理基础的外源性概念,毋宁直接使用更具历史沿革性和法理承继性的诚信原则。[2]确实,诚信作为一个抽象概念,在没有可直接对照的个案情况下要区分出其程度高低不是易事,但最大诚信原则对诚信义务背离后的严重的法律惩戒后果,仍在很大程度上使其区别于诚信原则。这样的法律后果彰显了最大诚信原则作为海事法律原则的独特性,在很长一段时间内是海上保险领域中当事人主张或维护权利的重要依据。近年,英国对其海上保险法作了修改,最大诚信原则的内容也有了较大变化。其中最显著的是,违反最大诚信原则不再不加区别地以合同无效加以规制,诚信义务违反后

---

〔1〕 任自力:"保险法最大诚信原则之审思",载《法学家》2010年第3期,第111~112页。

〔2〕 韩永强:"保险合同法'最大诚信原则'的祛魅",载《甘肃政法学院学报》2011年第2期,第154页。

的救济途径更为多样。由此，最大诚信原则与诚信原则又进一步靠拢。最大诚信原则也被认为不再有必要为我国立法所明文规定。[1]

在海事司法实践中，最大诚信原则时常被视为一项重要的海事法律原则适用于具体案件的审理，但细究而言，其中不少案件事实上混淆了最大诚信原则与诚信原则，将是否及时履行支付保险赔偿的义务、未提供相反证据情况下检验报告的证据效力等基本的诚信事实问题视为最大诚信原则问题。[2]在这些案件中，当事人所争议的诚信义务问题多为一般意义上的诚实信用问题，没有明显体现出对诚信义务程度的强调，也极少直接采用最大诚信原则下合同无效的法律后果，即整个法律适用过程仅见最大诚信原则之名，却不见最大诚信原则之实。当然，在有些案件中，由于冲突规范的指引援引了英国海上保险法，最大诚信原则的适用也就有了相应的法律依据。[3]在适用我国法的案件中，对于海上保险中的具体纠纷，法院在《海商法》有相关规定的情况下，没有适用《海商法》的规定，而引用最大诚信原则，不仅没有"穷尽规则"，[4]也缺乏一定的理据。《海商法》对相关诚信义务的违反没有直接以合同无效作为单一的惩戒后果，而是针对不同情况的诚信义务违反设置相对应的

---

〔1〕　初北平："海上保险的最大诚信：制度内涵与立法表达"，载《法学研究》2018年第3期，第78~79页。

〔2〕　北海海事法院〔2011〕海商初字第22号、〔2011〕海商初字第4号民事判决书；上海海事法院〔2005〕沪海法商初字第316号民事判决书；上海市高级人民法院〔2010〕沪高民四（海）终字第41号民事判决书；浙江省高级人民法院〔2001〕浙经二终字第105号民事判决书。

〔3〕　"江苏外企公司与上海丰泰保险公司海上货物运输保险合同纠纷案"，载《最高人民法院公报》2005年第11期。

〔4〕　"穷尽规则"要求在有法律规则可适用且法律规则的适用没有引起个案极度不公平的情况下，不应该适用法律原则。

法律后果，因此这些规定本质上是诚信原则的具体化。换言之，就我国现行立法而言：一是没有明文规定最大诚信原则；二是也难以从相关制定法的整体脉络或法律目的、精神中发现最大诚信原则的存在。海事法院缺乏识别出最大诚信原则的制定法支持，而没有制定法支持的法律原则，其合法性和正当性将难以证成。

从"用尽海商法"的角度看，如果最大诚信原则能够为海事法院所识别并作为海事法律原则适用，则显然是海商法规范适用的一种体现。但在最大诚信原则不能为海事法院识别的情况下，越过本应适用的《海商法》规定，直接适用此原则，既在法律适用依据和论证上缺乏说服力，也背离了"用尽海商法"。

六、海事法律原则"用尽海商法"的完善

在当前的海事司法实践中，海事法律原则已经被视为裁判依据或理由适用，只是在具体个案中相关海事法律原则的适用方式方法还有待进一步完善。

首先，海事法律原则基于其本质特征，需要在司法过程中经司法者的识别后，才能具体化为规范并作为裁判依据或理由适用。在有法律规则可适用且法律规则的适用不至于引发个案公平公正问题的情况下，根据法律适用的一般准则，法律规则应该优先于法律原则适用。将法律规则原则化但又以法律规则的涵摄方式适用相关规范容易滑向泛原则化，模糊法律规则适用与法律原则适用。实践中，应该回归法律原则适用的理性，以更为谨慎的态度识别海事法律原则，使海事法律原则的适用能够真正填补海商法规范适用的缺漏。从海事司法"用尽海商法"的角度看，海事司法过程中对海事法律原则的肯认和适用是海事司法"用尽海商法"整体性的体现，而既定法律规则与

海事法律原则的协调适用是海事司法"用尽海商法"融贯性的体现，整体性与融贯性皆为海事司法"用尽海商法"所追求，过于强调或偏废任一者都不利于实现整体意义上的"用尽海商法"。因此，将海事法律原则的适用限制在"穷尽规则"之后，能够最大限度地协调规则与原则层面的规范适用，即在融贯既定法律规则与海事法律原则的同时，实现海事法律原则在整全意义上的海商法规范适用，最佳化海事司法"用尽海商法"的整体性与融贯性。

其次，当海事法律原则与一般法律原则冲突时，应该优先考虑海事法律原则的适用。海事法律原则形成并服务于海商实践，相比于一般法律原则在适用上更具效益性。因此，在权衡海事法律原则与一般法律原则的过程中，应该重视海事法律原则作为海商法规范的特殊分量，避免海事司法的法律适用向一般法律原则逃匿，背离"用尽海商法"。但如果海事法律原则所对应的具体规则的适用引起了不公平、不公正的现象，则不排除需要以公平原则等一般法律原则加以限制。

再次，海事法律原则的司法适用过程是其具体化过程，针对不同类型的个案，海事法律原则在具体化后的规范内容不一而足。海事法律原则的适用在某种程度上也可以被视为是为既有法律规则创设例外。实践中，法院不一定在明面上点明海事法律原则的适用，但案件中的裁判规则却根源于相关海事法律原则。对此类海事司法法律适用，应该肯定海事法律原则的规范地位和司法作用。司法不能脱离立法而任意创设规则，海事法律原则的形成必然需要与制定法存在制度性关联，而制度性关联又赋予了海事司法者适当的司法裁量权，以适用海事法律原则。因此，相比于没有海事法律原则指引的裁判规则创设，正视和明确海事法律原则的适用，在海事法律原则的规制下找寻适恰的裁判规则，既实现了海事法律原则的"用尽海商法"，也更能避免以司法权侵蚀立法权。

最后，最大诚信原则具有外源性，在中国法下缺乏足够的制度性关联，其司法适用往往表现为诚信原则所具化的规则适用的掩饰，呈现出最大诚信原则为海事司法所适用的假象。我国《海商法》有关海上保险的规定确实镜鉴了英国海上保险法的相关规定，但没有明确接纳最大诚信原则，在违反海上保险合同的诚信义务法律后果的设置上，围绕着诚信原则划归为不同形式的惩戒和救济，没有拘泥于合同无效，规避了最大诚信原则适用的许多负面影响。因此，相较于套用最大诚信原则，直接适用《海商法》中的相关规定更便宜司法论证和说理。最大诚信原则在我国海事司法中的适用很难获得充足的理据，也难以体现其作为海事法律原则"用尽海商法"的价值。因此，在海事司法实践中，应避免随意适用或混用最大诚信原则。

[Chapter 5
第五章]

海事司法"用尽海商法"的强化与限制

任何司法理念都不是凭空产生的,其背后总是与一定的法理和法哲学理论相呼应。同时,司法理念是面向实践的,应该融合并助力实践的发展。因此,在现行海事司法的基础上,要进一步践行海事司法"用尽海商法",还需回到宏观理论和实践发展高度上,以理论为引导,结合海商实践发展趋势,强化和限制相关的海事司法法律适用。

第一节 海事司法"用尽海商法"的强化

海事司法"用尽海商法"应该提高司法能动性、增强裁判说理、推进司法本土性与司法国际性的融合,并紧跟规范载体完善进程。司法能动性是海事司法"用尽海商法"的动力,裁判说理是海事司法"用尽海商法"的"润滑剂",司法本土性与司法国际性的融合是海事司法"用尽海商法"的内在要求,紧跟规范载体完善进程是海事司法"用尽海商法"保持"生命力"的关键。

一、海事司法"用尽海商法"应提高司法能动性

在大陆法系传统下,理论和实践对司法能动性都极为谨慎,

似乎只要肯定了司法能动性就将颠覆立法权。这样的思维定式阻碍了人们对司法能动性的正确理解，也影响了司法能动性的践行。海事司法"用尽海商法"需要正视且强化海事司法能动性。

（一）司法能动性是司法的应有之意

司法服务于立法，立法规定只有经过司法过程方能作用于社会。在司法过程中，司法如何服从立法规定在不同的理论下有不同的解读，不同理论对司法能动性的评价不尽一致。司法能动性首先涉及的是立法权与司法权的二元关系。在形式主义法律理论下，立法被认为是由理性创造出的完美之法，立法本身是个逻辑自足且封闭的体系，司法者在这一体系下必须严格按照法律规则进行案件裁判，任何逾越法律规则的司法判决都将被视为是司法权对立法权的侵蚀。在现实主义法律理论下，法律规则的逻辑理性价值备受质疑，判决结果完全取决于司法者对实践经验的掌握。在上述两种理论中，前一种理论体现了严格的三权分立，而后一种理论则漠视了立法权与司法权的界限。在现实的社会中，立法权与司法权既不可能绝对分立也不可能彻底融为一体，一定的职权分化是立法权与司法权关系的常态。换言之，司法服从立法的内涵是复杂的，司法者在司法过程中秉持的应该是"有思考地服从"立法规定的理念。[1]"有思考地服从"意味着司法者不仅需要服从法律文本表达的规范意图，也要符合法的精神和实质立法意图。规范意图并不总是清晰明白的，而且也不是固定不变的。[2]首先，法律文本不等于法律文本的表达，规范意图是法律文本的表达，不等于法律本书。因此，司法者必须经过解释从法律文本中获取规范意

---

[1] 孔祥俊：《法律解释与适用方法》，中国法制出版社 2017 年版，第 507 页。
[2] 孔祥俊：《法律解释与适用方法》，中国法制出版社 2017 年版，第 508 页。

图。法律解释是个阐释性过程，必然涉及司法者个人的主观意识，因而法律文本的规范意图解释不是绝对的。其次，法律文本的形成与规范意图的解读处于不同的时空，法律文本在被解读时会不可避免地受到时势变更的影响，规范意图的绝对客观性同样得不到保证。由此可见，司法过程必然是能动的。"有思考地服从"还要求司法者的裁判必须符合法的精神和实质立法意图。抽象的立法规定与具体的社会事实之间存在着天然的隔阂，立法规定的内容并不总是合规律性，立法规范价值也并非绝对合目的性，且不同的立法规范之间可能存在冲突和不和谐之处。因此，一个符合法的精神和实质立法意图的司法裁判，必须弥合立法规定与具体事实之间的隔阂，而要实现这一目的，司法者应该被赋予一定的司法能动性。

　　综上可见，司法能动性是司法的一种根本属性。司法能动性由司法的内部运行机制所决定，而不是由外部规定决定其有或无。[1]立法权与司法权的职能划分，影响的是司法能动性的程度问题而非司法能动性存在与否的问题。"能动司法"是基于中国的司法实践产生的，并非"舶来品"。[2]将司法能动性视为域外产物进而认为在中国法语境下不应被适用是对司法能动性的误解，即将司法能动性等同于司法能动主义。司法能动主义是由外部规定所决定的，或说由政治因素决定，其背靠的是严格的三权分立理论，因此其所指的司法能动性事实上是对司法权的扩展，目的是以此掣肘立法权。[3]简言之，司法能动主

---

　　〔1〕　周赟："司法能动性与司法能动主义"，载《政法论坛》2011 年第 1 期，第 81~83 页。

　　〔2〕　公丕祥："当代中国能动司法的意义分析"，载《江苏社会科学》2010 年第 5 期，第 103 页。

　　〔3〕　周赟："司法能动性与司法能动主义"，载《政法论坛》2011 年第 1 期，第 81 页。

义不适用于中国的司法体制机制，但司法能动性是中国司法的应有之意。

（二）海事司法"用尽海商法"下司法能动性的体现

海事司法"用尽海商法"下的司法能动性主要体现于逻辑与经验，二者都是保障法律正确适用的方式，但不同的方式之间是相互作用的，因此不能将任一方式推向极致。[1]司法能动性正是作为平衡逻辑与经验的介质作用于海事司法过程的。

海事司法"用尽海商法"是以形式海商法为首要规范依据，在尊重制定法规则的基础上尽可能地实现海商法的规范价值，而绝不是单纯追求社会效果的盲目司法。因此，三段论的法律适用方式仍然是"用尽海商法"的主要法律适用方式。逻辑作为三段论的最小公约数，对于实现"用尽海商法"具有重要的作用。逻辑不仅体现于形式海商法的规范表现形式，而且体现于三段论的演绎逻辑。但不论是规范中的逻辑命题还是演绎逻辑，都仅关涉法律适用，而未触及法律适用的前提。换言之，逻辑决定不了法律适用的前提，难以被用于论证实质海商法的适用。不同于逻辑，经验强调的是实践理性，即在不同的应然领域正确把握行为的能力。[2]如果说逻辑主要遵从理性认识，则经验更加遵从感性认识。一个科学的认识应该是感性认识与理性认识的统一过程。海事司法如果缺失司法能动性，海事司法者在面对形式海商法的规则缺位时，就极可能完全凭借逻辑诉诸一般法，或是完全凭借经验自创规则并适用于案件裁判。如此，要么导致海事司法向一般法"逃匿"，要么导致司法越权，皆不符合海事司法的价值取向。在海事司法"用尽海商法"

---

〔1〕 陈金钊主编：《法律方法论》，中国政法大学出版社2007年版，第31页。

〔2〕 雷磊："什么是法律逻辑——乌尔里希·克卢格《法律逻辑》介评"，载《政法论坛》2016年第1期，第181页。

下，当面对具体的案件事实时，如果海事法院在形式海商法中无法找到相应的规范，就需诉诸实质海商法并最终确定适用于该案件事实的规范。在此过程中，逻辑与经验相融合，不仅体现于海事司法者"先形式后实质"的"找法"步骤，还体现于司法者对形式海商法规范命题的判断以及对实质海商法的识别和承认。因此，海事司法"用尽海商法"下的司法能动性不是赋予司法者创设法律规则的权限，而是要求海事司法者应该在海商法的规范体系内充分践行海事司法价值。

海商法的规范体系应该是协调统一的。因此，海事司法者在确定具体法律制度的规范评价时不仅需要确保在形式海商法内部的规范逻辑自洽性，同时也需要保障规范内容的合理性。逻辑自洽的规范不一定是合理的规范。当形式海商法规范颠覆人们对法的公平正义价值的追求时，海事法院应该被允许背离形式海商法规范，并以实质海商法规范评判相关的案件事实。在此过程中，对形式海商法规范是否合理的判断以及实质海商法能否压倒形式海商法规范而适用于海事司法过程，都涉及司法能动性。

二、海事司法"用尽海商法"应增强司法裁判说理

裁判说理是一个严谨和令人信服的司法审判所必不可少的部分。为了进一步规范我国裁判文书的释法说理，2018 年最高人民法院发布的《关于加强和规范裁判文书释法说理的指导意见》（法发［2018］10 号）（以下简称为《指导意见》）明确规定了司法裁判文书中的裁判说理问题。《指导意见》指出，裁判说理的目的和价值在于，通过对裁判结论形成过程和理由的阐述，提升人们对裁判结论的可接受性，实现法律效果与社会效果的统一。而且，《指导意见》规定，司法裁判应该在证据审

查、事实认定、法律适用以及自由裁量权行使四个方面进行裁判说理。海事司法"用尽海商法"作为一种司法理念,对海事司法法律适用活动提出了更高的标准和要求,因此海事司法"用尽海商法"不仅要建基于一定的法律观和方法论上,还需要充分的裁判说理。

　　海事司法"用尽海商法"是关于海商法规范的司法适用,其关键内容是如何将具有海商法意义的事实涵摄在海商法规范之下,进而获得海事司法裁决结果。这个过程涉及对法律事实的认定、对可适用海商法规范的找寻以及对海商法规范的适用。实践中的案件繁简不一,一些简单明了的案件,其法律事实是清晰的,且在既有的立法规定中较容易找到对应的法律规范,从而经过简单的三段论涵摄就能获致合理且妥当的裁判结果。在此过程中,由于法律事实的认定和法律规范的适用都无甚疑义,裁判结果也都在公众的预期范围内,可接受性较高,因此司法者承担的裁判说理的义务较低。然而,对于一些较为复杂的案件,法律事实的认定与法律规范的寻找都会在双方当事人之间引起较大的争议。司法者在此基础上进行权衡并最终确定法律适用的规范大前提和事实小前提,进而实现规范与事实之间的涵摄,需要有充分的裁判说理贯穿其中。

　　法律适用不是单向的,规范与事实之间是相互沟通的。事实认定过程中的裁判说理首先需要就社会事实、法律事实与制度事实之间的关系进行说明。社会事实是法律事实的基础,但不是所有的社会事实都是法律事实;法律事实是制度事实的基础,但不是所有的法律事实都是制度事实。只有具有法律意义的社会事实才能进入法律事实的范畴,而只有为立法性规定所涵盖的法律事实才算制度事实。在海事司法"用尽海商法"下,司法者对于事实认定的说理关键在于说清哪些法律事实是具有海商法意义的事实。具有海商法意义的事实不能单凭事实本身的状态进行判断，也不能仅依据立法规定进行判断，而是需要在事实特征的基础上结合既往实践经验以及现有立法规定和立法目的、价值等进行综合性判断。海事司法者需兼听各方当事人对案件事实的主张。在此基础上，如果海事司法者认为特定的法律事实具有海商法意义或者不具有海商法意义，应该对其判断理据进行说明，并解释为何支持或不支持相关当事方的意见或主张。

海事司法"用尽海商法"意义上的规范找寻，关键在于确定可适用的法律规范。确定可适用的法律规范即确定海商法规范的范畴。传统观念对海商法规范范畴的认识局限于制定法层面，即只有制定法形式的《海商法》才是海商法。这样的法律认识会将海事司法法律适用限制在一个极为狭窄的范围内，且也与海事司法现实情况不符。因此，在海事司法过程中，司法者难免需要对海商法规范的认识进行一定的解释和说明。

在确定了海商法规范的范畴后，就需要确定如何适用这些海商法规范。海商法规范的适用争议，通常集中在规范冲突以及规范不足或缺漏问题上。规范冲突是指针对同一问题存在两个或两个以上可资适用的规范，但规范适用的结果不能相容。在规范冲突问题上，海事司法中较为常见的是海商法规范与一般法规范的冲突。即便海商法被认定为特别法，但在实践中，当事人还是会时不时地以一般法为依据提出利益诉求。对此，海事司法者需要对海商法特别法地位的认定及海商法与一般法的适用关系作出清楚的说明，进而确定海商法规范是否优先于一般法规范适用。

立法性规范，尤其是国内制定法规范是司法法律适用寻找规范大前提的首要场域，典型案例基本能够在其中寻找到适恰的规范。但对于一些非典型案例，立法性规范或是规定得不完善，或是出现立法空白。对此，司法者不能简单地以法律没有规定为由而拒绝审判，因此就存在着法律适用规范大前提不足或缺漏的现象。在海事司法"用尽海商法"下，海商法规范被划分为形式海商法规范与实质海商法规范，其中实质海商法以填补形式海商法的不足或缺漏为其存在的一个重要前提，在海事司法法律适用出现形式海商法层面的规范不足或缺漏时，海事司法者可以在实质海商法领域继续寻找可适用的海商法规范。显然，这个过程需要海事司法者进行相应的裁判说理。换言之，当出现形式海商法层面的规范不足或缺漏而需要转向实质海商法领域寻找可适用的海商法规范时，海事司法者不能在毫无说理的情况下直接跳转到实质海商法领域，适用实质海商法规范解决纠纷。

从法律推理的角度看海事司法"用尽海商法"的裁判说理，可以发现海事司法"用尽海商法"对于裁判说理的要求并不仅限于三段论中事实与规范之间意义共通点的论证说理，还体现在规范类推适用、海事指导性案例类比推理、海事法律原则权衡等法律论证方式下实质推理的表达上。实质推理涉及价值的选择和平衡，不是纯粹的数理逻辑推理，其中存在的论辩空间较大，不同司法者的判断和选择不一定相同。因此，司法者对其作出的判断和选择就需要做详尽的裁判说理。以类比推理为例，如何判断两个案件之间属于类案，不仅需要在案件事实的外在表征上进行相似性比较，还要确定何为决定性相似点。司法者对决定性相似点的选择以及对何种程度的相似性足以构成类案的把握，都受到司法者主体性的影响。这种司法者主体性的介入是司法推理过程不可避免且必需的，但不是无限制的，其正当性和合理性需要司法者通过裁判说理来呈现。

海事司法"用尽海商法"需要依靠一定的自由裁量权行使来实现。海商法规范的适用是以司法效益性为导向的，司法效益性不是定量的，海商法规范不同的适用方式和适用形态可能对应着不同的司法效益性，如何运用司法裁量调整出最适宜的规范适用方式和适用形态以获致最佳的司法效益是海事司法者需要考量的。并且，当司法者将这一考量付诸实践时，还需要对此进行说理，因为仅有自由裁量权的行使而没有相应的裁判说理，容易引发司法专制。

三、海事司法"用尽海商法"应推进司法本土性与国际性的融合

司法本土性注重对主权国家特定国情的服务，而司法国际性注重司法与国际的接轨。司法本土性体现于对司法本土资源的利用，[1]司法国际性体现于司法过程中所适用的规范评价有利于国内法与国际规范的衔接和对国际规范的践行。海商法应具有国际统一性，其国际统一性是由海商实践活动的性质决定的，但海商法是主权国家的国内法，不能脱离主权国家的意志控制，因此也必然具有本土性。海事司法本土性与国际性的协调取决于海商法的内容及其适用。

在海事司法法律适用中，海事国际条约、海事国际惯例以及经海事冲突规范指引确定的外国法显然带有国际性，这些规范的司法适用体现的不是单一的司法本土性或司法国际性，而是司法本土性和司法国际性的融合。其中，司法本土性主要表现在制定法海商法的相关规定往往是适用海事国际条约、海事国际惯例以及外国法的依据，因此适用这些规范首先需要适用

---

〔1〕　谭学文："司法体制改革中的本土性资源——海事法院的探索与启示"，载《中国海商法研究》2015 年第 1 期，第 26 页。

《海商法》等规定。司法国际性主要表现在司法适用最终呈现的结果是这些带有国际性质的规范作为裁判依据或理由适用。这个过程如果割裂了司法的本土性和国际性，则海事司法法律适用的正当性就容易为人所质疑。

就海事国际条约的适用而言，割裂司法的本土性与国际性可能会造成滥用海事国际条约或违背"条约必守原则"。即，如果推崇极度的司法国际性，则海事国际条约的适用可能演变为只要是海事国际条约就应该被适用，而如果推崇极度的司法本土性，则海事国际条约的适用可能被压制在最小的范围内。显然，这两种情形都不符合现实。首先，海事国际条约可被分为对我国生效的海事国际条约和尚未对我国生效的海事国际条约，海事司法者有义务适用对我国生效的海事国际条约，但是否适用尚未对我国生效的海事国际条约由司法者裁量决定。其次，即便是对我国生效的海事国际条约也并不全然需要被适用，因为有些海事国际条约仅具有国际层面的义务，不需要被司法适用。在海事司法"用尽海商法"下，海事国际条约的适用需要协调司法本土性和司法国际性，综合考量国内法关于海事国际条约适用的规定，以及海事国际条约本身的规定等确定海事国际条约是否应该被适用以及如何适用。

海事国际惯例包括了行业惯例、标准合同以及统一惯例等。这些海事国际惯例有无需当事人选择即能适用的，也有必须经当事人选择才能适用的。例如，不少行业惯例的适用通常是强制性的，而《约克-安特卫普规则》之类的民间规则和金康格式合同之类的标准合同通常需要当事人选择才能适用。但无论是哪一种形式的适用，都需要国内法提供一定的制度性支持。首先，这种制度性支持表现为制定法条文对海事国际惯例的规定，如《海商法》第 268 条以明文规定的形式肯定了海事国际惯例的司法可适用性。其次，海事国际惯例司法适用的制度性支持表现为现有立法对当事人意思自治的肯定。忽略国内法的规定，海事国际惯例的司法适用将缺失必要的制度性支持，其合法性同样值得质疑。因此，海事国际惯例的适用也应该是司法本土性与司法国际性的融合。

外国法在海事案件中的适用是难免的，从表面上看，外国法的适用似乎挤占了本国海商法的适用，不属于"用尽海商法"。但实际上，外国法的适用不是单纯基于外国法本身的规定，其前置步骤是海事冲突规范的适用，即外国法的适用只是作为海事冲突规范被适用的结果出现。这种通过适用国内法的规定导向的外国法的适用，充分体现了海事司法本土性与司法国际性的融合。海事司法实践中存在着一种选择适用海事冲突规范的现象，即如果当事人没有明确主张适用海事冲突规范，则法院可以将案件视同纯粹的国内案件一样确定应该适用的法律。显然，此种做法割裂了司法的本土性和国际性，以国内法的适用取代可能的外国法的适用，在法律适用的外在表征上似乎是"用尽海商法"，然而其代价是背弃海事冲突规范的适用。事实上，适用海事冲突规范本身就是在适用海商法，且海事冲突规范指向的准据法不一定都是外国法，也可能是本国法。因此相比于海事冲突规范的选择适用理论，海事司法者主动适用海事冲突规范以确定海事案件应该适用的准据法，既融合了司法的本土性与国际性，也更接近真正意义上的"用尽海商法"。

今后的海事司法实践应该进一步推进海事司法本土性与国际性的融合，以此保障海事司法"用尽海商法"的正确践行。

四、海事司法"用尽海商法"应紧跟海商法规范载体的完善进程

海商法规范包括形式海商法规范和实质海商法规范,形式海商法规范又包括制定法海商法和海事国际条约,而实质海商法规范包括海事司法解释、海事指导性案例规则以及海事国际惯例。因此,国内制定法、国际条约、司法解释、指导性案例、国际惯例都是海商法规范的载体。当载体发生变化时,载体所承载的规范也将随之变化。因为法律是服务于社会的,社会生活和社会纠纷是法律内容的现实面。就形式海商法而言,《海商法》和《海事诉讼法》都处在修法的阶段,以国内制定法形式呈现的海商法规范必然会因修法而发生变化。例如,2018 年《海商法(修订征求意见稿)》新增了关于国内水路货物运输合同纠纷问题的规定,改变了现有海商法国内水路运输与国际海上运输双轨制的情势;增加了关于船舶污染损害赔偿责任的规定,改变了当前海商立法中缺乏有关此问题的法律层级的制定法规定现象。这些新增的海商法规范极大地改变了《海商法》的内容,影响着海事司法法律适用。原先这些问题主要是适用一般民法以及海事司法解释等规定,如果此修订意见稿获得通过,则此后海事法院在审理国内水路货物运输合同纠纷以及船舶污染损害赔偿问题时,便应该优先考虑《海商法》的规定。可以说,新增的海商法规定在某种程度上扩展了海商法规范的适用范围,海事司法"用尽海商法"发挥其效用的空间也更大。

近年来,随着海洋活动的发展,学术研究中提出了"海法"这一概念。海法调整的社会关系包括民事、行政、刑事以及国家之间的关系。海法追求的是一个独立的体系,即具有中国特色的海法理论体系。"一带一路"倡议以及"海洋强国""海运

强国"等战略给予海法理论宏观思想层面的支持，南海断续线、海洋油气开发、岛礁建设、人工岛屿、海上巡航等问题铺就了海法理论的现实基础。[1] 就此而言，海法是海商法的一个发展方向。当海商法沿着海法这一方向发展时，海商法规范的内容显然将比现有的内容更为丰富，彼时海事司法法律适用也将相应地更为复杂。当前，海事司法审判仍集中于民事案件纠纷的审理，海事行政案件纠纷和海事刑事案件纠纷的审理仅处于初始发展阶段，审判中所适用的裁判依据和裁判理由多是一般行政立法和刑事立法中的规定，海事司法"用尽海商法"的发挥空间有限。未来统一海法如果能够制定成为法典，并在内容上涵盖与海上风险紧密相关的行政和刑事规定，则海事司法中的行政和刑事案件将更多地依据海法典的规定进行裁判，海事司法"用尽海商法"在"三审合一"的问题上也将得到强化。换言之，受制于当前海商法规范中私法内容偏多的特性，海事司法"用尽海商法"多体现于私法层面的"用尽"，在公法层面上的"用尽"极为有限，如果未来海法典能被制定并运行，彼时，海事司法"用尽海商法"在海事行政和海事刑事等公法层面的作用也将得到更好的发挥和体现。

海事司法"用尽海商法"在不同的阶段可能呈现出不同的样态。如果将海事司法"用尽海商法"划分为海法典制定之前与海法典制定之后，则海法典制定之前的海事司法"用尽海商法"更多时候强调的是对实质海商法的"用尽"，而海法典制定之后，海事司法"用尽海商法"将更强调对以海法典为首的形式海商法的"用尽"。

在实质海商法中，海事司法解释和海事指导性案例规则作

---

〔1〕　司玉琢、李天生："论海法"，载《法学研究》2017年第4期，第89~91页。

为司法权运行的产物，极有可能进一步发展。如前文所述，现有的海事司法解释可以被分为狭义海事司法解释和海事司法解释性质文件，其中狭义海事司法解释又可以被分为批复类和非批复类。批复类的狭义海事司法解释与海事指导性案例在功能上比较相近，但前者被认为破坏了"二审终审"的审级制。因此，有必要在未来取消此类狭义海事司法解释，代之以海事指导性案例。本书认为，此观点是可取的。批复类狭义海事司法解释在狭义司法解释中所占的比例极小，属于少数，且此类狭义海事司法解释与其他狭义海事司法解释的关键区别在于，其制定往往是针对具体案件事实作出的，将此类狭义海事司法解释演化为海事指导性案例是可能的，且有利于狭义海事司法解释的司法适用的进一步统一，强化海事司法解释的"用尽海商法"。

指导性案例制度仍处于发展初期，已颁布的海事指导性案例数量极为有限，其制度作用的发挥有待完善。多数观点认为，指导性案例制度的完善首当其冲的是丰富指导性案例的数量和种类。或者说，应该将指导性案例的规范效力延伸至其他典型案例，如最高人民法院的公报案例等。指导性案例与最高人民法院的公报案例存在很大程度的重叠性，即不少指导性案例是从最高人民法院的公报案例中选取出来的，因此将指导性案例"参照适用"的规范效力延伸适用于最高人民法院公报案例被认为是必要的指导性案例制度改善方式。就海事指导性案例而言，这个问题同样存在，甚至更为凸显。在海事司法中，除了最高人民法院发布的公报案例，还存在着大量的以不同名目拟就的海事典型案例以及各海事法院发布的参考案例、审判白皮书等。其中，不同海事法院由于其管辖水域的不同，受理和裁决的海事案件类型也有所区别，各海事法院发布的典型案例因此也各不同。例如，在武汉海事法院受理和裁决的海事案件中，长江水域内的运输问题较为凸显，而在海口海事法院受理和裁决的案件中，海域使用权纠纷问题较为凸显。如果将这些案例都纳入海事指导案例，很可能使得海事指导性案例异化为英美法下的判例，海事指导性案例将缺失其本先的独特之处，也不太适合中国的司法现实。但应该肯定的是，海事指导性案例的数量和种类需要得到适当的扩充。任何制度的发展都需要一个过程，相比于直接将海事指导性案例的效力延伸至其他案例，毋宁考虑适当扩充海事指导性案例的遴选范围。如，在这个过程中可以考虑将最高人民法院的公报案例以及各海事法院发布的参考案例等作为重点考察的对象。如此，有利于通过巩固作为海商法规范载体的海事指导性案例以强化海事司法"用尽海商法"。

海商法规范载体发生改变，所承载的规范内容也会随之改变。海事司法"用尽海商法"强调的是对当下海商法规范的适用，当规范内容改变时，海事司法"用尽海商法"自然会随之变换。也即，海事司法"用尽海商法"不是静止不动的，而是动态的，能够随海商法规范的发展而发展。在海事实践中，需要紧跟海商法规范载体的完善进程以强化海事司法"用尽海商法"。

第二节　海事司法"用尽海商法"的限制

海事司法"用尽海商法"不是为了回归封闭的制定法规则体系，独尊《海商法》这一法典，也不是为了实现海事司法霸权，以海商法规范的适用完全阻滞其他法律规范的适用。海事司法"用尽海商法"追寻的是一种相对意义上的最佳化法律适用状态。形式主义法律观和现实主义法律观正好成了评判此状态的两个临界点。此外，在海事司法"用尽海商法"下，海商法不应被任意切割和机械定位。

一、海事司法"用尽海商法"应避免固守纯粹的形式主义法律观

形式主义法律观认为，法律是仅由制定法构成的封闭自足的法律体系。在法律体系内，制定法对其规范内的每个案件都提供了唯一、正确的答案，法官只需要凭借形式推理即可实现法律规范与法律事实的涵摄。在形式主义法律观下，法律与实践理性割裂，法律是一个严谨的逻辑系统而非经验的行为系统，[1]法律与制定法完全等同，制定法是司法裁判的唯一依据和理由，排斥任何非制定法因素的干预，制定法规范之间不存在缝隙，也不存在重叠，[2]各规范都对应明确的法律事实，且规范为事实预设了完满的法律后果。形式主义法律观对制定法的绝对遵从，使司法过程变得机械和不可裁量。[3]司法裁判过程犹如一个贩售机，投入诉状和诉讼费用就能得出判决和理由。

从规范的角度看，形式主义法律观下海商法规范只能是以制定法条文形式呈现的规范，习惯、惯例等具有一定自发性的行为规范不可能作为法律规范适用于司法过程，司法解释、指导性案例规则等司法权的产物也不被允许作为法律规范适用。而且，形式主义法律观下法律规范的内容和效力也应该是确定的，国际惯例内容的相对不确定和国际条约相较于国内法的效力的不确定，使得二者也都不被接纳为法律规范。如此一来，海商法规范体系变得极为单一，不仅抛弃了海商法规范的习惯起源性，也隔绝了与司法实践的关联。海商法只不过是立法者

---

〔1〕 唐涛："哈贝马斯对韦伯形式主义法律观的批判与超越"，载《江苏科技大学学报（社会科学版）》2005 年第 1 期，第 62~63 页。

〔2〕 柯岚："法律方法中的形式主义与反形式主义"，载《法律科学（西北政法学院学报）》2007 年第 2 期，第 33 页。

〔3〕 陈锐："法理学中的法律形式主义"，载《西南政法大学学报》2004 年第 6 期，第 4 页。

制定于过去的、在当时看来是合理的规定。

从事实的角度看,形式主义法律观下海商法的法律事实之间具有明确的界限,法律事实的认定已经被"格式化"了,海事司法者一接触案件事实就能联想到与之对应的法律事实。即,海商法下的法律事实是一个范围确定的集合,在此集合中各法律事实都是具体的、特征分明的,海事司法者能够轻易地在其中寻找到与案件事实相一致的法律事实。

从法律适用的角度看,形式主义法律观遵从纯粹的逻辑推论模式。在此推论模式下,案件事实与海商法规范的事实构成要件之间存在逻辑上的一致性。海事司法者只需要说明案件事实与规范事实构成要件之间的逻辑一致性,就能将规范中的权利义务适用于案件事实,由此完成法律适用。

就上述三点而言,形式主义法律观推崇的法律适用是一种极其理想的逻辑推论模式的法律适用,但现实一再证明,此法律适用模式只能停留于理想层面,与司法现实之间存在着不可跨越的鸿沟。首先,海事国际惯例、海事司法解释、海事指导性案例规则是确实存在的,也已经在司法实践中作为海事司法裁判的依据或理由适用。其次,案件事实在更多时候是不具有明确界限的,因为事实存在着过渡状态、混合状态以及转变状态,案件事实往往会超出制定法的预见范围,[1]海事司法者要确定案件事实的法律属性并非总是轻而易举的。例如,随着邮轮旅游业务的发展,邮轮旅客运输合同的性质认定引发了不少争议,即邮轮旅客运输合同到底属于海上运输合同还是旅游合同,又或者是兼具海上运输合同和旅游合同双重属性的另类合同。显然,对于这类新型的海商实践纠纷,形式主义法律观的

---

[1] 杨建军:"司法裁判中法律事实与法律规范的关系",载《法制与社会发展》2007年第2期,第43页。

事实认定理论难以应对。最后，逻辑一致的法律推论模式或许能保证法律适用的稳定性，但这种逻辑一致性的判断是建立在案件事实与规范都相对确定的基础上的，且案件事实与海商法规范之间存在无可争议的关联。然而，当案件事实超出制定法海商法框定的法律事实的范畴时，法律事实认定将存在不确定性。而且，以制定法形式存在的海商法规范，其规范内容的表达需要诉诸相对抽象的概念，从这些抽象的文本中获取规范的内容并不像数理性问题那样有着明确和唯一的答案。事实所代表的"是"与海商法规范所代表的"应当"之间很少能自动形成逻辑一致的关系。

可以想见，如果海事司法固守纯粹的形式主义法律观，"用尽海商法"将受到极大的限缩。海商法规范将在很大程度上等同于《海商法》，《海商法》没有规定的一般民法会开始介入，海事司法法律适用中大量充斥着一般法的适用，海商法规范的适用占比容易受到挑战。即便《海商法》经过立法完善最终实现了海法典的制定，海法典也不过是翻版的《海商法》。除内容较为丰富外，海事司法的法律适用仍将围绕海法典的规定进行，这在海法典制定之初或许还能够应对司法的现实需求，但在社会实践进一步发展，海法典的滞后性开始凸显时，纯粹的形式主义法律观下的海事司法法律适用仍将面临司法需求与司法规范供给的矛盾问题。

总之，在纯粹的形式主义法律观下，海商法只能是制定法形式的海商法，实质海商法难以融入海商法体系。即便形式主义法律观一再主张法律体系是封闭自足，但制定法的抽象性与案件事实的具体性之间始终存在隔阂，在面对一些非典型案件事实时，制定法往往显得"束手无策"。将海商法局限于形式海商法，一方面无法改善海事司法规范供给与规范需求的矛盾，另一方面也割断了海商法规范与纷繁复杂的实践的沟通。海事司法"用尽海商法"应避免固守纯粹的形式主义法律观,避免海事司法者因极度遵从制定法的逻辑或形式理性而忽视实践经验对海商法规范的影响。

二、海事司法"用尽海商法"应避免滑向极端现实主义法律观

现实主义法律观是以批判形式主义法律观的目的出现的。"规则怀疑论"与"事实怀疑论"被认为是现实主义法律观的核心部分。[1]在现实主义法律者看来,形式主义法律者奉若圭臬的制定法规则只不过是"纸上规则",脱离了现实的实践,与法官适用的"真实规则"存在差距。[2]即,成文化的条文规定并不能给法官确切的指引,真正意义上的法律是法官的行为。人们通过对法官行为的分析获得一定的规律,并凭借此规律预测可能的法律后果。现实主义法律观对行为和实践的强调,破除了形式主义法律者对规则的理想化。现实主义者不相信规则是确定的、自洽的,同时认为事实是不确定的。因为现实意义上的事实发生于过去,法官不是案件的亲历者,只能借由着二手证据对案件事实进行判断,在此过程中难免受到法官个人偏见的影响。因此,现实主义法律者坚持未经验证的制定法规则仅是合理的假设或预期,[3]实际有效的法律应该是向社会实践开放的,与政治、道德、经济、社会等非法律因素结合的实然

---

〔1〕 王德玲:"法律现实主义思想再检视",载《政法论丛》2019 年第 2 期,第 36 页。

〔2〕 陆宇峰:"美国法律现实主义:内容、兴衰及其影响",载《清华法学》2010 年第 4 期,第 90 页。

〔3〕 范愉:"新法律现实主义的勃兴与当代中国法学反思",载《中国法学》2006 年第 4 期,第 41 页。

规范。

现实主义法律观在破除形式主义法律观的过程中难免会走向极端，忽视了形式主义法律观的合理内容。现实主义法律观因此被认为是批判性有余而建设性不足。[1]现实主义法律观打开了制定法规则的封闭体系，欣然借法律与社会其他领域的交互影响，将法律的认定标准不断生活化、实践化，制定法规则不再是法律的唯一因素，并不断接受着非法律因素的挑战，而且法官在法律适用的过程中拥有着极大的自由裁量权，这些都容易诱使现实主义法律者滑向司法专制，以部分人的行为或价值约束和绑架社会其他人员。显然，极端的现实主义法律观可能危及一个社会的法律秩序。

如果海事司法"用尽海商法"以极端现实主义法律观为基础，海商法规范体系极可能呈现出泛法律化的现象。海事司法裁判中司法者用来裁判说理的任何材料都有可能被视为海商法规范。形式海商法作为立法性规范的重要性不再被强调，实质海商法的适用也不再是补缺性，而是随时都有可能取代形式海商法适用。换言之，海事司法"用尽海商法"之所以应该限制向极端现实主义法律观转变，是因为现实主义法律观给予了海事司法者大量的自由以法外材料替代现有的海商法规范的适用，海事司法"用尽"的价值容易偏向海事司法者个人的价值取向，而非海商法规范应该具有的价值取向。如果将形式海商法视为海商法规范的核心部分，将实质海商法视为海商法规范的外延部分，则在极端现实主义法律观下，海事司法者可能通过扩展实质海商法范畴的方式不断延伸海商法规范的外延，进而将法外材料视为海商法规范适用。例如，在一些海事司法案件中，

---

〔1〕 许庆坤："重读美国法律现实主义"，载《比较法研究》2007年第4期，第12页。

当事人常会依据特定的海商法学说主张其权利。但在中国法语境下,海商法学说并不被视为海商法规范的一种形式,海商法学说不能作为裁判依据或理由直接适用于案件裁判。如果海事司法者遵从极端现实主义法律观,并认同海商法学说的内容,则有可能将海商法规范突破至海商法学说。

海事司法"用尽海商法"强调海商法规范的相对完整性,绝非独尊规范内容而漠视规范形式。即,实质海商法的存在不是以排斥或完全替代形式海商法为前提,形式海商法仍具有其立法性规范的权威性,且在一般情况下不能为实质海商法轻易驳倒。在极端现实主义法律观下,实质海商法显然是法律且具有比制定法规则更强的活力,但如果允许实质海商法任意颠覆形式海商法而适用于海事司法裁判过程,海事司法权威性将难以得到保障。实质海商法的本质特征是与实践存在紧密的关联性,不是纯粹的法官个人行为或价值取向的转化品,因此海事司法"用尽海商法"对实质海商法的强调和适用绝不是对极端现实主义法律观的追从。

三、海事司法"用尽海商法"应拒绝任意切割和机械定位海商法

海事司法"用尽海商法",一方面重视制定法规则,但不以制定法规则故步自封,另一方面强调实质海商法但不奉行法律虚无主义。因此,海事司法"用尽海商法"所奉行的法律观,既不是纯粹的形式主义,也不是极端的现实主义,而是介于二者之间的一种状态。在这种法律观下,相对开放的法律规范体系给予了海事司法"用尽海商法"实现可能性和实现必要性,同时又不至于无限延伸海商法的规范范畴进而造成海事司法专制。如果说,形式海商法是海商法规范的理想面,那么实质海

商法就是海商法规范的现实面，海事司法"用尽海商法"通过海事司法法律适用促进海商法规范理想与现实的贯通，进而在更高层次上实现海商法规范的司法适用价值。海事司法"用尽海商法"的中立法律观，强调以立法性规范为核心建构海商法法律体系的重要性，同时重视海商法的实践理性，即在形式海商法的规范空缺处，由海商法的实践理性或说实质海商法在经过必要且充分的司法论证推理后加以弥补。如此，可以避免在现行的法律体系下任意切割和机械定位海商法。

民商合一的法律体系将海商法特别法化，在这样的现实基础上要完全清除一般民法对海商法的影响是不可能的，也是不可取的。海商法的制度及体系构建，应该在现有框架的基础上发展，海事司法"用尽海商法"在这一过程中的作用，是促进尽可能地实现海商法的规范价值。因此，对海商法规范的认识及体系构建就不能以立法确定的规范为界限，而是要将这些规范组成的形式海商法作为海商法的核心，并将由实践理性积累而成的实质海商法作为海商法制度发展的重要参照。也即，海商法的规范价值在实质海商法中得到有效和充分的延伸和发展。此时，就一般民法与海商法的关系而言，一般民法仅在实质海商法对形式海商法的补正之后才作为海商法的一般法影响海商法的适用。换言之，海事司法"用尽海商法"有利于规制一般民法理论对海商法制度内涵的任意切割。同时，海事司法"用尽海商法"不是全然抛弃一般民法理论的合理内核，而是在确保海商法规范体系的整体性、系统性的基础上，保持着与一般民法的互动。

参考文献

一、中文文献

（一）专著类

1. 陈金钊主编：《法律方法论》，中国政法大学出版社 2007 年版。

2. 陈景辉：《实践理由与法律推理》，北京大学出版社 2012 年版。

3. 陈宪民：《海商法理论与司法实践》，北京大学出版社 2006 年版。

4. 樊安：《作为法律价值的整体性——以德沃金整体性法律观为中心》，法律出版社 2019 年版。

5. 蔡琳：《裁判合理性理论研究》，法律出版社 2009 年版。

6. 车丕照：《国际经济法概要》，清华大学出版社 2003 年版。

7. 崔建远：《合同法学》，法律出版社 2015 年版。

8. 冯玉军：《法律的成本效益分析》，兰州大学出版社 2000 年版。

9. 傅廷中：《海商法律与实务丛谈》，大连海事大学出版社 2001 年版。

10. 关正义：《扣押船舶法律制度研究》，法律出版社 2007 年版。

11. 郭萍：《货物多式联运法律制度比较研究》，大连海事大学出版社 2012 年版。

12. 郭瑜：《海商法的精神——中国的实践和理论》，北京大学出版社 2005 年版。

13. 郭瑜：《海商法的未来——中国的方向和方法》，北京大学出版社 2022 年版。

14. 何勤华等：《大陆法系》（上卷），商务印书馆 2015 年版。

15. 黄进主编：《国际私法》，法律出版社 1999 年版。

16. 黄茂荣：《法学方法与现代民法》，中国政法大学出版社 2001 年版。

17. 胡绪雨：《国际海上货物运输承运人责任立法中目的理性与价值判断研究》，人民出版社 2012 年版。

18. 胡正良主编：《海事法》，北京大学出版社 2009 年版。

19. 江平主编：《中国司法大辞典》，吉林人民出版社 1991 年版。

20. 金正佳主编：《海事诉讼法论》，大连海事大学出版社 2001 年版。

21. 孔祥俊：《法律解释与适用方法》，中国法制出版社 2017 年版。

22. 雷磊：《法律体系、法律方法与法治》，中国政法大学出版社 2016 年版。

23. 雷磊：《规范、逻辑与法律论证》，中国政法大学出版社 2016 年版。

24. 雷磊：《类比法律论证——以德国学说为出发点》，中国政法大学出版社 2011 年版。

25. 李海：《船舶物权之研究》，法律出版社 2001 年版。

26. 李浩培：《条约法概论》，法律出版社 1987 年版。

27. 李守芹：《海事诉讼与海事（商）法》，人民法院出版社 2007 年版。

28. 李守芹、李洪积：《中国的海事审判》，法律出版社 2002 年版。

29. 梁慧星：《民法解释学》（第 4 版），法律出版社 2015 年版。

30. 梁治平编：《法律解释问题》，法律出版社 1999 年版。

31. 刘平：《法律解释：良法善治的新机制》，人民出版社 2015 年版。

32. 马得懿：《海商法及其哲理化初论》，中国商务出版社 2008 年版。

33. 邵津主编：《国际法》（第 5 版），北京大学出版社 2014 年版。

34. 沈宗灵：《现代西方法理学》，北京大学出版社 1992 年版。

35. 司玉琢主编：《海商法》（第 4 版），法律出版社 2018 年版。

36. 司玉琢：《海商法专论》（第 4 版），中国人民大学出版社 2018 年版。

37. 司玉琢、张永坚、蒋跃川编著：《中国海商法注释》，北京大学出版社 2019 年版。

38. 苏晓凌：《外国法的适用：一个宏观到微观的考察》，中国法制出版社 2015 年版。

39. 向明华主编：《海商法学》，厦门大学出版社 2012 年版。

40. 向明华：《经济全球化背景下的船舶扣押法律制度比较研究》，法律出版社 2013 年版。

41. 谢晖：《法律哲学》，湖南人民出版社 2009 年版。

42. 徐国栋：《民法基本原则解释——诚信原则的历史、实务和法理研究》，北京大学出版社 2013 年版。

43. 王国华：《海事国际私法（冲突法篇）》，北京大学出版社 2009 年版。

44. 王国华、孙誉清：《国际海事公约国内实施问题研究》，辽宁大学出版社 2016 年版。

45. 吴焕宁主编：《海商法学》（第 2 版），法律出版社 1996 年版。

46. 吴晓静：《整体性法律观的民商法应用：民商事疑难法律问题研究》，法律出版社 2013 年版。

47. 杨国庆：《认真对待平等权——德沃金自由主义法律理论研究》，社会科学文献出版社 2016 年版。

48. 杨良宜：《海事法》，大连海事大学出版社 1999 年版。

49. 杨仁寿：《法学方法论》，中国政法大学出版社 1999 年版。

50. 杨晓娜：《法律类推适用新探》，中国政法大学出版社 2013 年版。

51. 张丽英：《船舶扣押及相关法律问题研究》，法律出版社 2009 年版。

52. 张湘兰主编：《海商法》，武汉大学出版社 2008 年版。

53. 《中华法学大辞典》编委会编：《中华法学大辞典：简明本》，中国检察出版社 2003 年版。

54. 邹瑜、顾明主编：《法学大辞典》，中国政法大学出版社 1991 年版。

（二）译著类

1. ［德］伯恩·魏德士：《法理学》，丁晓春、吴越译，法律出版社 2013 年版。

2. ［德］卡尔·拉伦茨：《法学方法论》，陈爱娥译，商务印书馆 2003 年版。

3. ［德］拉德布鲁赫：《法学导论》，米健译，商务印书馆 2013 年版。

4. ［德］罗伯特·阿列克西：《法律论证理论——作为法律证立理论的理性论辩理论》，舒国滢译，中国法制出版社 2002 年版。

5. ［德］罗伯特·阿列克西：《法：作为理性的制度化》，雷磊编译，中国法制出版社 2012 年版。

6. ［德］马克斯·韦伯：《经济与社会》，阎克文译，上海人民出版社 2010 年版。

7. ［德］奥特弗利德·赫费：《政治的正义性——法和国家的批判哲学之基础》，庞学铨、李张林译，上海译文出版社 2005 年版。

8. ［加拿大］威廉·泰特雷：《海商法术语》，陈海波、邬先江译，司玉琢审，大连海事大学出版社 2005 年版。

9. ［美］阿德里安·沃缪勒：《不确定状态下的裁判：法律解释的制度理论》，梁迎修、孟庆友译，北京大学出版社 2011 年版。

10. ［美］安德瑞·马默：《解释与法律理论》（原书第 2 版），程朝阳译，中国政法大学出版社 2012 年版。

11. ［美］本杰明·卡多佐：《司法过程的性质》，苏力译，商务印书馆 1998 年版。

12. ［美］布莱恩·H. 比克斯：《牛津法律理论词典》，邱昭继等译，法律出版社 2007 年版。

13. ［美］丹尼尔·帕特森主编：《布莱克维尔法哲学和法律理论指南》，汪庆华等译，汪庆华校，上海人民出版社 2012 年版。

14. ［美］E. 博登海默：《法理学：法律哲学与法律方法》，邓正来译，中国政法大学出版社 1998 年版。

15. ［美］罗纳德·德沃金：《法律帝国》，许杨勇译，上海三联书店 2016 年版。

16. ［美］罗纳德·德沃金：《认真对待权利》，信春鹰、吴玉章译，上海三联书店 2008 年版。

17. ［美］罗纳德·德沃金：《身披法袍的正义》，周林刚、翟志勇译，北京大学出版社 2014 年版。

18. ［美］罗纳德·德沃金：《原则问题》，张国清译，江苏人民出版社 2012 年版。

19. ［美］罗斯科·庞德：《法律史解释》，邓正来译，商务印书馆 2013 年版。

20. ［美］史蒂文·J. 伯顿：《法律和法律推理导论》，张志铭、解兴权译，中国政法大学出版社 1998 年版。

21. ［美］约翰·威格摩尔：《世界法系概览》，何勤华等译，上海人民出版社 2004 年版。

22. ［日］穗积陈重：《法典论》，李求轶译，商务印书馆 2014 年版。

23. ［日］中村真澄、箱井崇史：《日本海商法》，张秀娟等译，法律出版社 2014 年版。

24. ［瑞典］亚历山大·佩岑尼克：《法律科学：作为法律知识和法律渊源的法律学说》，桂晓伟译，武汉大学出版社 2009 年版。

25. ［英］尼尔·麦考密克：《法律制度：对法律理论的一种解说》，陈锐、王琳译，法律出版社 2019 年版。

26. ［英］尼尔·麦考密克：《修辞与法治：一种法律推理理论》，程朝阳、孙光宁译，程朝阳审校，北京大学出版社 2014 年版。

（三）期刊论文类

1. 北京市第三中级人民法院课题组："论我国司法裁判中的判例遵循"，载《法律适用》2018 年第 8 期。

2. 蔡莉妍："论国际海事条约在中国适用的法律路径"，载《中国海洋大学学报（社会科学版）》2017 年第 1 期。

3. 曹兴国："自发秩序视角下海商法的渊源流变及中国进路"，载《河北法学》2016 年第 12 期。

4. 陈金钊："多元规范的思维统合——对法律至上原则的恪守"，载《清华法学》2016 年第 5 期。

5. 陈寒枫、周卫国、蒋豪："国际条约与国内法的关系及中国的实践"，载《政法论坛》2000 年第 2 期。

6. 陈林林："裁判上之类比推论辨析"，载《法制与社会发展》2007 年第 4 期。

7. 陈琳琳："外贸企业如何规避航运 THC 风险"，载《对外经贸实务》2018 年第 10 期。

8. 陈林林："制度效益取向的法律解释理论——评《不确定状态下的裁判：法律解释的制度理论》"，载《清华法学》2013 年第 5 期。

9. 陈青:"权利用尽原则的国际适用与发展",载《河北法学》2012年第1期。

10. 陈锐:"法理学中的法律形式主义",载《西南政法大学学报》2004年第6期。

11. 陈甦:"体系前研究到体系后研究的范式转型",载《法学研究》2011年第5期。

12. 陈伟:"法律推理中的二阶证立",载《政法论丛》2013年第1期。

13. 陈宪民:"海事法律冲突研究",载《河北法学》2006年第9期。

14. 陈永鸿:"论司法效益的内涵及其时代意义",载《湖北师范学院学报(哲学社会科学版)》2004年第2期。

15. 程卫东、雷京:"一项国际习惯法规则——国际贸易争端解决中的用尽当地救济规则",载《国际贸易》1998年第5期。

16. 初北平、曹兴国:"变革中的海上保险合同诉讼时效再审视",载《法学杂志》2014年第11期。

17. 初北平:"海上保险的最大诚信:制度内涵与立法表达",载《法学研究》2018年第3期。

18. 初北平、周虹薇:"违反中国水运许可法规之合同效力研究",载《东北大学学报(社会科学版)》2009年第2期。

19. 杜涛:"法律适用规则的强制性抑或选择性——我国涉外民事法律适用法的立法选择",载《清华法学》2010年第3期。

20. 范愉:"新法律现实主义的勃兴与当代中国法学反思",载《中国法学》2006年第4期。

21. 方新军:"内在体系外显与民法典体系融贯性的实现——对《民法总则》基本原则规定的评论",载《中外法学》2017年第3期。

22. 公丕祥:"当代中国能动司法的意义分析",载《江苏社会科学》2010年第5期。

23. 关正义、李婉:"海商法和海事法的联系与区别——兼论海商法学的建立与发展",载《法学杂志》2012年第6期。

24. 顾建亚:"法律位阶划分标准探新",载《浙江大学学报(人文社会科学版)》2006年第6期。

25. 郭玉军:"近年中国有关外国法查明与适用的理论与实践",载《武大国际法评论》2007年第2期。

26. 郭玉军、樊婧:"《涉外民事关系法律适用法》的适用及其反思",载《社会科学辑刊》2013年第2期。

27. 郭宗杰:"论法的效益",载《法律科学》1995年第3期。

28. 韩钢:"司法权基本属性解析",载《宁波大学学报(人文科学版)》2011年第4期。

29. 韩永强:"保险合同法'最大诚信原则'的祛魅",载《甘肃政法学院学报》2011年第2期。

30. 何江海:"论错误扣船",载《中国海商法年刊》1997年第8卷。

31. 何丽新、陈永灿:"海商法特性论",载《中国海商法年刊》2008年第0期。

32. 何丽新等:"中国各级法院153个无单放货案件之分析",载廖益新主编:《厦门大学法律评论》(第9辑),厦门大学出版社2005年版。

33. 何勤华、李求轶:"海事法系的形成与生长",载《中国律师和法学家》2005年第5期。

34. 何其生:"国际私法秩序与国际私法的基础性价值",载《清华法学》2018年第1期。

35. 贺万忠:"国际商事惯例合意选择条款的思考——兼评我国《民法(草案)》有关条款",载《外交学院学报》2005年第2期。

36. 侯学宾:"司法批复衰落的制度竞争逻辑",载《法商研究》2016年第3期。

37. 侯学勇、郑宏雁:"整体性等于融贯性吗?——评德沃金法律理论中的融贯论",载陈金钊、谢晖主编:《法律方法》(第10卷),山东人民出版社2010年版。

38. 黄晖、张春良:"论条约在我国涉外民事关系中的适用——基于规则和实践的考察",载《法商研究》2014年第5期。

39. 黄金荣:"法的形式理性论——以法之确定性问题为中心",载《比较法研究》2000年第3期。

40. 黄泽敏:"判例制度法律推理构成类型研究——兼与案例指导制度比

较",载《甘肃社会科学》2018 年第 3 期。

41. 胡建新等:"关于外国法查明及适用问题的调查分析——以宁波海事法院审判实践为例",载《中国海商法研究》2019 年第 1 期。

42. 胡家强:"对国际私法调整对象和范围的重新认识",载《法律科学》2002 年第 6 期。

43. 胡岩:"司法解释的前生后世",载《政法论坛》2015 年第 3 期。

44. 胡玉鸿:"试论法律位阶划分的标准——兼及行政法规与地方性法规之间的位阶问题",载《中国法学》2004 年第 3 期。

45. 胡玉鸿、吴萍:"试论法律位阶制度的适用对象",载《华东政法学院学报》2003 年第 1 期。

46. 胡云腾:"打造指导性案例的参照系",载《法律适用》2018 年第 14 期。

47. 胡正良、孙思琪:"海商法基础理论的内涵、研究现状与研究意义",载《中国海商法研究》2017 年第 1 期。

48. 江必新:"司法对法律体系的完善",载《法学研究》2012 年第 1 期。

49. 蒋琳:"我国船舶油污损害责任限制的公约适用及完善",载《哈尔滨师范大学社会科学学报》2013 年第 6 期。

50. 柯岚:"法律方法中的形式主义与反形式主义",载《法律科学(西北政法学院学报)》2007 年第 2 期。

51. 雷磊:"法律概念是重要的吗",载《法学研究》2017 年第 4 期。

52. 雷磊:"什么是法律逻辑——乌尔里希·克卢格《法律逻辑》介评",载《政法论坛》2016 年第 1 期。

53. 雷磊:"指导性案例法源地位再反思",载《中国法学》2015 年第 1 期。

54. 李东、李天生:"一般海商法的回归与升华",载《广西社会科学》2013 年第 3 期。

55. 李桂林:"司法权威及其实现条件",载《华东政法大学学报》2013 年第 6 期。

56. 李天生、陈琳琳:"环渤海区域海洋生态环境特点及保护制度改革",载《山东大学学报(哲学社会科学版)》2019 年第 1 期。

57. 李天生："初论海商法的基本原则"，载《河北学刊》2012 年第 6 期。

58. 李艳华、潘爱仙："论司法效益"，载《法商研究》1997 年第 3 期。

59. 李永军："论商法的传统与理性基础——历史传统与形式理性对民商分立的影响"，载《法制与社会发展》2002 年第 6 期。

60. 李志文："论我国海上货物运输中货物留置权的性质及其影响"，载《中国海商法年刊》1995 年第 0 期。

61. 梁开银："对现代条约本质的再认识"，载《法学》2012 年第 5 期。

62. 梁迎修："法律原则的适用——基于方法论视角的分析"，载《华中师范大学学报（人文社会科学版）》2007 年第 6 期。

63. 林鹏鸠、付晓娟："对中国司法解释中打捞费有关责任限制规定的理解"，载《中国海商法年刊》2010 年第 4 期。

64. 刘安宁、关正义："试论海商法的特性及其法理定位"，载《社会科学辑刊》2009 年第 6 期。

65. 刘练军："司法权在何种意义上不存在"，载《法治研究》2007 年第 6 期。

66. 刘萍："国际惯例在我国无单放货案件中的适用"，载《辽宁师范大学学报（社会科学版）》2007 年第 5 期。

67. 刘小牛、储育明："诚信原则的价值与意义：从实体法到程序法"，载《安徽大学学报（哲学社会科学版）》2011 年第 2 期。

68. 刘耀东、李昊："海商法起源之重新界定——楔形法典中的海商法"，载《河南科技大学学报（社会科学版）》2010 年第 4 期。

69. 刘叶深："法律规则与法律原则：质的差别？"，载《法学家》2009 年第 5 期。

70. 刘子平："论以民法补充海商法的单位"，载《中国海商法研究》2013 年第 4 期。

71. 鲁楠："匿名的商人法：全球化时代法律移植的新动向"，载高鸿钧主编：《清华法治论衡》（第 14 辑），清华大学出版社 2011 年版。

72. 卢伟伟："论海商法的发展趋势"，载《南方论刊》2007 年第 5 期。

73. 陆宇峰："美国法律现实主义：内容、兴衰及其影响"，载《清华法学》2010 年第 4 期。

74. 马得懿："作为补充型特别民法之海商法的丰富性与体系性"，载《社会科学战线》2016 年第 8 期。

75. 马燕："论我国一元多层级案例指导制度的构建——基于指导性案例司法应用困境的反思"，载《法学》2019 年第 1 期。

76. 倪传铮、胡志民："论法的效益——不同的视角与辩析"，载《政治与法律》1998 年第 1 期。

77. 庞凌："法律原则的识别和适用"，载《法学》2004 年第 10 期。

78. 庞正、杨建："法律原则核心问题论辩"，载《南京师大学报（社会科学版）》2010 年第 1 期。

79. 彭诚信："从法律原则到个案规范——阿列克西原则理论的民法应用"，载《法学研究》2014 年第 4 期。

80. 彭宁："最高人民法院司法治理模式之反思"，载《法商研究》2019 年第 1 期。

81. 彭庆文："论司法公正与司法效益"，载《山东法官培训学院学报》1997 年第 4 期。

82. 钱炜江："论民事司法中的类推适用"，载《法制与社会发展》2016 年第 5 期。

83. 秦策："法律原则裁判功能之限定"，载《江海学刊》2011 年第 6 期。

84. 屈广清："中国海事法律适用法修改的具体建议"，载《海峡法学》2011 年第 2 期。

85. 屈茂辉："类推适用的私法价值与司法运用"，载《法学研究》2005 年第 1 期。

86. 屈茂辉、张彪："论类推适用的概念——以两大法系类推适用之比较为基础"，载《河北法学》2007 年第 11 期。

87. 冉克平："论效力性强制规范与私法自治——兼析《民法总则》第 153 条第 1 款"，载《山东大学学报（哲学社会科学版）》2019 年第 1 期。

88. 任自力："保险法最大诚信原则之审思"，载《法学家》2010 年第 3 期。

89. 沈德咏、曹士兵、施新州："国家治理视野下的中国司法权构建"，载《中国社会科学》2015 年第 3 期。

90. 沈木珠："国际贸易合同适用国际贸易惯例的实证分析"，载《国际贸易问题》2009 年第 5 期。

91. 沈秋明："论国际经济惯例的法律属性"，载《南京大学学报（哲学·人文·社会科学）》1996 年第 3 期。

92. 施文、伍载阳："论海运货物留置权"，载《现代法学》1996 年第 2 期。

93. 施新洲："司法权的属性及其社会治理功能"，载《法律适用》2014 年第 1 期。

94. 舒国滢："法律原则适用的困境——方法论视角的四个追问"，载《苏州大学学报（哲学社会科学版）》2005 年第 1 期。

95. 舒国滢："法律原则适用中的难题何在"，载《苏州大学学报（哲学社会科学版）》2004 年第 6 期。

96. 司玉琢："保障海洋发展战略 改革完善中国特色的海事司法管辖制度"，载《中国海商法研究》2015 年第 2 期。

97. 司玉琢："海事赔偿责任限制优先适用原则研究——兼论海事赔偿责任限制权利之属性"，载《环球法律评论》2011 年第 3 期。

98. 司玉琢、李天生："论海法"，载《法学研究》2017 年第 6 期。

99. 宋方青、周宇骏："'司法机关'的中国语义"，载《法制与社会发展》2018 年第 1 期。

100. 宋建立："国际条约国内适用的若干问题"，载《人民司法》2015 年第 5 期。

101. 宋晓："外国法：'事实'与'法律'之辨"，载《环球法律评论》2010 年第 1 期。

102. 孙华璞："关于完善我国司法解释问题的思考"，载《中国应用法学》2017 年第 3 期。

103. 孙尚鸿："涉外民商事审判中外国判例的适用问题研究"，载《法律科学（西北政法大学学报）》2018 年第 4 期。

104. 孙跃："论民商事裁判中基于融贯论的体系解释——以金融机构股权代持合同效力判定为例"，载《广西社会科学》2019 年第 5 期。

105. 唐涛："哈贝马斯对韦伯形式主义法律观的批判与超越"，载《江苏科技大学学报（社会科学版）》2005 年第 1 期。

106. 陶凯元、郑创豪："关于与国际惯例接轨的法律思考"，载《暨南学报（哲学社会科学版）》2002 年第 2 期。

107. 佟尧、王国华："中国海事关系法律适用法完善之研究——《海商法》第十四章修改的必要性及具体建议"，载《中国海商法研究》2016 年第 4 期。

108. 万鄂湘、余晓汉："国际条约适用于国内无涉外因素的民事关系探析"，载《中国法学》2018 年第 5 期。

109. 王彬："案例指导制度下的法律论证——以同案判断的证成为中心"，载《法制与社会发展》2017 年第 3 期。

110. 王德玲："法律现实主义思想再检视"，载《政法论丛》2019 年第 2 期。

111. 王国华、孙誉清："国际航运纠纷中法律适用问题的实证研究（1997-2016）"，载《武大国际法评论》2017 年第 3 期。

112. 王国龙："裁判理性与司法权威"，载《华东政法大学学报》2013 年第 4 期。

113. 王克玉："全面开放新格局下外国法查证的国际本位理念与规则再塑"，载《法学评论》2018 年第 1 期。

114. 王克玉："'外国法查明'中的定性与定量分析"，载《广西政法管理干部学院学报》2006 年第 5 期。

115. 王立志："后现代法学对海商法的方法论意义论略"，载《海南大学学报（人文社会科学版）》2007 年第 5 期。

116. 王瑞："商法本质的变迁"，载《政法论坛》2002 年第 6 期。

117. 王世涛、汤喆峰："论海商法之于民法的独立性"，载《中国海商法研究》2012 年第 3 期。

118. 王徽、沈伟："论外国法查明制度失灵的症结及改进路径——以实证与法经济学研究为视角"，载《国际商务：对外经济贸易大学学报》2016 年第 5 期。

119. 王夏昊："法律原则的适用方式"，载《学习与探索》2007 年第 2 期。

120. 王夏昊："论作为法的渊源的制定法"，载《政法论坛》2017 年第

3 期。

121. 王彦君、傅晓强："《关于审理海上货运代理纠纷案件若干问题的规定》的理解与适用"，载《人民司法》2012 年第 11 期。

122. 王彦："康索拉度海法评述"，载《中国海商法研究》2017 年第 2 期。

123. 王彦："奥列隆惯例集"，载《中国海商法研究》2016 年第 3 期。

124. 王彦斌："我国海商法对提单运输关系强制适用问题研究——以我国涉外海事案件法律适用情况实证分析为视角"，载《重庆交通大学学报（社科版）》2009 年第 6 期。

125. 汪洋："私法多元法源的观念、历史与中国实践——《民法总则》第 10 条的理论构造及司法适用"，载《中外法学》2018 年第 1 期。

126. 魏振华："民事审判中司法指导性文件援用的实证考察——以'法办〔2011〕442 号'会议纪要为例"，载《中国法律评论》2017 年第 6 期。

127. 翁杰、刘萍："论提单首要条款的性质和效力"，载《法律科学（西北政法大学学报）》2005 年第 2 期。

128. 吴慧："国际条约在我国国内法上的地位及与国内法冲突的预防和解决"，载《国际关系学院学报》2000 年第 2 期。

129. 武静："裁判说理——适用指导性案例的理论与实践皈依"，载《河北法学》2017 年第 1 期。

130. 吴英姿："司法的公共理性：超越政治理性与技艺理性"，载《中国法学》2013 年第 3 期。

131. 向明华："错误扣船归责比较研究"，载《现代法学》2009 年第 1 期。

132. 夏立安、钱炜江："论法律中的形式与实质"，载《浙江大学学报（人文社会科学版）》2012 年第 5 期。

133. 夏小雄："从'立法中心主义'到'法律多元主义'——论中国商事法的法源建构逻辑"，载《北方法学》2014 年第 6 期。

134. 谢文哲："国际惯例若干基本理论问题探讨"，载《学海》2009 年第 3 期。

135. 徐春龙："论海事国际惯例在中国海商法语境下的适用"，载《中国海商法研究》2013 年第 3 期。

136. 徐锦堂："论域外法查明的'意志责任说'——从我国涉外民商事审

判实践出发",载《法学评论》2010 年第 1 期。

137. 徐锦堂:"关于国际条约国内适用的几个问题",载《国际法研究》2014 年第 3 期。

138. 徐梦醒:"法律论证的规范性融贯研究",载《法学论坛》2014 年第 6 期。

139. 徐忆斌:"'法的技术规定'抑或'法律规范'——冲突规则的规范属性之辨析",载《暨南学报(哲学社会科学版)》2013 年第 6 期。

140. 许军珂:"从法律适用条款看冲突法对国际格式合同的规制",载《政法论坛》2005 年第 1 期。

141. 许军珂:"当事人意思自治原则对法院适用国际条约的影响",载《法学》2014 年第 2 期。

142. 许庆坤:"重读美国法律现实主义",载《比较法研究》2007 年第 4 期。

143. 许中缘:"论任意性规范——一种比较法的视角",载《政治与法律》2008 年第 11 期。

144. 燕振安:"讲求司法效益必须坚持四项原则",载《山东审判》1997 年第 4 期。

145. 杨贝:"法律论证的能与不能",载《华东政法大学学报》2017 年第 2 期。

146. 杨建军:"司法裁判中法律事实与法律规范的关系",载《法制与社会发展》2007 年第 2 期。

147. 姚建宗:"法律传统论纲",载《吉林大学社会科学学报》2008 年第 5 期。

148. 殷秋实:"裁判官法与司法解释:罗马法经验的中国启发",载《苏州大学学报(法学版)》2018 年第 4 期。

149. 于飞:"民法基本原则:理论反思与法典表达",载《法学研究》2016 年第 3 期。

150. 禹华英:"论海事国际私法中的法律适用",载《现代法学》1998 年第 3 期。

151. 余洋:"司法义务视域下指导性案例的学理分析"载《江西社会科学》

2018 年第 8 期。

152. 张岑沁："人民法院司法解释性质文件的法渊地位和适用"，载《开封教育学院学报》2019 年第 1 期。

153. 张磊："论外交保护中当地救济的'用尽'程度"，载《求索》2012 年第 2 期。

154. 张力："商法的法源分析"，载《浙江社会科学》2014 年第 3 期。

155. 张平华："连带责任的弹性不足及其克服"，载《中国法学》2015 年第 5 期。

156. 张骐："再论指导性案例效力的性质与保证"，载《法制与社会发展》2013 年第 1 期。

157. 张文广："中国海商法学发展评价"，载《国际法研究》2015 年第 4 期。

158. 张晓东、董金鑫："论统一实体国际条约不宜作为准据法"，载《海峡法学》2011 年第 1 期。

159. 张永坚："反思修改中国《海商法》之努力"，载《中国海商法研究》2013 年第 3 期。

160. 赵建文："国际条约在中国法律体系中的地位"，载《法学研究》2010 年第 6 期。

161. 郑智航："外国法与案例在本国司法中的运用"，载《环球法律评论》2014 年第 2 期。

162. 周赟："司法能动性与司法能动主义"，载《政法论坛》2011 年第 1 期。

163. 周浩："《2007 年内罗毕国际残骸清除公约》的通过对我国的影响及其实施对策"，载《上海海事大学学报》2008 年第 1 期。

164. 周少华："法律理性与法律的技术化"，载《法学论坛》2012 年第 3 期。

165. 周新军："关于国际贸易惯例与公共秩序保留的思考"，载《当代经济》2006 年第 2S 期。

166. 朱慈蕴、毛健铭："商法探源——论中世纪的商人法"，载《法制与社会发展》2003 年第 4 期。

167. 朱江："法律关系'涉外性'判断的新视阈"，载《河南财经政法大学学报》2017 年第 1 期。

168. 朱芸："论提单适用法律条款与首要条款"，载《政法论坛》2001 年第 3 期。

（四）案例类

1. 北海海事法院［2005］海商初字第 1 号民事判决书。

2. 北海海事法院［2005］海商初字第 50 号民事判决书。

3. 北海海事法院［2011］海商初字第 4 号民事判决书。

4. 北海海事法院［2011］海商初字第 22 号民事判决书。

5. 大连海事法院［2000］大海法商初字第 173 号民事判决书。

6. 大连海事法院［2000］大海法商初字第 284 号民事判决书。

7. 大连海事法院［2003］大海商外初字第 11 号民事判决书。

8. 大连海事法院［2017］辽 72 民初 558 号民事判决书。

9. 大连海事法院［2017］辽 72 民初 749 号民事判决书。

10. 福建省高级人民法院［2010］闽民终字第 716 号民事判决书。

11. 广东省高级人民法院［2001］粤高法经二终字第 80 号民事判决书。

12. 广东省高级人民法院［2011］粤高法民四终第 90 号民事判决书。

13. 广东省高级人民法院［2015］粤高法民四终字第 184 号民事判决书。

14. 广东省高级人民法院［2015］粤高法立民终字第 602 号民事裁定书。

15. 广东省高级人民法院［2016］粤民终 1982 号民事判决书。

16. 广东省高级人民法院［2018］粤民终 293 号民事裁定书。

17. 广东省高级人民法院［2018］粤民终 1768 号民事判决书。

18. 广西壮族自治区高级人民法院［2006］桂民四终字第 10 号民事判决书。

19. 广州海事法院［2000］广海法深字第 54 号民事判决书。

20. 广州海事法院［2001］广海法初字第 109 号民事判决书。

21. 广州海事法院［2002］广海法初字第 15 号民事判决书。

22. 广州海事法院［2002］广海法初字第 337 号民事判决书。

23. 广州海事法院［2003］广海法初字第 176 号民事判决书。

24. 广州海事法院［2003］广海法初字第 266 号民事判决书。

25. 广州海事法院［2004］广海法初字第 67 号民事判决书。

26. 广州海事法院［2004］广海法初字第 116 号民事判决书。

27. 广州海事法院［2005］广海法初字第 84 号民事判决书。

28. 广州海事法院［2005］广海法初字第 267 号民事判决书。

29. 广州海事法院［2010］广海法初字第 7 号民事判决书。

30. 广州海事法院［2010］广海法初字第 106 号民事判决书。

31. 广州海事法院［2011］广海法初字第 457 号民事判决书。

32. 广州海事法院［2012］广海法初字第 74 号民事判决书。

33. 广州海事法院［2012］广海法初字第 37 号民事判决书。

34. 广州海事法院［2013］广海法初字第 119 号民事判决书。

35. 广州海事法院［2014］广海法初字第 16 号民事判决书。

36. 广州海事法院［2017］粤 72 民初 136 号民事判决书。

37. 广州海事法院［2018］粤 72 民初 196 号民事判决书。

38. 广州海事法院［2018］粤 72 民初 471 号民事判决书。

40. 海口海事法院［2006］海事初字第 009 号民事判决书。

41. 海南省高级人民法院［2007］琼民二终字第 21 号民事判决书。

42. 湖北省高级人民法院［2014］鄂民四终字第 00026 号民事判决书。

43. 湖北省高级人民法院［2016］鄂民终 189 号民事判决书。

44. 湖北省高级人民法院［2016］鄂民终 1567 号民事判决书

45. 湖北省高级人民法院［2017］鄂民终 2780 号民事判决书。

46. 辽宁省高级人民法院［2014］辽民三终字第 00184 号民事判决书。

47. 辽宁省高级人民法院［2018］辽民终 265 号民事判决书。

48. 宁波海事法院［1999］甬海商初字第 209 号民事判决书。

49. 宁波海事法院［2000］甬海商初字第 218 号民事判决书。

50. 宁波海事法院［2002］甬海商初字第 23 号民事判决书。

51. 宁波海事法院［2002］甬海温初字第 83 号民事判决书。

52. 宁波海事法院［2003］甬海商初字第 333 号民事判决书。

53. 宁波海事法院［2008］甬海法台商初字第 69 号民事判决书。

54. 宁波海事法院［2008］甬海法台商初字第 90 号民事判决书。

55. 宁波海事法院［2009］甬海法商初字第 70 号民事判决书。

56. 宁波海事法院［2009］甬海法商初字第 226 号民事判决书。

57. 宁波海事法院［2009］甬海法商初字第 285 号民事判决书。

58. 宁波海事法院［2012］甬海法商初字第 208 号民事判决书。

59. 宁波海事法院［2012］甬海法商初字第 245 号民事判决书。

60. 宁波海事法院［2013］甬海法商初字第 635 号民事判决书。

61. 宁波海事法院［2013］甬海法商初字第 718 号民事判决书。

62. 宁波海事法院［2014］甬海法权字第 29 号民事判决书。

63. 宁波海事法院［2014］甬海法事初字第 35 号民事判决书。

64. 宁波海事法院［2014］甬海法温商初字第 40 号民事判决书。

65. 宁波海事法院［2014］甬海法事初字第 47 号民事判决书。

66. 宁波海事法院［2014］甬海法事初字第 84 号民事判决书。

67. 宁波海事法院［2014］甬海法权字第 102 号民事判决书。

68. 宁波海事法院［2014］甬海法权字第 103 号民事判决书。

69. 宁波海事法院［2014］甬海法商初字第 478 号民事判决书。

70. 宁波海事法院［2015］甬海法商初字第 47 号民事判决书。

71. 宁波海事法院［2015］甬海法商初字第 336 号民事判决书。

72. 青岛海事法院［2003］青海法海商初字第 73 号民事判决书。

73. 青岛海事法院［2008］青海法海事初字第 15 号民事判决书。

74. 青岛海事法院［2011］青海法海事初字第 5-1 号民事判决书。

75. 青岛海事法院［2015］青海法海商初字第 1195 号民事判决书。

76. 山东省高级人民法院［2002］鲁民四终字第 22 号民事判决书。

77. 山东省高级人民法院［2002］鲁民四终字第 24 号民事判决书。

78. 山东省高级人民法院［2004］鲁民四终字第 8 号民事判决书。

79. 山东省高级人民法院［2007］鲁民四终字第 40 号民事判决书。

80. 山东省高级人民法院［2013］鲁民四终字第 1 号民事判决书。

81. 上海海事法院［2001］沪海法商初字第 445 号民事判决书。

82. 上海海事法院［2002］沪海法商初字第 16 号民事判决书。

83. 上海海事法院［2003］沪海法商初字第 113 号民事判决书。

84. 上海海事法院［2003］沪海法商初字第 195 号民事判决书。

85. 上海海事法院［2003］沪海法商初字第 299 号民事判决书。

86. 上海海事法院［2003］沪海法商初字第 444 号民事判决书。

87. 上海海事法院［2005］沪海法商保字第 22 号民事裁定书。

88. 上海海事法院［2005］沪海法商初字第 273 号民事判决书。

89. 上海海事法院［2005］沪海法商初字第 316 号民事判决书。

90. 上海海事法院［2006］沪海法商初字第 276 号民事判决书。

91. 上海海事法院［2006］沪海法商初字第 613 号民事判决书。

92. 上海海事法院［2009］沪海法商初字第 672 号民事判决书。

93. 上海海事法院［2009］沪海法商初字第 699 号民事判决书。

94. 上海海事法院［2009］沪海法商初字第 710 号民事判决书。

95. 上海海事法院［2010］沪海法海初字第 24 号民事判决书。

96. 上海海事法院［2010］沪海法商初字第 235 号民事判决书。

97. 上海海事法院［2010］沪海法商初字第 1215 号民事判决书。

98. 上海海事法院［2011］沪海法商初字第 1188 号民事判决书。

99. 上海海事法院［2012］沪海法商初字第 557 号民事判决书。

100. 上海海事法院［2012］沪海法商初字第 1261 号民事判决书。

101. 上海海事法院［2013］沪海法海初字第 51 号民事判决书。

102. 上海海事法院［2013］沪海法海初字第 63 号民事判决书。

103. 上海海事法院［2013］沪海法商初字第 1721 号民事判决书。

104. 上海海事法院［2014］沪海法海初字第 78 号民事判决书。

105. 上海海事法院［2014］沪海法海初字第 88 号民事判决书。

106. 上海海事法院［2014］沪海法海初字第 91 号民事判决书。

107. 上海海事法院［2014］沪海法商初字第 318 号民事判决书。

108. 上海海事法院［2014］沪海法商初字第 361 号民事判决书。

109. 上海海事法院［2014］沪海法商初字第 1509 号民事判决书。

110. 上海海事法院［2015］沪海法商初字第 2978 号民事判决书。

111. 上海海事法院［2016］沪 72 民初 173 号民事判决书。

112. 上海海事法院［2016］沪 72 民初 1462 号民事判决书。

113. 上海海事法院［2016］沪 72 民初 1647 号民事判决书。

114. 上海海事法院［2016］沪 72 民初 2398 号民事判决书。

115. 上海海事法院［2016］沪 72 民初 2697 号民事判决书。

116. 上海海事法院［2017］沪 72 民初 1812 号民事判决书。

117. 上海海事法院［2018］沪 72 民初 909 号民事判决书。

118. 上海市高级人民法院［2004］沪高民四（海）终字第 87 号民事判决书。

119. 上海市高级人民法院［2008］沪高民四（海）终字第 236 号民事判决书。

120. 上海市高级人民法院［2009］沪高民四（海）限字第 1 号民事裁定书。

121. 上海市高级人民法院［2009］沪高民四（海）终字第 165 号民事判决书。

122. 上海市高级人民法院［2009］沪高民四（海）终字第 239 号民事判决书。

123. 上海市高级人民法院［2010］沪高民四（海）再终字第 1 号民事判决书。

124. 上海市高级人民法院［2010］沪高民四（海）终字第 41 号民事判决书。

125. 高级人民法院［2010］沪高民四（海）终字第 57 号文书。

126. 上海市高级人民法院［2011］沪高民四（海）终字第 198 号民事判决书。

127. 上海市高级人民法院［2013］沪高民四（海）终字第 105 号民事判决书。

128. 上海市高级人民法院［2013］沪高民四（海）终字第 108 号民事判决书。

129. 上海市高级人民法院［2014］沪高民四（海）终字第 70 号民事判决书。

130. 上海市高级人民法院［2014］沪高民四（海）终字第 159 号民事判决书。

131. 上海市高级人民法院［2015］沪高民四（海）终字第 6 号民事判决书。

132. 上海市高级人民法院［2015］沪高民四（海）终字第 8 号民事判

决书。

133. 上海市高级人民法院［2015］沪高民四（海）终字第 13 号民事判决书。

134. 上海市高级人民法院［2015］沪高民四（海）终字第 15 号民事判决书。

135. 上海市高级人民法院［2016］沪民终 75 号民事判决书。

136. 上海市高级人民法院［2016］沪民终 86 号民事判决书。

137. 上海市高级人民法院［2016］沪民终 180 号民事判决书。

138. 上海市高级人民法院［2017］沪民终 49 号民事判决书。

139. 上海市高级人民法院［2017］沪民终 71 号民事判决书。

140. 上海市高级人民法院［2017］沪民终 99 号民事判决书

141. 上海市高级人民法院［2017］沪民终 143 号民事判决书。

142. 上海市高级人民法院［2017］沪民终 215 号民事判决书。

143. 上海市高级人民法院［2017］沪民终 225 号民事判决书。

144. 上海市高级人民法院［2017］沪民终 271 号民事判决书。

145. 天津海事法院［2001］海商初字第 365 号民事判决书。

146. 天津海事法院［2002］海商重字第 1 号民事判决书。

147. 天津海事法院［2002］海商初字第 144 号民事判决书。

148. 天津海事法院［2005］津海法商初字第 401 号民事判决书。

149. 天津海事法院［2007］津海法事初字第 261 号民事判决书。

150. 天津海事法院［2010］津海法商初字第 442 号民事判决书。

151. 天津海事法院［2014］津海法事初字第 39 号民事判决书。

152. 天津海事法院［2019］津 72 民初 40 号民事判决书。

153. 天津市高级人民法院［2011］津海法商初字第 117 号民事判决书。

154. 天津市高级人民法院［2011］津高民四终字第 143 号民事判决书。

155. 天津市高级人民法院［2012］津高民四终字第 4 号民事判决书。

156. 天津市高级人民法院［2013］津高民四终字第 13 号民事判决书。

157. 天津市高级人民法院［2013］津高民四终字第 34 号民事判决书。

158. 天津市高级人民法院［2013］津高民四终字第 84 号民事判决书。

159. 天津市高级人民法院［2015］津高民四终字第 71 号民事判决书。

160. 天津市高级人民法院〔2016〕津民终 198 号民事判决书。

161. 天津市高级人民法院〔2016〕津民终 239 号民事判决书。

162. 天津市高级人民法院〔2018〕津民终 317 号民事判决书。

163. 武汉海事法院〔1999〕武海法宁商字第 80 号民事判决书。

164. 武汉海事法院〔2001〕武海法商字第 75 号民事判决书。

165. 武汉海事法院〔2001〕武海法宁商字第 132 号民事判决书。

166. 武汉海事法院〔2003〕武海法通通商字 98 号民事判决书。

167. 武汉海事法院〔2004〕武海法商字第 208 号民事判决书。

168. 武汉海事法院〔2005〕武海法商字第 183 号民事判决书。

169. 武汉海事法院〔2013〕武海法商字第 00516 号民事判决书。

170. 武汉海事法院〔2014〕武海法商字第 01013 号民事判决书。

171. 武汉海事法院〔2015〕武海法商字第 00003 号民事判决书。

172. 武汉海事法院〔2016〕鄂 72 民初 1523 号民事判决书。

173. 武汉海事法院〔2018〕鄂 72 民初 1504 号民事判决书。

174. 厦门海事法院〔1999〕厦海法商初字第 011 号民事判决书。

175. 厦门海事法院〔2010〕厦海法商初字第 353 号民事判决书。

176. 厦门海事法院〔2011〕厦海法事初字第 66 号民事判决书。

178. 厦门海事法院〔2014〕厦海法商初字第 75 号民事判决书。

179. 厦门海事法院〔2014〕厦海法商初字第 182 号民事判决书。

180. 厦门海事法院〔2014〕厦海法商初字第 355 号民事判决书。

181. 厦门海事法院〔2015〕厦海法事初字第 56 号民事判决书。

182. 厦门海事法院〔2015〕厦海法商初字第 163 号民事判决书。

183. 武汉海事法院〔2001〕武海法商字第 19 号民事判决书。

184. 武汉海事法院〔2011〕武海法商字第 00298 号民事判决书。

185. 武汉海事法院〔2018〕鄂 72 民初 134 号民事判决书。

186. 武汉海事法院〔2018〕鄂 72 民初 1083 号民事判决书。

187. 武汉海事法院〔2018〕鄂 72 民初 1529 号民事判决书。

188. 浙江省高级人民法院〔2001〕浙经二终字第 105 号民事判决书。

189. 浙江省高级人民法院〔2006〕浙民三终字第 96 号民事判决书。

190. 浙江省高级人民法院〔2010〕浙海终字第 11 号民事判决书。

191. 浙江省高级人民法院［2010］浙海终字第 191 号民事判决书。

192. 浙江省高级人民法院［2011］浙海终字第 27 号民事判决书。

193. 浙江省高级人民法院［2015］浙海终字第 57 号民事判决书。

194. 浙江省高级人民法院［2015］浙海终字第 78 号民事判决书。

195. 浙江省高级人民法院［2017］浙民终 93 号民事判决书。

196. 最高人民法院［1998］交提字第 3 号民事判决书。

197. 最高人民法院［2000］交提字第 7 号民事判决书。

198. 最高人民法院［2002］民四提字第 3 号民事判决书。

199. 最高人民法院［2012］民申字第 23 号民事裁定书。

200. 最高人民法院［2015］民提字第 151 号民事判决书。

201. 最高人民法院［2015］民申字第 1896 号民事判决书。

202. 最高人民法院［2016］最高法民再 61 号民事判决书。

203. 最高人民法院［2016］最高法民申 1383 号民事裁定书。

204. 最高人民法院［2017］最高法民再 412 号民事判决书。

205. 最高人民法院［2017］最高法民申 4861 号民事裁定书。

206. 最高人民法院［2018］最高法民再 367 号民事判决书。

207. "江苏外企公司与上海丰泰保险公司海上货物运输保险合同纠纷案"，载《最高人民法院公报》2005 年第 11 期。

208. "中国人民保险公司浙江省分公司与广州远洋运输公司和中国对外贸易运输总公司上海分公司海上货物运输合同及代理纠纷案"，载《最高人民法院公报》1994 年第 1 期。

209. 广东省高级人民法院"柯兹亚"轮迟延交货纠纷案民事判决书，法宝引证码：CLI. C. 876276。

210. 广州海事法院中国船舶燃料供应福建有限公司申请油污损害赔偿责任限制案民事判决书，法宝引证码：CLI. C. 874994。

211. 中国抽纱公司上海进出口公司诉中国太平洋保险公司上海分公司海上货物运输保险合同纠纷案，法宝引证码 CLI. C. 66949。

二、外文文献

(一) 专著类

1. Aleksander Peczenik, *On Law and Reason*, Springer, 2009.

2. Grant Gilmore & Charles L. Black, Jr., *The Law of Admiralty*, The Foundation Press, Inc., 1975.

3. H. L. A. Hart, *The Concept of Law*, Oxford: Clarendon Press, 1961.

4. Richard A. Posner, *The Problems of Jurisprudence*, Harvard University Press, 1990.

(二) 期刊类

1. Alona E. Evans, "Self-Executing Treaties in the United States of America", 30 *British Year Book of International Law*, 178 (1953).

2. Alona E. Evans, "Some Aspects of the Problem of Self-Executing Treaties", 45 *American Society of International Law Proceedings*, 66 (1951).

3. Amos O. Enabulele & Eric Okojie, "Myths and Realities in Self-Executing Treaties", 10 *Mizan Law Review*, 1 (2016).

4. Atefeh Roohi Kargar & Rasoul Parvin, "Genesis of Non-Codified Custom", 6 *Ius Humani*, *Revista de Derecho*, 231 (2017).

5. Bernard Eder, "Wrongful Arrest of Ships: A Time for Change", 38 *Tulane Maritime Law Journal*, 115 (2013).

6. Bernard Eder, "Wrongful Arrest of Ships: Rejoinder by the Honourable Mr. Justice Eder", 38 *Tulane Maritime Law Journal*, 143 (2013).

7. Brigitte Herzog, "Proof of International Law and Foreign Law before a French Judge", 18 *Virginia Journal of International Law*, 651 (1978).

8. Carlos Manuel Vazquez, "The Four Doctrines of Self-Executing Treaties", 89 *American Journal of International Law*, 695 (1995).

9. Cf. Robert Alexy, "On Balancing and Subsumption: A Structural Comparison", 16 *Ratio Juris*, 433 (2003).

10. Chris Guthrie, Jeffrey J. Rachlinski & Andrew J. Wistrich, "Inside the

Judicial Mind", 86 *Cornell Law Review*, 777 (2001).

11. Christopher R. Drahozal, "Contracting out of National Law: An Empirical Look at the New Law Merchant", 80 *Notre Dame Law Review*, 523 (2005).

12. Curtis A. Bradley, "Self-Execution and Treaty Duality", 2008 *Supreme Court Review*, 131 (2008).

13. Damos Dumoli Agusman, "Sex-Executing and Non Self Executing Treaties: What Does It Mean", 11 *Indonesian Journal of International Law*, 320 (2014).

14. Daphne Barak-Erez, "The Institutional Aspects of Comparative Law", 15 *Columbia Journal of European Law*, 477 (2009).

15. David Foxton, "Foreign Law in Domestic Courts", 29 *Singapore Academy of Law Journal*, 194 (2017).

16. David L. Sloss, "Executing Foster v. Neilson: The Two-Step Approach to Analyzing Self-Executing Treaties", 53 *Harvard International Law Journal*, 135 (2012).

17. David Sloss, "Non-Self-Executing Treaties: Exposing a Constitutional Fallacy", 36 *U. C. Davis Law Review*, 1 (2002).

18. D. J. Cremean, "Mala Fides or Crassa Negligentia", 1 *Lloyd's Maritime and Commercial Law Quarterly*, 9 (1998).

19. Frederick Schauer, "The Jurisprudence of Custom", 48 *Texas International Law Journal*, 523 (2013).

20. Friedrich K. Juenger, "The Lex Mercatoria and Private International Law", 60 *Louisiana Law Review*, 1133 (2000).

21. George T. III Yates, "Foreign Law before Domestic Tribunals", 18 *Virginia Journal of International Law*, 725 (1978).

22. G. Tedeschi, "Custom and Modern Law", 15 *University of Western Ontario Law Review*, 1 (1976).

23. H. Patrick Glenn, "Comparative Law and Legal Practice: On Removing the Borders", 75 *Tulane Law Review*, 977 (2001).

24. I. A. Hunter, "Proving Foreign and International Law in the Courts of England and Wales", 18 *Virginia Journal of International Law*, 665 (1978).

25. Jacob Dolinger, "Application, Proof, and Interpretation of Foreign Law: A Comparative Study in Private International Law", 12 *Arizona Journal of International and Comparative Law*, 225 (1995).

26. John D. Inazu, "The Limits of Integrity", 75 *Law and Contemporary Problems*, 181 (2012).

27. Jonathan Crowe, "Dworkin on the Value of Integrity", 12 *Deakin Law Review*, 167 (2007).

28. Jonathan R. Siegel, "Judicial Interpretation in the Cost-Benefit Crucible", 92 *Minnesota Law Review*, 387 (2007).

29. Juana Coetzee, "Incoterms 2010: Codified Mercantile Custom or Standard Contract Terms", 23 *Stellenbosch Law Review*, 564 (2012).

30. Juana Coetzee, "The Role and Function of Trade Usage in Modern International Sales Law", 20 *Uniform Law Review* 243 (2015).

31. Kenneth G. Engerrand, "The Relationship among General Maritime Law, OPA, and OCSLA", 25 *University of San Francisco Maritime Law Journal*, 253 (2012).

32. K. Zweigert, "Methodological Problems in Comparative Law", 7 *Israel Law Review* 465 (1972).

33. Michael Woodford, "Damages for Wrongful Arrest: Section 24, Admiralty Act 1988", 19 *Australian and New Zealand Maritime Law Journal*, 115 (2005).

34. Martin Davies, "Wrongful Arrest of Ships: A Time for Change - A Reply to Sir Bernard Eder", 38 *Tulane Maritime Law Journal* 137 (2013).

35. Martti Koskenniemi, "Normative Force of Habit: International Custom and Social Theory", 1 *Finnish Yearbook of International Law*, 77 (1990).

36. Panel Discussion, "Judicial Enforcement of Treaties: Self-Execution and Related Doctrines", 100 *American Society of International Law Proceedings*, 439 (2006).

37. P. M. M. Mostermans, "Optional (Facultative) Choice of Law? Reflections from a Dutch Perspective", 51 *Netherlands International Law Review* 393 (2004).

38. Robert Alexy & Aleksander Peczenik, "The Concept of Coherence and Its Significance for Discursive Rationality", 3 *Ratio Juris*, 130 (1990).

39. Ronald Dworkin, "Law as Interpretation", 60 *Texas Law Review*, 527 (1982).

40. Roy Goode, "Usage and Its Reception in Transnational Commercial Law", 46 *International and Comparative Law Quarterly*, 1 (1997).

41. Rui Manuel Moura Ramos, "Proof of and Information about Foreign Law", 90 *Boletim da Faculdade de Direito da Universidade de Coimbra*, 431 (2014).

42. Shaheeza Lalani, "Establishing the Context of Foreign Law: A Comparative Study", 20 *Maastricht Journal of European and Comparative Law*, 75 (2013).

43. Shane Nossal, "Damages for the wrongful arrest of a vessel", 3 *Lloyd's Maritime and Commercial Law Quarterly*, 368 (1996).

44. Stephen Pethick, "Solving the Impossible: The Puzzle of Coherence, Consistency and Law", 59 *Northern Ireland Legal Quarterly*, 395 (2008).

45. Stewart Boyd, "Shipping Lawyers: Land Rats or Water Rats", 4 *Lloyd's Maritime and Commercial Law Quarterly*, 317 (1993).

46. William N. Jr. Eskridge, "No Frills Textualism", 119 *Harvard Law Review*, 2041 (2006).

47. William Tetley, "The General Maritime Law – The Lex Maritima", 20 *Syracuse Journal of International Law and Commerce*, 105 (1994).

48. Yuji Iwasawa, "The Doctrine of Self-Executing Treaties in the United States: A Critical Analysis", 26 *Virginia Journal of International Law*, 627 (1986).

（三）案例类

1. Alize 1954 and CMA CGM SA v. Allianz Elementar Versicherungs AG [2019] EWHC 481 (Admlty).

2. American and Ocean Insurance Co. v. 356 Bales of Cotton, 26 US 511 (1828).

3. Armada Lines ltd v. Chaleur Fertilizers Ltd. [1997] 2 SCR 617.

4. Banque Worms v. The Owners of the Ship or Vessel "Maule" (Cyprus Flag) (formerly known as "Amer Deep") CACV000187A/1994.

5. Benchmark Electronics (Thailand) PCL v. Viasat Inc [2018] HKCFI 699.

6. Bright Shipping Ltd v. Changhong Group (HK) Ltd [2018] HKCFI 2474.

7. Canadian National Railway Company v. Hanjin Shipping Co Ltd 2017 FC 198.

8. Carter v. Boehm (1766) 3 Burr 1905.

9. De Lovio v. Boit, 7 F. Cas 418 (1815).

10. Dwy v. Connecticut Co. , 89 Conn. 74.

11. Eleni Maritime Ltd v. Heung-A Shipping Co Ltd HCAJ 189/2013.

12. Foster v. Neilson, 27 U. S. 253 (1829).

13. Furniture Ltd v. Robulk Agencies Inc [2008] BBHC 13.

14. Frontera Fruit Co. v. Dowling, 91 F. 2d 293 (1937).

15. Glencore Energy UK Ltd v. Freeport Holdings Ltd [2019] EWCA Civ 388.

16. Global Integrated Bulkers Pte Ltd v. Cargo of 14, 072, 337 Mts of Limestone 2018 Judge's Order No 253 of 2017 in Commercial Admiralty Suit (Lodging) No 665 of 2017.

17. Incas and Monterey Printing and Packaging, Ltd. v. M/V Sang Jin, 747 F. 2d 958 (1984).

18. In re M/V MSC FLaminia [2018] AMC 2113.

19. Luke v. Lyde (1759) 2 Burr 882 at 887; 97 ER 614.

20. Medellin v. Texas, 552 U. S. 491 (2008).

21. Mitsui & Co Ltd v. Beteiligungsgesellschaft LPG Tankerflotte mbH & Co KG [2016] EWCA Civ 708.

22. Mohamed Ali Baadi and others v. Attorney General & 11 others [2018] eKLR.

23. Mount Isa Mines Ltd v. The Ship "Thor Commander" [2018] FCA 1326.

24. MS Bonanza Schiffahrtgesellschaft mbH & Co KG v. Durban Coal Terminal Company (Pty) Ltd A50/2017.

25. MV Seaspan Grouse: Seaspan Holdco 1 Ltd v. MS Mare Traveller Schiffahrts GmbH (376/18) [2019] ZASCA 02.

26. NatWest Markets plc (formerly known as The Royal Bank of Scotland PLC) v. Stallion Eight Shipping Co. S. A. [2018] EWHC 2033 (Admlty).

27. Ribas y Hijo v. U. S. , 194 U. S. 315 (1904).

28. Sindicato Unico de Pescadores del Municipio Miranda del Estado Zulia v. International Oil Pollution Compensation Fund [2015] EWHC 2476 (QB).

29. Stallion Eight Shipping Co S. A. v. Natwest Markets plc（formerly known as the Royal Bank of Scotland plc）［2018］EWCA Civ 2760.

30. Taranaki-Whanganui Conservation Board v. Environmental Protection Authority ［2018］NZHC 2217.

31. The Cherokee Tobacco, 78 U. S. 616（1870）.

32. The Evangelismos（1858）12 Moo PC 352; 14 ER 945.

33. The "King Darwin"［2019］SGHC 177.

34. The Kiku Pacific［1999］2 SLR 595.

35. The Kommunar（No. 3）［1997］1 Lloyd's Rep. 22.

36. The 'Mount Apo' and the 'Hanjin Ras Laffan'［2019］SGHC 57.

37. The National Defender（1970）1 Lloyd's Rep. 40.

38. The Owners & Parties Interested in the Vessel MV Nepenthe v. OTA Kandla Pvt Ltd, GA No 278 of 2018 and APO No 31 of 2018 in AS No 1 of 2018.

39. The 'Tian E Zuo'［2018］SGHC 93.

40. The Vasiliy Golovnin［2006］SGHC 247.

41. The "Xin Chang Shu"［2015］SGHC 308.

42. U. S. v. Percheman, 32 U. S. 51（1833）.

43. Warner v. Scapa Flow Charters［2018］UKSC 52.

44. Whitney v. Robertson, 124 U. S. 190（1888）.

45. Willers v. Joyce［2016］UKSC 43;［2016］3 WLR 477.

三、学位论文

1. 曹兴国："海商法自体性研究"，大连海事大学 2017 年博士学位论文。

2. 陈亚芹："论海事国际惯例在中国法中的地位——以中国的立法和司法实践为视角"，复旦大学 2008 年博士学位论文。

3. 董舒语："用尽海商法理念研究"，大连海事大学 2018 年硕士学位论文。

4. 葛延珉："海上保险最大诚信原则研究"，大连海事大学 2004 年博士学位论文。

5. 侯学勇："法律论证的融贯性研究"，山东大学 2009 年博士学位论文。

6. 荚振坤："中世纪欧洲海商法研究（11 至 15 世纪）"，华东政法大学 2013 年博士学位论文。

7. 曲亚图："IMO 审核机制下国际海事公约在中国立法转化研究"，大连海事大学 2014 年博士学位论文。

8. 王建新："论海事国际惯例的适用"，武汉大学 2004 年硕士学位论文。

9. 王小波："《罗得海商法》研究"，东北师范大学 2010 年博士学位论文。

10. 王勇："条约在中国适用之基本理论问题研究"，华东政法学院 2006 年博士学位论文。

11. 吴煦："超越海商法解释的形式主义和怀疑主义"，大连海事大学 2008 年博士学位论文。

12. 吴煦："论海商法基本原则及其成因分析"，上海海运学院 2002 年硕士学位论文。

13. 杨建军："论法律事实"，山东大学 2006 年博士学位论文。

14. 张真理："论法的形式与实质"，中国政法大学 2004 年硕士学位论文。

15. 郑曦："各国海商法基础理论的比较研究"，大连海事大学 2001 年硕士学位论文。

16. 周艳："合同解释论"，吉林大学 2006 年博士学位论文。

四、电子文献

1. "2017 年长江海事审判白皮书"，载武汉海事法院官网：http://www.whhsfy.hbfy.gov.cn/ DocManage/ View Doc? docId = 6beefaf2 − 65fd − 4168 − a5e8 − 848eaf822e44，最后访问日期：2022 年 6 月 20 日。

2. "上海海事法院海事审判情况通报（2016）——涉船员权益保护海事审判情况通报"，载上海海事法院官网：https://shhsfy.gov.cn/ hsfyytwx/ hsfyytwx/spdy1358/hsspbps1434/web/viewer.html? file = ../2016.pdf，最后访问日期：2022 年 6 月 20 号。

3. "Liability for Wrongful Arrest of Ships−Summary of Answers of 38 Countries of Main CMI Question"，载 CMI 官网：https://comitemaritime.org/work/liability-for-wrongful-arrest/，最后访问日期：2022 年 6 月 20 日。